Leben ist Ökonomie!

AF075050

Jörg B. Kühnapfel

Leben ist Ökonomie!

Wie wirtschaftliche Prinzipien den Alltag bestimmen

Jörg B. Kühnapfel
Fachbereich II
Hochschule Ludwigshafen
Ludwigshafen am Rhein, Deutschland

ISBN 978-3-658-32667-8   ISBN 978-3-658-32668-5 (eBook)
https://doi.org/10.1007/978-3-658-32668-5

Die Deutsche Nationalbibliothek verzeichnet diese Publikation in der Deutschen Nationalbibliografie; detaillierte bibliografische Daten sind im Internet über http://dnb.d-nb.de abrufbar.

Springer
© Der/die Herausgeber bzw. der/die Autor(en), exklusiv lizenziert durch Springer Fachmedien Wiesbaden GmbH, ein Teil von Springer Nature 2021
Das Werk einschließlich aller seiner Teile ist urheberrechtlich geschützt. Jede Verwertung, die nicht ausdrücklich vom Urheberrechtsgesetz zugelassen ist, bedarf der vorherigen Zustimmung des Verlags. Das gilt insbesondere für Vervielfältigungen, Bearbeitungen, Übersetzungen, Mikroverfilmungen und die Einspeicherung und Verarbeitung in elektronischen Systemen.
Die Wiedergabe von allgemein beschreibenden Bezeichnungen, Marken, Unternehmensnamen etc. in diesem Werk bedeutet nicht, dass diese frei durch jedermann benutzt werden dürfen. Die Berechtigung zur Benutzung unterliegt, auch ohne gesonderten Hinweis hierzu, den Regeln des Markenrechts. Die Rechte des jeweiligen Zeicheninhabers sind zu beachten.
Der Verlag, die Autoren und die Herausgeber gehen davon aus, dass die Angaben und Informationen in diesem Werk zum Zeitpunkt der Veröffentlichung vollständig und korrekt sind. Weder der Verlag, noch die Autoren oder die Herausgeber übernehmen, ausdrücklich oder implizit, Gewähr für den Inhalt des Werkes, etwaige Fehler oder Äußerungen. Der Verlag bleibt im Hinblick auf geografische Zuordnungen und Gebietsbezeichnungen in veröffentlichten Karten und Institutionsadressen neutral.

Titelbild: stockshoppe – stock.adobe.com
Springer ist ein Imprint der eingetragenen Gesellschaft Springer Fachmedien Wiesbaden GmbH und ist ein Teil von Springer Nature.
Die Anschrift der Gesellschaft ist: Abraham-Lincoln-Str. 46, 65189 Wiesbaden, Germany

Liebe Leserinnen, liebe Leser,

Als Menschen des 21. Jahrhunderts verstehen wir uns als aufgeklärt und rational, sind besser ausgebildet denn je, sorgen für uns selbst und entscheiden weitgehend individuell und frei über das eigene Leben. Doch nicht jede Entscheidung erweist sich als gut und kaum jemand hat nicht schon wider besseres Wissen gehandelt.

So sind die Menschen – und damit wir alle – trotz allem Bemühen um Nachhaltigkeit beispielsweise fürchterlich schlecht darin, ihre knappen Ressourcen sinnvoll einzusetzen. Wir haushalten nicht mit unserer Zeit, unserer Aufmerksamkeit oder unserem Geld, sondern verschleudern diese Ressourcen immer wieder und sabotieren uns letztlich damit selbst! Und das auf allen Ebenen: Wir verbrauchen die Ressourcen von circa zwei Erden, managen Unternehmen in die Pleite, überschulden unsere Familien und überfordern uns im Konsumrausch. Bewusst ist uns das durchaus, aber weil wir so oft die Kurve nicht kriegen, würden wir das Problem gerne von oben angehen lassen: Erst soll „die Politik" die Welt verbessern, nur dann sind wir (vielleicht) bereit, auch bei uns selbst etwas zu ändern – sofern die Lebensumstände uns nicht schon dazu gezwungen haben.

Aber es geht auch anders: Wir können tatsächlich bei uns selbst anfangen, also „unten". Wir können anfangen, mit unseren eigenen Ressourcen besser hauszuhalten, sie sinnvoller einzusetzen … mehr herauszuholen (wie beispielsweise im Sport) – und prompt befinden wir uns mitten in der Ökonomie bzw. inmitten ökonomischer Prinzipien. Es ist nämlich gar nicht so schwer, lediglich durch ein wenig Nachdenken ein reichhaltigeres, glücklicheres Leben zu führen. Ohne Flucht in die Esoterik, ohne strenge Religion, ohne aufwändige Selbstfindung ... sondern einfach nur dadurch, dass wir die Grundsätze der Ökonomie beherzigen und auf unsere Entscheidungen anwenden. Schauen Sie meiner Protagonistin Julia einfach an einem ganz normalen Tag über die Schulter – und prüfen Sie selbst, ob das Leben auf allen Ebenen und in jeder Hinsicht tatsächlich durch ökonomische Prinzipien bestimmt wird und ob sich mit ein bisschen Überlegung fortan klügere lebensökonomische Entscheidungen treffen lassen, die Ihnen, Ihrer Umgebung und der Umwelt zugute kommen und das Leben einfach besser machen.

In diesem Sinne wünsche ich Ihnen eine unterhaltsame und aufschlussreiche Lektüre.

Ludwigshafen, im Februar 2021

Ihr

Jörg B. Kühnapfel

Inhaltsverzeichnis

1	Was hat Ökonomie mit dem gewöhnlichen Alltag zu tun?	1
2	Guten Morgen, Julia, aufstehen!	5
3	Raus jetzt! Ab ins Bad!	27
4	Was ziehe ich bloß an?	35
5	Ist noch Zeit für ein Frühstück?	45
6	Ab ins Büro! Die Stechuhr ruft!	57
7	„Arbeit macht das Leben süß!"	69
8	Mittags schnell zum Arzt	85
9	Fleiß, Fehler, Frust und Freunde	93

10	„Sie haben es sich verdient!" oder der Preis des Wohlgefühls	111
11	Schnell noch ein paar Lebensmittel kaufen ...	121
12	Eine aufregende Fahrt nach Hause	143
13	Was tun gegen die Einsamkeit?	155
14	Und was macht Julia am Abend?	179
15	Zeit fürs Bett – doch die Gedanken kreisen noch	205
16	Und? Ist das Leben pure Ökonomie?	225
Stichwortverzeichnis		227

1

Was hat Ökonomie mit dem gewöhnlichen Alltag zu tun?

Schlüsselwörter Ökonomie der Jagd • Nutzen und Kosten • Romantisierung des Lebens • Emotionen • Julia

Der junge Gepard liegt seit einer halben Stunde auf der Lauer. Er hat die Antilope im Blick. Ist sie seine nächste Jagdbeute? Er schleicht sich an, richtet sich auf, fällt erst in einen leichten Trab und sprintet dann los. Sie schreckt auf, rennt los, schlägt Haken, stolpert, rappelt sich auf, spurtet weiter, aber sie hat keine Chance. Der junge Gepard beschleunigt schneller, Richtungswechsel sind für ihn eine leichte Übung. 500, 600 Meter dauert das Wettrennen, bis die Antilope hechelnd zusammenbricht. Der Gepard wirft sich auf sie und drückt ihr die Luftröhre zu. Um ihr das Genick durchzubeißen, fehlt ihm das starke Gebiss eines Löwen. Doch er tötet sie auch so. Eine erfolgreiche Jagd!

Der junge Gepard liegt neben seiner Beute. Er hat sich verausgaben müssen. Leicht hat es ihm die Antilope nicht gemacht. Er liegt lange, erholt sich nur langsam. Nach 10 Minuten kreisen schon die ersten Geier über ihm. Andere Tiere werden aufmerksam und nach vielleicht 15 Minuten entdecken ihn die Hyänen. Sie schleichen sich an, um ihn und seine Beute herum. Ihre Kreise werden enger und enger. Gerne würde er sich nun aufrichten, das Pack anknurren und vertreiben, jedoch, er schafft es nicht. Noch immer ist er zu schwach. Schnell merken das die Hyänen. Kleiner sind sie, ja, aber sie sind viele. Zu viele. Es wird brenzlig für den jungen Geparden. Eben noch ein erfolgreicher Jäger, droht er nun selbst zur Beute zu werden und trollt sich. Die Jagd war umsonst. Er hat verloren.

Dies ist eine wahre Geschichte aus der Welt der Ökonomie! Ich hätte auch eine Story von einem Walnussbaum erzählen können, wie er den Platz unter seinen Blättern mit einer geschickten Taktik frei hält von anderen wuchernden Pflanzen, die ihm das Regenwasser streitig machen könnten. Oder vom Wildschwein, das die Innenstadt als Lebensraum erobert. Allen diesen Geschichten ist eines gemeinsam: Die Protagonisten sind Ökonomen (wenn auch ohne Diplom)! Ja, die gesamte Natur ist ein *„ökonomisch determiniertes" System*: Jedes Ereignis passiert durch andere, vorherige Ereignisse. Alles erfüllt einen Zweck. Die wunderbare Schwanzfeder des Quetzals, die schimmernden Flügel des Monarchfalters und die spitzen Zähne des Tigerhais, sie alle sind Ausprägungen eines ökonomisch getriebenen Konzepts.

Denn Ökonomie ist immer und überall. Sie ist nichts Mechanistisches, nichts Rationales, es geht nicht um Algorithmen, nicht um Zahlen, nicht um Excel-Sheets und es ist erst recht nicht um Geld. Ökonomie ist die Lehre von den Kosten und dem Nutzen, und der Gepard wägt diese – instinktiv – ab. Er wägt ab, ob das Jagdterrain frei ist von Hindernissen, wie schnell die Beute wohl sein wird, ob andere Jäger ihm in die Quere kommen könnten. Er wägt all das ab, weil er nicht viele Versuche hat. Zwei oder drei Angriffe pro Tag, mehr schafft er nicht. Also muss die Erfolgsquote gut sein und seine Chance hoch. Ist unser junger Gepard ein Dummkopf und hat bei den Jagdübungen in seiner Kindheit nicht aufgepasst, wird er scheitern, vielleicht sogar verhungern. Ist er jedoch clever, wird er am Abend satt einschlafen.

Alles um uns herum, alles, was passiert, lässt sich ökonomisch begreifen. Auch, ja, erschrecken Sie ruhig, die Liebe. Sie hat einen Nutzen, aber sie kostet auch etwas. Damit befassen wir uns noch. Alles ist – auch – Ökonomie. Vielleicht gibt es nur einen einzigen Bereich, in dem sie nichts zu suchen hat: Die Welt der Träume – und ich meine hier die Tagträume, die „inneren Videos", in die wir uns zuweilen flüchten. In solchen Träumen ist Ökonomie ausgeblendet und mit ihr auch die Vernunft. Wir verfälschen Realität und wir machen uns – wie weiland Pipi Langstrumpf sang – die Welt, „widdewidde wie sie uns gefällt". Zuweilen verändern wir sogar Träume, um noch schönere Träume zu haben. Traumoptimierung pur! Dann „sieht man nur mit dem Herzen gut", weil das Wesentliche für das Auge unsichtbar sei (dabei sind im „Kleinen Prinzen" gänzlich unterschiedliche Dinge, die zu „sehen" sind, gemeint), der Frosch muss geküsst werden, damit er zum Prinzen wird (doch in Grimms Märchen schmettert die Prinzessin die Amphibie an die Wand, woraufhin sie zum Schönling wird – warum, verstehe ich auch nicht), Romeo und Julia werden zum Inbegriff des Liebespaars (das waren Kinder! Verstehen Sie? Kinder! Julia war 13 … und am Ende waren alle tot!) und die Möwe Jonathan wird zum Helden für Grenzenüberschreiter (obwohl ihr unglücklicher Weg zur Selbstverwirklichung ebenfalls mit dem Tod endete).

Doch von solchen Träumen im ökonomiefreien Raum handelt dieses Buch nicht. Sie sind schön, weiten unseren Blick, zeigen uns unsere verdeckten Wünsche, aber zur Realität werden sie nicht. Das ist auch gut so, denn wie heißt es? „Gott bestraft seine Kinder, indem er ihre Träume wahr werden lässt." Vor einer solchen Strafe können wir uns schützen, indem wir unseren Traum ökonomisch bewerten. Wir hinterfragen dann, was uns seine Realisierung kostet und was sie uns nutzt.

Das ist kompliziert, schwierig und unsicher. Wir kennen unsere Zukunft kaum, wissen nicht, wie sich unser Umfeld verhält und können (darum) Chancen und Risiken nicht gut einschätzen. Was ist die Alternative? Seinem Herzen zu folgen bzw. seinem Bauch zu trauen? Ohne Erfahrung ist das ein Glücksspiel. Es kann gut gehen, dann machen wir eine Story daraus, und wenn es schief geht, schieben wir es eben auf die anderen oder „die Umstände". Doch wäre es nicht besser, sein Schicksal selbst in die Hand zu nehmen und zu bestimmen? Das geht aber nicht ohne die Abwägung von Chancen, Risiken, Kosten und Nutzen. Und schon befinden wir uns mitten in der Welt ökonomischer Zusammenhänge.

Mir in diese Welt zu folgen, wird Ihnen einiges abverlangen. Ökonomie wird gemeinhin als Gegenpol zu Emotionen begriffen, als eine

Welt voller Zwänge und Notwendigkeiten. Sie wird negativ konnotiert und sie gilt als unsympathisch; sie hat zweifellos ein Imageproblem. Mal schauen, ob ich dazu beitragen kann, daran etwas zu ändern.

Dazu werden wir Julia begleiten. Wir erleben mit ihr einen ganz normalen Tag, an dem sie arbeitet und an dem kaum Außergewöhnliches passiert – den „Alltag" eben. Wir werden miterleben, wie sie sich in der Welt der Ökonomie bewegt oder umgekehrt, wie Julia aus Sicht der Ökonomie ihr Leben gestaltet, welche Mechanismen wirken und wie sie damit umgeht.

Zuvor möchte ich Ihnen die Protagonistin etwas näher beschreiben: Sie ist 35 Jahre alt, Single und hat keine Kinder. Ihr Job ist ordentlich: Julia hat die mittlere Reife und ist Kauffrau für Bürokommunikation (heute: „Büromanagement"). Sie ist seit fünf Jahren in einer Unternehmensberatung tätig, derzeit als vergleichsweise gut bezahlte Teamassistentin. Sie wohnt in einem schicken Zweizimmerappartement zur Miete und fährt einen BMW Mini. Geld für einen Urlaub bleibt auch übrig. Der Schatten in ihrem Leben ist, dass sie sich nach einem Partner und einem Kind sehnt. Sie spürt die Uhr ticken! Auf den folgenden Seiten lernen wir Julia besser kennen. Also los!

2

Guten Morgen, Julia, aufstehen!

Schlüsselwörter Kosten und Nutzen • Ziele • Zielsystem • Fokus • knappe Ressourcen • Strategie • Maßnahmen • Zeit • Grenznutzen • Management

Das Smartphone spielt „Feel" von Robbie Williams, wie jeden Morgen in der Woche um halb sieben. Julia räkelt sich unter der Bettdecke, mag aber noch nicht aufstehen. Sie liebt es, langsam wacher werdend im warmen Bett zu liegen und den Tag, der vor ihr liegt, durchzugehen. Was liegt an? Welche Termine warten im Büro? Was macht sie nach Feierabend?

Da sind zunächst die Pflichten, an die sie denkt. Diese geben ihrem Tag Struktur. Es sind die Konstanten, nach denen sie sich richtet, denn sie sind unausweichlich. Sie muss arbeiten, sie muss die Fahrtzeiten in Kauf nehmen und sie muss zum Arzt. Diese Tätigkeiten erscheinen auf kurze Sicht unverhandelbar, denn sie hat diesen Verpflichtungen implizit oder explizit zugestimmt. Was übrig bleibt vom Tag, ist das, was Julia als Freizeit erlebt. Doch so ganz frei ist diese Zeit auch nicht: Einkaufen, Kochen, Wäsche waschen oder das Auto zur Inspektion bringen – sind das nicht auch Pflichten, zumindest aber Tätigkeiten, die sein müssen?

Was bleibt denn dann tatsächlich noch an selbstbestimmt nutzbarer Zeit von diesem Tag, der gerade erst beginnt? Er wirkt auf Julia wie das berühmte Hamsterrad: Man läuft und läuft und läuft und kommt doch keinen Zoll voran. Julia fühlt sich fremdgesteuert, ihr fehlt „Zeit für sich selbst".

Doch was meint sie damit eigentlich? Arbeitet sie denn nicht für sich selbst? Kauft sie nicht für sich selbst ein? Und wenn sie Kehrwoche in ihrem Haus hat, kehrt sie denn nicht in gewissem Sinne für sich selbst, weil diese Verpflichtung Teil einer Vereinbarung ist (Mietvertrag), die sie freiwillig eingegangen ist?

Die Kosten und der Nutzen von allem

Wie oft hören wir uns selbst sagen, dass dieses oder jenes „nur" eine Pflicht sei, aber sonst „nichts bringe". Dann bewerten wir eine Maßnahme im Kontext unserer Ziele, und prüfen, ob die Tätigkeit oder die Unterlassung (beides sind Maßnahmen) „nützlich" waren. Vom Nutzen ziehen wir die Kosten ab und wenn die Differenz negativ ist, erscheint uns die Maßnahme unnütz oder gar lästig. Dies ist kein mathematischer Vorgang, den wir mit dem Taschenrechner erledigen könnten. Es ist eine subjektive, intuitive Einschätzung, die all den Wahrnehmungsverzerrungen und Fehleinschätzungen unterliegt, von denen wir in diesem Buch noch lesen werden.

Loslösen können wir uns von diesem Bewertungsmechanismus nicht. Alles, aber auch ausnahmslos alles auf dieser Welt hat einen Nutzen und verursacht Kosten. Sie werden kein Gegenbeispiel finden und wenn doch, haben Sie etwas vergessen. Glaube, Liebe, Hoffnung, Freundschaft – alles ist mehr oder weniger nützlich, alles verursacht Kosten.

Wichtig ist natürlich, die Begriffe *„Kosten"* und *„Nutzen"* korrekt zu definieren. Viele Missverständnisse ergeben sich daraus, dass dies nicht passiert. Auch der Blick in ökonomische Fachbücher verwirrt zuweilen mehr, als dass er erhellt. So werden Kosten oft als der „Verzehr materieller oder immaterieller Güter" beschrieben. Doch gibt es auch Kostenarten, bei denen gar nichts verzehrt wird, beispielsweise *Opportunitätskosten*, denen wir uns noch widmen werden. Ein weiteres Problem ist der Begriff

„Güter", der aus der Nationalökonomie entlehnt ist und bei dem wir uns unweigerlich etwas vorstellen, das produziert wurde. Aber die Zeit ist beispielsweise einer der wichtigsten Kostenbestandteile von Maßnahmen und Zeit wird nicht produziert – sie ist gegeben und nicht vermehrbar.

> Also sollten wir unter „Kosten" den Verbrauch von Ressourcen verstehen, die uns gegeben sind, und zu denen alles zählt, was wir einsetzen können, um eine Maßnahme durchzuführen: Geld, Zeit, Aufmerksamkeit, Verzicht auf Alternativen, Anstrengung usw.

Ähnlich ist es bei der Definition des Begriffs „Nutzen". Hier wird oft die Fähigkeit eines Gutes herausgestellt, ein bestimmtes Bedürfnis zu befriedigen. Doch kann nicht auch der Anblick eines Regenbogens nützlich sein, weil er beruhigt, erfreut und uns wieder an die Wunder der Natur glauben lässt? Gewiss, doch ist der Regenbogen kein Gut.

Ferner gibt es nützliche Dinge oder Erlebnisse, nach denen wir gar kein Bedürfnis verspüren. Das erleben wir tagtäglich: Es sind die vielen kleinen positiven Überraschungen, z. B., wenn uns die Nachbarin ein Glas selbst gemachte Marmelade vorbeibringt. Das ist nützlich und wir freuen uns darüber, aber wir hatten kein Bedürfnis danach. Also brauchen wir eine umfassendere Definition:

> „Nutzen" ist der Beitrag eines materiellen oder immateriellen Gutes, einer Tätigkeit oder eines Erlebnisses zur Realisierung angestrebter oder latenter Ziele.

Hier taucht zum ersten Mal der Begriff „*Ziele*" auf, über den es im nächsten Abschnitt dieses Kapitels einiges zu berichten gibt. Zuvor möchte ich etwas klarstellen: Kosten und Nutzen umfassen weit mehr als Geld! Die Vorstellung von Nichtökonomen, dass wir Ökonomen ständig über *Geld* nachdenken, ist grundverkehrt. Geld ist sogar eine Ausnahmeerscheinung in unserem Denken. Geld ist ungemein nützlich und hat viele Funktionen, und ja, eine davon ist, Kosten und Nutzen zu bewerten. Das gelingt aber nur ausnahmsweise. Und so sehr wir uns auch bemühen, an immer mehr Aspekte unseres täglichen Lebens ein Preisschild zu hängen, so sehr müssen wir anerkennen, dass es in Wirklichkeit nur ganz wenige sind, etwa Einkäufe, Miete, Gehalt, Lottogewinn oder Trinkgelder. Hier ist Geld nützlich, denn wir können solche „Sachen" mit einer jedermann bekannten Maßeinheit bewerten und der Austausch dieser *Güter* ist leicht zu organisieren. Doch für die meisten Aspekte des Lebens können wir einen solchen *Price Tag* nicht finden … zunächst!

Das ist in Unternehmen prinzipiell genauso, allerdings verschieben sich die Gewichte: Viel mehr Bereiche können durch Geld beschrieben werden und wenige entziehen sich dieser Quantifizierung. Viele Instrumente wurden entwickelt, um das Wirken eines Unternehmens in monetären Größen auszudrücken, also in Geld. Es ist wie eine Sprache, die jeder versteht, der sich mit dem Unternehmen und seinen Geschäften beschäftigt. So gibt es einen Monats-, Quartals- oder Jahresabschluss, der aus einer Bilanz, der Gewinn- und Verlustrechnung sowie einer Kapitalflussrechnung besteht (die Einnahmeüberschussrechnung eines „Kleinunternehmers" dient dem gleichen Zweck). Oder der Geschäftsplan: Dieser blickt nicht wie der Abschluss in die Vergangenheit, sondern in die Zukunft und versucht sich an einer Prognose. Erwartete Entwicklungen werden in Geld bewertet. Der *Kapitalwert* z. B. akkumuliert zukünftige Ein- und Auszahlungen unter Berücksichtigung einer gewünschten Verzinsung in einer einzigen Zahl, die den Wert dieser isolierten Zukunft zum gegenwärtigen Zeitpunkt ausdrückt. Der Kapitalwert ist eine der wichtigsten betriebswirtschaftlichen Größen, wenn es darum geht, Investitionen zu bewerten. Oder, und damit will ich es an Beispielen dafür belassen, wie Unternehmer Ausschnitte der Zukunft mit Geld bewerten, der als Idee allgegenwärtige *„Return on Investment"*: Es wird eine vermutete Verzinsung des eingesetzten Kapitals berechnet und auch dies ist ein sehr schönes Beispiel für die Bewertung des Verhältnisses von Nutzen (Gewinne) und Kosten (Kapitaleinsatz) mit Geld.

Doch auch in Unternehmen gibt es Bereiche, die sich einer Monetarisierung entziehen. „Motivation", „Innovationskraft" oder „Markenpolitik" seien hier nur Schlagworte für Handlungsfelder, die sich kaum mit Geld bewerten lassen. Kaum? Ja, denn oft begegnen Manager dem Problem, dass die Kosten sehr wohl mit Geld bewertet werden können, aber nicht der Nutzen. So wissen sie sehr genau, wie viel Euro ein Motivationsseminar kostet, doch der daraus resultierende Nutzen lässt sich nicht in Geld ausdrücken. Es ist unmöglich, den Zuwachs an Wertschöpfung motivierterer Mitarbeiter so genau zu messen, dass er in Relation zum Seminarpreis gesetzt werden könnte. Das erscheint ungerecht, ist jedoch ebenso häufig wie üblich: Auch Sie wissen nach einem Besuch im Elektrofachhandel genau, wie viel mehr der 60-Zoll- als der 54-Zoll-Fernseher kostet, sind aber nicht in der Lage, den Zusatznutzen in Geld auszudrücken. Daraus ergeben sich zwei wichtige Leitsätze:

1. Kosten und Nutzen sind nur gelegentlich in Geld bewertbar und wenn, sind es oft nur die Kosten, nicht aber der Nutzen.
2. Das gedankliche Universum der Ökonomie ist viel größer als der eine Aspekt genannt „Geld".

Kommen wir nun auf Julias Gefühl zurück, zu viel Zeit zu vergeuden. Sie spürt oder vielmehr meint zu spüren, dass sie vieles tut, was unnütz ist: Der Nutzen abzüglich der Kosten ist negativ. Da sie meistens keine Chance hat, Geld als objektiven Wertmaßstab für die Kosten und noch viel seltener für den Nutzen zu verwenden, muss sie sich auf ihre subjektive bzw. intuitive Einschätzung verlassen. Doch der „Bauch" ist hier selten ein guter Ratgeber. Er ist viel zu leicht zu täuschen, lässt sich von Stimmungen beeindrucken, vermischt Wissen mit Vermutung oder gar Hoffnung und das gesamte Potpourri *kognitiver Verzerrungen* (ich erkläre später, was das ist) mischt sich ein.

Welche sachlichen Ursachen kann es für Julias Gefühl geben? Schauen wir uns z. B. Julias Arbeitsalltag an. Sie ist zuweilen genervt, empfindet die Arbeit als lästig, mag morgens nicht aufstehen und quält sich durch den Tag; manchmal wohlgemerkt, nicht immer. Das schwankt, je nach Stimmung, nach Anspruch der anstehenden Tätigkeiten und auch nach Attraktivität alternativer Beschäftigungsmöglichkeiten: Wer arbeitet schon gerne am Samstag, wenn die Sonne scheint und die Clique an den Baggersee fährt?

Gehen wir es systematisch an: Warum kann sich Julia nicht auf ihr Gefühl verlassen, wenn sie vom Kosten-Nutzen-Verhältnis ihrer Arbeit nicht überzeugt ist?

- Die tägliche Arbeit wird nicht (mehr) als Voraussetzung für das eigene Überleben gesehen. Julia jagt nicht und sammelt auch keine Früchte im Wald, sondern erhält stattdessen Geld, mit dem sie all das kaufen kann, was sie zum Überleben braucht – und noch viel mehr. Und wenn sie nicht arbeitet, verhungert sie trotzdem nicht, lebt jedoch unkomfortabler. Somit ist es legitim, die Notwendigkeit von Arbeit zu hinterfragen. Auch sind die Kosten (der Arbeitseinsatz) skalierbar: Mehr Arbeit bringt mehr Geld und damit mehr Kaufoptionen, also materiellen Wohlstand. Für den Geparden stellt sich die Frage nicht. Erfolgreiche Arbeit ist für ihn eine notwendige Überlebensbedingung. Er muss arbeiten. Und er muss jedes Mal alles geben, denn er kann seinen Einsatz nicht skalieren. Ein „bisschen" Einsatz (Kosten) bringt wenig, denn die Antilope wird nicht langsamer laufen, nur weil der Gepard auf einem ökonomischen Selbstfindungs- und Optimierungstrip ist.
- Die Kosten der Arbeit werden als umso höher empfunden, je lästiger die Arbeit ist. In den Stunden, in denen Julia spannenden Aufgaben nachgeht, das macht, was sie fesselt, ist ihr die Arbeit keineswegs lästig und diese Zeit empfindet sie nicht als vergeudet. Routinetätigkeiten öden sie an. Also: Augen auf bei der Berufswahl!
- In der Arbeitswelt sind Kosten und Nutzen zeitlich entkoppelt. Julia arbeitet jeden Tag, was sie als Kosten empfindet, erhält aber nur einmal pro Monat eine unpersönliche Überweisung auf ihr Girokonto, das ist der Nutzen. Würde Julia stattdessen jede Stunde einen Geldbetrag bar überreicht bekommen, so, wie früher allabendlich Akkordlöhne je produzierte Stücke gezahlt wurden, hätte sie eine deutlichere Verknüpfung des Nutzens (Geld) mit den Kosten (Arbeit).

Die fehlende Erfahrung, dass Arbeit die notwendige Bedingung zum Überleben ist, die Freude an der Tätigkeit und die zeitliche Entkopplung von Arbeit und Gehalt sind nur drei Gründe dafür, dass Julias Bauchempfinden die Einschätzung der Nützlichkeit von Arbeit „vernebelt".

Julia erlebt hier das eingangs beschriebene Problem der Ökonomie, dass sich Kosten und Nutzen einem direkten Vergleich verweigern. Doch während meistens die Kosten einfach monetarisierbar sind (Preis einer Urlaubsreise) und der Nutzen (Erholungswert der Reise) es nicht ist, ist es hier umgekehrt: Der Nutzen ist in Form eines monatlichen Gehaltsschecks in Geld bewertbar, aber die Kosten (Arbeitszeit) erscheinen je nach „Stimmung" variabel und damit unscharf.

Wie will Julia letztlich Kosten und Nutzen bilanzieren, um zu entscheiden, ob „es sich lohnt", arbeiten zu gehen? Das ist schwierig, und wenn Sie einen Ökonomen fragen, welchen universellen Lösungsvorschlag er hat, sollte seine ehrliche Antwort lauten: Keinen! Es ist und bleibt kompliziert.

Was sind Ziele?

Nach dieser frustrierenden Feststellung komme ich zum vierten Grund für Julias diffuse Gefühle, Zeit zu verschwenden: Sie empfindet ihre Arbeit zuweilen als Automatismus, als Tretmühle, weil sie aus den Augen verloren hat, warum sie überhaupt arbeiten geht. Man könnte auch sagen: *Julia ist planlos.* Sie hat das Ziel, zu dessen Erreichung die Arbeit dient, aus den Augen verloren.

Grundsätzlich gilt:

> Das Gefühl, sinnlosen Tätigkeiten nachzugehen bzw. keine Zeit für sich selbst zu haben, entsteht, wenn man spürt, dass man nichts oder zu wenig für die Erreichung der eigenen Ziele tut.

Das klingt ein wenig nach Lebenshilferatgeber. Und doch ist es pure Ökonomie. Denn worauf ich hinaus will, steht am Ende des hervorgehobenen Satzes: Die „eigenen Ziele" zu kennen, *also einen Plan zu haben*, was man mit seiner Zeit – also seinem Leben – anstellen möchte, ist die Grundlage für die Bewertung aller Tätigkeiten bzw. Maßnahmen.

> Es sind die Ziele und es ist das Bewusstsein für diese Ziele, das Julia – und uns allen – als Maßstab für die Sinnhaftigkeit der eigenen Aktivitäten dient.

Nun ist es mit der Formulierung von *Lebenszielen* so eine Sache. Finale Ziele nutzen da wenig, denn am Ende des Lebens steht immer der Tod. Der kommt garantiert, egal, was wir tun, auch wenn wir nicht wissen, wann. Über so ein Ziel nachzudenken, ist sinnlos. Also muss sich Julia über andere Arten von Zielen den Kopf zerbrechen: Welche Ergebnisse möchte sie wann erzielt haben? Und gibt es ein zentrales, alles überstrahlendes Spitzenziel?

Bevor ich das verrate, sollten wir uns in einem kleinen Exkurs anschauen, welche Arten von Zielen es gibt. Diese lassen sich anhand diverser Kriterien beschreiben. Eines habe ich bereits angeführt, als ich den Begriff „*Spitzenziel*" verwendete: Dieses steht ganz oben in der Zielhierarchie und natürlich gibt es dann auch Unterziele, Unter-Unterziele usw. Wir können uns dies als Tannenbaum vorstellen. Das erste Kriterium ist also die Position des Ziels innerhalb der Zielhierarchie.

Das zweite Kriterium ist der Zeitbezug des Ziels:

- Es gibt *Ereignisziele*, die entweder einen Zeitpunkt oder die Erreichung eines Messwertes beschreiben. Das Zielband am Ende des Stadtmarathons ist so ein Ereignisziel, vier Millionen Euro Auftragseingang oder das perfekt zubereitete Entrecote als Ergebnis des Grillseminars. All dies sind Ereignisse, die am Ende eines Prozesses stehen und sämtliche Tätigkeiten sind auf diese Ereignisziele ausgerichtet.
- Daneben gibt es *Periodenziele*. Bei diesen wird für einen bestimmten Zeitraum ein Zustand oder das Eintreten oder Ausbleiben von Ereignissen angestrebt. Wie Ereignisziele lassen sich auch Periodenziele zuweilen messen: Arbeitsunfälle pro Monat, Nichtüberschreiten der Frischfleischtemperatur von vier Grad in der Logistikkette, Gesundbleiben im nächsten Jahr oder sich nicht so oft streiten sind zeitraumbezogene Ziele, mal besser, mal schlechter messbar.

Das dritte Kriterium, das an dieser Stelle wichtig ist, beschreibt das *Verhältnis der Ziele zueinander*. Diese können sich gegenseitig ergänzen: Ziel A zu erreichen heißt dann auch, Ziel B näher zu kommen. Doch können sich Ziele auch gegenseitig ausschließen: Ziel A zu erreichen heißt dann, sich von Ziel B zu entfernen, was meist dadurch passiert, dass es nicht genug Ressourcen gibt, um beide Ziele zugleich zu erreichen. Übersichtlicher ist es natürlich, wenn die Ziele keine Abhängigkeiten zueinander haben, also „indifferent" sind.

Das vierte Kriterium ist der Grad der Selbstbestimmtheit. Es gibt Ziele, die Julia allein durch eigene Anstrengung erreichen kann, z. B. abnehmen. Ob sie vier Kilo verlieren kann, hängt allein von ihr ab bzw. davon, ob sie es schafft, kontinuierlich ein tägliches Kaloriendefizit zu erzeugen. Doch das Ziel, einen Mann und ein Kind zu haben, bevor sie 40 Jahre alt ist, erreicht sie ohne Zutun dieses Mannes nicht. Der Grad der Selbstbestimmtheit ist geringer, obgleich sie die Zielerreichung durch eigene Anstrengung in gewissem Maße beeinflussen kann.

Bei manchen Zielen ist auch das nicht möglich. Wäre Julias Ziel ein Sechser im Lotto, so könnte sie lediglich durch ihre Investitionen, also die Anzahl von Kästchen, in denen sie Zahlen ankreuzt, die Gewinnchance beeinflussen. Darüber hinaus liegt es nicht in ihrer Hand, ob sie ihr Ziel jemals erreichen wird oder nicht.

Und nun verrate ich Ihnen endlich das Spitzenziel in Julias Leben. Es

- steht definitionsgemäß ganz oben in der Hierarchie,
- ist ein Periodenziel,
- steht mit keinem anderen Ziel im Wettbewerb und
- der Grad der Selbstbestimmtheit ist hoch:

Lebensglück! Spoiler-Alarm: Darüber wird Julia heute Abend noch sinnieren, wenn sie im Bett liegt, also in Kap. 15. Darum beschreibe ich an dieser Stelle noch nicht, was genau es damit auf sich hat. Wichtig ist allein, dass es in Julias wie in unser aller Leben ein Spitzenziel gibt, das Lebensglück, dem sich alle anderen Ziele unterordnen. Alles, was Julia tut oder lässt, jedes Ziel, dass sie ansteuert, sollte dazu beitragen, das Niveau des Lebensglücks zu erhöhen. Mit diesem Ziel vor Augen kann sie den Nutzen einer Tätigkeit bewerten und auch, ob der dafür erforderliche Aufwand gerechtfertigt ist. Käme ihr beispielsweise in den Sinn, einmal in ihrem Leben einen Marathon laufen zu wollen, könnte sie prüfen, ob dieses Ereignisziel das Spitzenziel fördert, und wenn sie davon überzeugt ist, in einem zweiten Schritt bewerten, ob der Ressourceneinsatz gerechtfertigt ist oder ob die aufzubringende Zeit und Anstrengung

an anderer Stelle besser investiert wären. „Besser" hieße dann, dass sie andere Tätigkeiten unternehmen könnte, die zu einem höheren Level ihres Spitzenziels führten.
Worauf läuft das hinaus?

- Kennt Julia ihr Lebensziel?
- Kennt sie die Subziele und deren Beziehung zueinander?
- Kennt Julia all die Maßnahmen, die zur Erreichung der Ziele erforderlich sind und
- kann Julia die Kosten und den Nutzenbeitrag jeder Maßnahme bewerten?

Dann entsteht ein *Plan*. Selbst dann, wenn sie nicht systematisch oder analytisch wie ein Unternehmen vorgeht, entwickelt sich vor ihrem geistigen Auge eine „Abfolge zukünftiger Handlungen mit den voraussichtlichen Ergebnissen". Sie weiß, was zu tun ist, um glücklich zu leben. Sie kennt ihren Weg.

> Das Wissen um den eigenen Weg macht zufrieden. Es hilft, sich zu fokussieren und hilft, die Kosten einer Tätigkeit zu akzeptieren, weil bewusst ist, welchen Nutzen sie für die Zielerreichung hat.

Sich auf einen Plan zu konzentrieren, also innerhalb eines Zielsystems fokussiert zu sein, heißt dann auch, das zu tun, was getan werden muss und zu unterlassen, was nichts zur Zielerreichung beiträgt.

Wir wissen recht gut, dass zielstrebige (fokussierte) Menschen glücklicher sind. Sie leben bewusster, bereuen weniger und können mit Rückschlägen besser umgehen. Zielstrebigkeit ist zwar in einem bestimmten Maße durch grundsätzliche Persönlichkeitsmerkmale bestimmt, im weitesten Sinne also ein Talent, aber auch erlernbar. Ihre Ziele im Blick zu haben, kann Julia trainieren. Das heißt für sie nicht, sich nicht auch Umwege zu erlauben, etwa zu faulenzen, Geld für unnützen Tand auszugeben oder sich auf eine Affäre einzulassen, von der Julia schon vorher weiß, dass nichts Langfristiges daraus wird. Solche scheinbar unnötigen Aktivitäten sind kleine Urlaube vom Fokus. Wer immer nur auf einen Punkt starrt, verliert sein Umfeld aus dem Blick. Eine Betriebsfeier dient vordergründig auch nicht dazu, mehr Gewinn zu machen, im Gegenteil: sie kostet! Indes ist ihr langfristiger Nutzen unbestritten. Lassen wir also diese kleinen Fluchten zu, aber verlieren wir darüber unser Ziel nicht aus den Augen! Wer fokussiert ist, handelt bewusst.

Das Kreuz mit dem Zielsystem

Ein Kriterium, das in Zusammenhang mit Zielen wichtig ist, habe ich oben nur am Rande bei der Beschreibung von Ereignis- und Periodenzielen erwähnt: Die Messbarkeit. Ziele bestehen immer aus zwei Parametern: *Inhalt und Zeitbezug.* Je konkreter der Inhalt benannt werden kann, desto leichter wird es auch sein, die Zielerreichung zu überprüfen.

Formulierungen wie „ich möchte besser Englisch sprechen" oder „ich möchte im Beruf erfolgreicher sein" sind recht vage, denn es ist nie klar, wann das Ziel erreicht ist. „Besser", ja gut, aber wie viel ist das? Ein bisschen besser? Viel besser? Und wäre das Ziel streng genommen nicht schon erreicht, wenn eine einzige Vokabel zusätzlich gelernt werden würde? Nein, mit solchen Formulierungen können wir nicht arbeiten.

Konkreter sind Formulierungen wie „ich möchte, bis ich 40 Jahre alt bin, einen tollen Mann kennengelernt haben" oder „ich möchte im kommenden Jahr in eine größere Wohnung ziehen". Diese Zielerreichung ist einfacher zu überprüfen. Der Inhalt ist messbar und der Zeitbezug ist gegeben, sprich: es gibt „Deadlines", bis zu denen das Vorhaben umgesetzt sein soll.

Es geht noch konkreter: Wir können Ziele so formulieren, dass ihre Erreichung mit objektiven Maßstäben kontrolliert werden kann. „Mindestens 3800 € brutto monatlich verdienen" oder „bis zum 1. Juli vier Kilo abnehmen" sind solche *zähl-, mess-* oder *wiegbaren Zielformulierungen.* Hier ist eine Kontrolle von Zeit und Inhalt frei von narrativen Verzerrungen oder dehnbaren Interpretationen gegeben.

> Je konkreter ein Ziel inhaltlich und zeitlich spezifiziert wird und je eher sich der Grad der Zielerreichung messen, zählen oder wiegen lässt, desto einfacher ist die Überprüfung der Zielerreichung.

Julia kann spontan zwei Ziele benennen: Sie möchte bis Ende nächsten Jahres einen besser bezahlten Job – oder sich selbstständig machen – und sie möchte einen Mann und ein Kind haben, bevor sie 40 wird. Nun, das ist doch griffig. Trotzdem scheinen Julias Ziele nicht so richtig durchdacht zu sein. Der Wunsch, sich selbstständig zu machen, passt nicht gut mit dem Wunsch zusammen, ein Kind zu bekommen. Zeitlich überlappen sich die Aktivitäten und gleichzeitig die Selbstständigkeit zu pushen und ein Kind zu bekommen, ist zumindest schwierig. Julia ist das klar. Vielleicht sollte sie zwischen diesen beiden Ziele ein „oder" setzen. Und wie ist das mit den Zielen, die Julia darüber hinaus hat, auch, wenn sie ihr weniger wichtig sind? Sie möchte den West-Coast-Trail in Kanada entlangwandern, einmal ein schickes Cabrio besitzen, Spanisch lernen, vier Kilo abnehmen und dem unwirschen Nachbarn, der ständig in der Einfahrt parkt, die Meinung geigen. Es sind also viele Ziele, die Julia hat. Ein Zielsystem.

Der Schlüssel: die Strategie

Ihre Ziele und ihr Zielsystem im Blick kann Julia nun den nächsten Schritt angehen. Sie muss sich überlegen, wie sie das alles erreichen kann. Das Wie ist das, was die Ökonomen „Strategie" nennen. Ursprünglich militärisch benutzt (von Clausewitz 1812–1837), haben Manager den Begriff für sich okkupiert. Eine Strategie zu haben ist unabdingbar, um ein Unternehmen zu steuern. Doch manchmal ist es nur ein Zauberwort, um den Schwachsinn zu adeln, den die Chefetage ausgeheckt hat. Aber das ist nicht unser Thema. Was also ist eine Strategie?

> Eine Strategie gibt erstens einen groben Plan und zweitens einen Rahmen für die Maßnahmen vor, die geplant, gesteuert, koordiniert und kontrolliert werden müssen, um ein Ziel zu erreichen.

Der Nutzen ist, dass eine solche Strategie kommuniziert werden kann, z. B. an das mittlere Management. Dieses kennt dann das Ziel, den groben Plan und den Handlungsrahmen. Das ist die Grundlage, um

Entscheidungsrechte zu delegieren, von den Gesellschaftern an das Topmanagement, vom Topmanagement an das mittlere Management und vom mittleren Management an all die Mitarbeiterinnen und Mitarbeiter, die im Rahmen ihrer Verantwortungsbereiche selbstständig entscheiden müssen – immer im Rahmen der Strategie und mit Blick auf die Ziele.

Genau darin liegt der Nutzen einer Strategie: Die Delegation von Kompetenzen. Schauen wir uns diesbezüglich die Extreme an: In Fall A entscheidet der Chef alles allein. Alles! Die großen wie die kleinen Entscheidungen trifft ausschließlich er. Der Vorteil ist, dass es keine Kosten durch abweichende Interessen gibt. Jede Entscheidung ist garantiert am Zielsystem des Unternehmens ausgerichtet. Der Nachteil ist, dass der Chef für seine Entscheidungen Informationen braucht, die er sich erst bei seinen Mitarbeiterinnen und Mitarbeitern besorgen muss. Das kostet Energie und Zeit und die Gefahr ist groß, dass der Chef zwar alle Informationen bekommt, die er anfordert, jedoch nicht jene, von denen er nicht weiß, dass er sie benötigt hätte, um gut zu entscheiden – die berühmten *„unbekannten Unbekannten"*. Dieser Fall A ist also unbefriedigend. Schauen wir uns den theoretischen Fall B an: Alle Entscheidungen werden dezentral getroffen, dort, wo das bestmögliche Know-how zu finden ist. Dies wäre günstig, weil dort das spezifische Wissen ist, also die Fachkompetenz, aber ungünstig, weil nicht sichergestellt werden kann, dass die Interessen der dezentralen Entscheider mit den Unternehmensinteressen übereinstimmen. Das muss keine böse Absicht sein, auch Unwissenheit über die Ziele des Unternehmens spielen eine Rolle.

Fall A und Fall B, die Extreme, sind also nicht die Lösung. Vielmehr wird sich ein Optimum der Verteilung von Entscheidungsrechten irgendwo „dazwischen" finden und schon sind wir im mittleren Management gelandet: Dieses weiß, wo die notwendigen Informationen zu finden sind und dieses kennt, soweit erforderlich, die Unternehmensziele bzw. – und jetzt kommen wir endlich auf den Punkt – es kennt seinen Handlungskorridor und den groben Plan, was dann *„Strategie"* genannt wird.

Zurück zu Julia: Hier ist die Frage, ob Entscheidungen zentral oder dezentral getroffen werden sollten, irrelevant. Julia ist Julia. Auch sie hat eine Strategie und damit einen groben Plan und einen Handlungskorridor für die Maßnahmen, die sie zur Erreichung ihrer Ziele umsetzt.

Doch was hier so nachvollziehbar klingt, jedenfalls hoffe ich, dass es nachvollziehbar klingt, ist im privaten Leben eher selten anzutreffen.

> Prüfen Sie sich! Haben Sie eine Strategie? Oder leben Sie mehr oder weniger in den Tag hinein? Könnten Sie jetzt, auf der Stelle, Ihr Zielsystem beschreiben? Wissen Sie, was Sie bis wann erreicht haben wollen?

Nun, seien Sie bitte nicht frustriert, wenn Ihnen die Antworten schwerfallen und so manches unpräzise bleibt! Jeder kleine Schritt ist hier nützlich: Selbst dann, wenn einige Ihrer Ziele eher unspezifisch formuliert wären, z. B., weil der Zeitbezug schwammig ist („ich möchte gesund bleiben"), könnten Sie für die Zielerreichung eine Strategie erarbeiten und verfolgen. Dann hätten Sie einen Plan, was zu tun ist, z. B., damit Sie möglichst lange gesund bleiben, und mit diesem Plan im Kopf könnten Sie den nächsten Schritt machen und Maßnahmen ersinnen. Dazu kommen wir jetzt.

Es wird konkret: Maßnahmen und Ressourcen

Gesund bleiben? Eine gute Idee, vor allem, wenn wir in der zweiten Hälfte unseres Lebens merken, dass es physisch bergab geht. Dann wird der Wunsch präsenter, möglichst lange gesund zu bleiben. Das erfordert *Verzicht* (Unterlassungen) und *Anstrengung* (Tätigkeiten). Beides sind Kosten, hier der Verzicht auf zu viel Alkohol und Schwarzwälder Kirschtorte, da das Schnaufen beim Joggen oder der Muskelkater nach dem Pilates. Und schon ergibt sich wieder das oben beschriebene Problem der Unvergleichbarkeit von Kosten und Nutzen: Die Kosten wie der *Zeiteinsatz*, die *Kurskosten* und die *Anstrengung* sind mess- oder zumindest deutlich spürbar, der Nutzen ist diffus und stellt sich – vielleicht – erst in ein paar Jahren ein; und dafür gibt es keine Sicherheit, denn vielleicht wären wir auch gesund geblieben, wenn wir am letzten Dienstag beim Sporttreiben nicht geschwitzt hätten und möglicherweise rafft uns der Krebs viel zu früh dahin, obwohl wir gesundheitsbewusst leben.

Doch das Kosten-Nutzen-Vergleichsproblem hin oder her: Julia muss für die Umsetzung ihrer Strategie, die zur Erreichung ihrer Ziele führen soll, Entscheidungen treffen, sie muss sich entscheiden, etwas Bestimmtes zu tun oder etwas zu unterlassen. Wenn Sie den Traum hegt, eines Tages in einem coolen Cabrio durch die Stadt zu fahren, und dieser Traum als Teil ihres Zielsystems in eine Strategie gegossen wird (ein „Cabrio-Beschaffungs-Masterplan") und sie das Ziel und ihre Strategie ernst meint, wird sie unweigerlich konkret werden müssen: Sie muss Geld zurücklegen. Wenn Sie das Ziel hat, schon in wenigen Jahren einen Mann an ihrer Seite und ein Kind zu haben, muss sie sich darum bemühen, und wenn sie das Ziel hat, Spanisch zu lernen, muss sie einen Kurs besuchen, sich Lernmaterialien kaufen und büffeln. Julia kann ihre Ziele vermutlich nicht erreichen, wenn sie darauf hofft, dass sie ein Cabrio in einem Gewinnspiel gewinnt, ihr Traumprinz vorbeigeritten kommt oder sie über Nacht im Schlaf Spanisch erlernt. Es läuft auf eine sehr einfache Erkenntnis hinaus: Sie muss Maßnahmen durchführen. Sie muss sich anstrengen.

> Alle, ausnahmslos alle Maßnahmen, kosten etwas, und zwar drei Dinge in jeweils unterschiedlicher Gewichtung: Geld, Zeit oder Verzicht.

Einen Pilates-Kurs zu besuchen kostet Geld, nämlich die Teilnahmegebühr, die Anfahrt und das Parkticket, kostet Zeit, gemessen ab und bis zur Haustüre, und kostet den Verzicht auf Alternativen, denn in der gleichen Zeit hätte Julia Shoppen gehen (Spaß) oder bezahlte Überstunden (mehr Einkommen) machen können. Im Grunde genommen gilt dies auch für unseren Geparden, der anstatt der Antilope hinterherzulaufen hätte dösen oder auf eine einfachere Jagdbeute warten können. Gut, das mit dem Geld ist hier schwierig unterzubringen, denn in der Savanne wird mit dem Leben und nicht mit Euro bezahlt, aber Sie verstehen die Universalität meines obigen Merksatzes sicher auch so.

Unser Spitzenziel ist das Lebensglück. Darunter reihen sich mehrere Subziele ein, die helfen, dieses Ziel zu erreichen. Der Job ist sicherlich wichtig, denn den benötigen wir, um Geld zu verdienen, das uns wiederum Maßnahmen finanziert. Die Einbindung in eine soziale Gruppe ist bestimmt auch wichtig. Für Julia sind es die Freunde und später ein Mann und ein Kind. Auch für dieses Ziel muss Julia Maßnahmen ergreifen: Sie muss Zeit investieren, um einen Mann kennenzulernen, Geld, um sich auszustaffieren und schließlich umfangreich verzichten, wenn Sie schließlich ein Kind bekommt. Sie möchte aber auch einen besseren Job oder sich selbstständig machen. Wenn sie letzteres ernst meint, sollte sie sich weiterbilden und Lehrgänge in Buchführung besuchen oder sich um Finanzierungsmöglichkeiten kümmern, also Zeit investieren. Aber hat sie dann noch Zeit, um einen Spanischkurs zu besuchen? Für welches Ziel wäre der wichtig? Julia kommt zu dem Schluss, dass Spanisch zu sprechen für kein einziges ihrer übergeordneten Ziele bedeutend ist. Weder die Job-, die Selbstständigkeits- noch die Familienstrategie werden durch diese zeitaufwändige Maßnahme unterstützt. Also streicht sie sie. Sie wird nicht Spanisch lernen, sondern konzentriert sich auf Maßnahmen, die ihre übergeordneten Ziele verwirklichen helfen. Und das mit der Selbstständigkeit ... das gibt sie schließlich auch auf.

Das Mysterium der Zeit

Unter den drei Kostenarten *Geld*, *Zeit* und *Verzicht* spielt die Zeit eine ganz besondere Rolle. Sie ist physikalisch begrenzt. Julia, Sie und ich haben 24 Stunden am Tag zur Verfügung, mehr nicht. Wenn wir Handlungen wie Schlafen, Duschen, Ankleiden, Essen, Toilettengänge und andere unvermeidbare Tätigkeiten abziehen, bleiben bestenfalls noch 14 oder 15 Stunden vom Tag übrig. Um diese konkurrieren all die Maßnahmen, die im Rahmen einer Strategie zur Erreichung unserer Ziele umgesetzt werden müssen.

Wir können Zeit nicht kaufen, nicht verschicken, nicht vermehren. Zeit ist limitiert, aber nicht wie andere Ressourcen. Erdöl, Trinkwasser, saubere Luft, Kondome, Mehl, Butter oder Toilettenpapier sind zwar ebenso nur begrenzt vorhanden, aber all diese Güter lassen sich produzieren oder substituieren. Wenn die Butter ausgeht, kaufen wir im Supermarkt neue oder verwenden Margarine. Wenn das Wasser ausgeht, setzen wir Maschinen ein, um Trinkwasser aus Meerwasser oder aus der Luft zu gewinnen. Es ist letztlich eine Frage der Art und der Menge des Ressourceneinsatzes, um auch dann, wenn Güter knapp werden, den durch sie gestifteten Nutzen weiterhin zu haben. Unbenommen ist es natürlich auch möglich, dass der Aufwand der Güterproduktion so hoch wird, dass es sich nicht lohnt, sprich, der Ressourceneinsatz den Nutzen nicht mehr rechtfertigt. Nun, dann ertragen wir den Verzicht und die Welt dreht sich weiter.

> Doch mit der Zeit ist es anders. Sie lässt sich nicht kaufen, nicht substituieren und wir können nicht auf sie verzichten. Sie ist. Immer. Und ist sie verstrichen, lohnt es auch nicht, sich auf die „Suche nach der verlorenen Zeit" (Proust 1913–1927) zu begeben.

Allerdings stimmt das nicht so ganz: Man kann Zeit nämlich doch kaufen! Doch dazu kommen wir später. Zunächst möchte ich einen anderen Aspekt beleuchten, einen, der uns Wirtschaftswissenschaftlern so manche Formel vermasselt, mit der wir die Welt abzubilden versuchen: Es ist das Phänomen des zunehmenden (!) Grenznutzens der Zeit.

> Der Grenznutzen ist der Nutzen der letzten konsumierten Einheit.

Und dieser sinkt für gewöhnlich. Wenn Sie zum Beispiel Heißhunger auf Schokolade haben, ist das erste Stück, das Sie bekommen können, wertvoll für Sie. Der Nutzen ist hoch. Sie würden vielleicht 5 € für einen Riegel bezahlen. Für den zweiten Riegel, nach dem Sie noch immer lechzen, bezahlen Sie auch noch viel, vielleicht 3 €. Der Nutzen ist nicht mehr so hoch wie beim ersten Riegel, aber dennoch ... er ist sooo lecker. Der dritte, vierte oder fünfte Riegel ist auch noch toll, also „nützlich" in der Sprache der Ökonomie, doch je mehr Sie essen, desto weniger sind Sie bereit, zu bezahlen. Der Nutzen des jeweils letzten gegessenen Riegels nimmt ab. Und er kann sogar negativ werden! Was glauben Sie, wie Ihnen Schokolade schmeckt, wenn Sie genötigt werden würden, drei, vier oder mehr Tafeln zu essen? Irgendwann wird Ihnen schlecht und der Nutzen des letzten Riegels, der Sie zum Würgen gebracht hat, war sogar negativ.

Gut, jetzt kennen Sie das Gesetz des abnehmenden Grenznutzens. Dieses gilt für nahezu alle Güter. Nur bei der Zeit ist es anders. Auf den ersten Blick könnte man annehmen, dass auch hier immer mehr Zeit immer weniger nützlich ist. Wir könnten uns einen Tag vorstellen, der nicht 24, sondern 28, 40 oder 90 Stunden hat. Was würden wir mit all der Zeit anfangen? Würde uns die Zeit nicht langweilig werden? Vielleicht, aber weil die Ökonomie eine empirische Wissenschaft ist und wir verlangen, dass unsere Theorien und Hypothesen in der Praxis getestet werden können, müssen wir dieses Gedankenexperiment in die Vitrine stellen. Es ist eine philosophische Frage ohne Wert. Der Tag hat 24 Stunden, basta.

Stattdessen ist etwas anderes interessant zu beobachten: Je mehr Möglichkeiten wir haben, unseren Tag zu gestalten, desto wertvoller wird uns Zeit. Dies korreliert mit unserem persönlichen Reichtum, natürlich, weil wir Zeit benötigen, den Reichtum zu erwerben oder zu verwalten, aber vor allem, weil wir die zusätzliche Zeit mit immer mehr Tätigkeiten anfüllen könnten, die wir uns leisten können. Ein Armer wird – verzeihen Sie die plumpe Vereinfachung – den ganzen Tag arbeiten, dann essen und schlafen ... und das war's. Hätte er mehr Zeit zur Verfügung, würde er noch mehr arbeiten, um vielleicht etwas besser essen zu können. Mehr Zeit wäre bedingt nützlich.

Schauen wir uns nun einen Reichen an, um meine Behauptung, dass Zeit einen zunehmenden Grenznutzen hat, zu überprüfen. Ihm bedeutet eine Stunde mehr zur Verfügung zu haben die Chance, noch mehr zu unternehmen, was er sich ja leisten kann. Reiche würden Armen Zeit abkaufen, wenn sie das könnten, um immer mehr Vergnügungen erleben zu dürfen. Es gäbe einen *Marktpreis für Zeit* und je reicher jemand wäre, desto mehr würde er für Zeit bezahlen, nicht nur, weil er das Geld dafür besäße, sondern auch, weil die Zeit für ihn nützlicher wäre. Er würde länger leben wollen. Der Science-Fiction-Film „In Time" (2011) mit Justin Timberlake und Amanda Seyfried in den Hauptrollen thematisiert ein solches Gesellschafts- und Wirtschaftssystem, in dem die Währung Lebenszeit und nicht Geld ist.

Können Reiche Zeit kaufen? Im absoluten Sinn nicht, denn wir sind hier nicht in Hollywood. Doch: Reiche können sich von ungeliebten Tätigkeiten freikaufen und somit Zeit für Nützlicheres gewinnen. Sie könnten sich z. B. eine Haushälterin leisten und sich somit für – sagen wir 45 € – drei Stunden pro Tag Zeit für andere Tätigkeiten kaufen. Dann haben die Zusatzstunden sogar einen Preis, der sich in Euro beziffern lässt, nämlich 15 € pro Stunde. Damit stehen die Zeitkosten der Tätigkeit fest, die Sie statt putzen ausüben, und wenn Sie in dieser Zeit ins Fitnessstudio gehen, kostet Sie dieses neben der Anfahrt, dem Mitgliedsbeitrag und den Nebenkosten wie Waschen der verschwitzten Kleidung 15 € je Stunde für den Zeiteinsatz.

Also: Ja, wir können im übertragenen Sinne Zeit kaufen, wenn wir Tätigkeiten, die uns Zeit kosten würden, delegieren. Wir erwerben Zeit, die wir für wertvoller erscheinende Tätigkeiten im Sinne unseres Zielsystems einsetzen können. Dies kostet Geld und damit haben wir einen Preis für Zeit. Das ist das Phänomen der indirekten Käuflichkeit und Handelbarkeit von Zeit.

Doch im Alltagsstress fühlt es sich zugegebenermaßen anders an. Wir können es drehen und wenden, wie wir wollen: Wir haben nie genug Zeit und nie genug Geld, um alles zu machen, was wir machen möchten. Selbst dann, wenn Julia ihr Zielsystem aufgeräumt und eine gute Strategie erarbeitet hat, wird sie bei der Verteilung ihrer Ressourcen auf all die Maßnahmen, die sie vorhat, verzweifeln.

Der Nutzen des Lebens-„Managements"

Ganz so aussichtslos ist die Lage für Julia jedoch nicht. Sie kann eine Menge tun, um ihr Leben zu gestalten. So kann sie ihre Zeit und ihr Geld für die wirklich wichtigen Ziele verwenden und die weniger wichtigen verschieben oder streichen; sie kann also priorisieren. Dies hat sie getan, als sie den Spanischkurs aus ihrer „Bucket list" strich. Sie kann versuchen, einige Maßnahmen gegen andere auszutauschen, die effizienter sind, also einen geringeren Aufwand erfordern, um die Ziele zu erreichen. Sie kann bewusster planen und steuern, so dass sie nicht versehentlich zu viel Zeit für eine Aktivität opfert, die kaum Nutzen bringt. Sie kann Maßnahmen koordinieren und natürlich wird sie immer wieder kontrollieren müssen, ob sie ihre Ziele und ihre Strategie noch im Blick hat.

> Diese Metaebene, die aus dem Planen, Steuern, Koordinieren, Kontrollieren und Entscheiden von Maßnahmen im Kontext einer zielorientierten Strategie besteht, nennen wir *Management*.

Hier geht es um Julias *Lebensmanagement*. Es ist grundsätzlich das Gleiche wie Unternehmensmanagement.

> Was die Ökonomen für beide Bereiche sehr gut herausgearbeitet haben, ist die banal erscheinende Erkenntnis, dass knappe Ressourcen möglichst effizient und zielgerichtet eingesetzt werden müssen und dass dies am besten gelingt, wenn es ausformulierte Ziele gibt und ausgearbeitet wird, mit welchen Strategien diese erreicht werden können. Dann können die richtigen Maßnahmen ergriffen und gemanagt werden.

Die Fachwörter mögen insbesondere für unseren Lebensalltag sperrig und überzogen klingen. Aber die Notwendigkeit an sich ist vom Vokabular unbeeindruckt: Das Management unseres Daseins ist eine Aufgabe, die bewusst erledigt werden muss. Es ist allein unser eigenes Verschulden, Zeit und Geld zu verschwenden, nur weil wir keinen Plan haben. Und bitte verstehen Sie mich nicht falsch: Es geht nicht darum, jede Sekunde unseres Tages zu verplanen. Im Gegenteil! Faulenzen, peinliche TV-Sendungen anschauen und sich langweilen sind dann am schönsten, wenn wir es uns leisten können und dies bewusst tun und genießen.

Einige Minuten, um das Leben zu managen

Keine Frage: Die ersten Gedanken am Morgen sind bereits von ökonomischen Aspekten geprägt. Julia wird sich dessen nicht bewusst sein. Sie grübelt ein wenig herum und ihr fallen die Aufgaben mehr oder weniger zufällig ein. Ein strukturierter Plan für die Gestaltung ihres Tages entsteht so nicht. Darum empfehlen Experten, die sich mit effizienter

Lebensführung oder auch „Glücksmanagement" beschäftigen, nicht am Morgen, sondern bereits am Vorabend fünf Minuten darauf zu verwenden, sich zu überlegen, was am Folgetag ansteht, was wichtig ist oder worauf verzichtet werden kann. Das sollten wir auch Julia empfehlen. Andernfalls wird sie sich weiterhin getrieben fühlen, unzufrieden mit ihrem Leben sein in dem diffusen Bewusstsein, dass das noch nicht alles gewesen sein kann.

Literatur

von Clausewitz, Carl, 1812–1837. Vom Kriege. Diverse Nachdrucke.
Proust, Marcel, 1913–1927. Auf der Suche nach der verlorenen Zeit. Diverse Nachdrucke.

3

Raus jetzt! Ab ins Bad!

Schlüsselwörter Prozesse • Rituale • Effizienz und Effektivität • Produktivität • Organisation

Was muss, das muss … und auch Julia schält sich noch schläfrig aus ihrem kuschelig-warmen Bett. Sie geht wie ausnahmslos jeden Morgen schnurstracks ins Bad. Erst setzt sie sich auf die Toilette, stellt sich auf die Waage („Huch!") und dann unter die Dusche. Heute sind auch die Haare dran, ein komplexer Prozess, bestehend aus der Anwendung diverser Substanzen in mehreren Arbeitsgängen. Sie trocknet sich ab und wickelt sich ein Handtuch um den Kopf. Dann putzt sie die Zähne, von rot zu weiß, so hat sie es gelernt. Anschließend wird geföhnt, was ihr lästig ist, der ganze Körper mit diversen Cremes eingeschmiert und zu guter Letzt das Gesicht partiell gefärbt. Eine dreiviertel Stunde verbringt sie so im Bad. Jeden Morgen, und diese Zeit ist ihr wichtig. Für sie ist es wie eine Grenze zwischen Nacht und Tag: „Ab jetzt gilt's"!

Die nützlichen Alltagsprozesse

Was wir hier beobachten können bzw. was ich als Mann mehr oder weniger unbeholfen beschrieben habe, ist eine Abfolge gut einstudierter Arbeitsschritte, deren Inhalte und Reihenfolge grundsätzlich festgelegt sind und die nur in Ausnahmesituationen variiert werden. Die Schritte addieren sich zu Prozessen. Ihr Wesensbestandteil ist die Gleichförmigkeit. Schrittfolgen, Ressourceneinsatz und Ergebnisse sind immer gleich. Das klingt nach Langeweile, aber sie ist beabsichtigt, denn sie ist nützlich.

> Festgelegte *Prozesse* bedürfen keiner besonderen Aufmerksamkeit. Werden die immer gleichen Arbeitsschritte eingehalten, wird auch das Ergebnis wahrscheinlich immer das gleiche sein.

Es ist nun nicht mehr erforderlich, die Details zu planen oder sich über den Ressourceneinsatz Gedanken zu machen. Das ist irgendwann einmal mit der gebotenen Sorgfalt geschehen. Auch wird das Ergebnis nicht mehr überraschen – es ist, in gewissen Grenzen, immer das gleiche. Vielleicht wird der Prozess dann und wann überprüft, optimiert oder angepasst, aber im Alltag läuft's. Auch hier unterscheidet sich Julias Leben in keiner Weise von den Prinzipien, die in einem Unternehmen gelten.

> Prozesse helfen, Tätigkeiten zu automatisieren, um sicher zu gehen, dass das immer gleiche Ergebnis mit dem immer gleichen Ressourceneinsatz zustande kommt.

Es ist einleuchtend, dass Unternehmen versuchen, möglichst viele ihrer Abläufe in Prozessen zu organisieren. Tatsächlich bilden Prozesse das Gros wertschöpfender unternehmerischer Tätigkeit und sind Ausgangspunkt jeglicher Automatisierung: Wenn ein Computer oder ein Industrieroboter eine Aufgabe von einem Menschen übernimmt, dann immer auf der Grundlage eines Prozesses und mit dem Ziel, die Verlässlichkeit des Ergebnisses und/oder den Mitteleinsatz zu optimieren.

Auch Julia hat Prozesse in ihrem Alltag automatisiert. Sie hat Maschinen erworben, die ihr lästige Tätigkeiten abnehmen (Waschmaschine, Spülmaschine, elektrische Zahnbürste), und sie hat Angebote zur Automatisierung – meist von Dienstleistungen – angenommen, z. B. ihre webbasierte Kontoführung, die Routenplanung oder die Textilreinigung.

> Stets sind es die gleichen Vorteile, die Prozesse nützlich machen: Einsparen von Managementaufwand, berechenbare Ergebnisse und die Optimierung des Mitteleinsatzes.

Haben Prozesse auch Nachteile? Korrekt eingesetzt und immer wieder hinterfragt: nein. Ein Hammer hat ja auch keine Nachteile, solange er sachgerecht eingesetzt wird. Er eignet sich wunderbar, um Nägel ins Holz zu schlagen. Immer und immer wieder, mit dem gleichen Kraftaufwand und dem gleichen Ergebnis. Erst dann, wenn ein Schlag danebengeht, der Nagel krumm ist und er sich nicht mit dem Hammer herausziehen lässt, zeigen sich die Grenzen des Werkzeugs, und das sind gleichsam auch die Grenzen aller Prozesse: Die Ausnahmen! Diese entstehen

- durch eine ungewöhnliche Konstellation von Inputfaktoren (*Input*),
- durch einen Arbeitsfehler im Automatismus (*Throughput*) oder
- durch den Wunsch eines vom Standard abweichenden Ergebnisses (*Output*).

Eine gewünschte Ausnahme im Output ist noch am leichtesten zu managen. Der Standardprozess wird bei einem bestimmten Arbeitsschritt verlassen, wie bei einer Schienenweiche, und anschließend werden die für das gewünschte Ergebnis erforderlichen Schritte „manuell" durchgeführt. Das ist planbar. Als Julia neulich einen neuen Wohnzimmertisch kaufte, handelte sie wie ein orientalischer Gewürzhändler. Der Verkäufer bot ihr Schritt um Schritt schließlich 10 % Rabatt an, das war sein Limit. Mehr durfte er im Rahmen seines Verkaufsprozesses nicht anbieten. Das war sein Korridor. Weil Julia nicht locker ließ, der Verkäufer aber das Geschäft machen wollte, musste er eine Ausnahme vom Standardprozess erwirken und ging dafür zu seinem Abteilungsleiter. Er hatte einen größeren Spielraum, 20 %, den Julia ebenfalls ausschöpfte.

Schwieriger ist es bei Arbeitsfehlern während des Throughputs. Sie passieren Menschen wie Maschinen. Dann ist der Prozess ungeplant unterbrochen und Korrekturmechanismen sind erforderlich. Es hakt. Vermeidbar sind unter Umständen Ausnahmen, die durch ungewöhnlichen Input entstehen. Darum definieren beispielsweise Unternehmen *Korridore* für Eigenschaften von Faktoren, die für den Standardprozess akzeptiert werden. Maßtoleranzen von Bauteilen, die in die Fertigung eingehen, sind hierfür ein Beispiel. Andere Ausnahmen erscheinen zufällig. Sich auf sie vorzubereiten, ist nur bedingt möglich, denn es sind zu viele.

Sind solche Ausnahmen ein Problem? Natürlich, denn sie erfordern zusätzlichen Aufwand. Ganz vermeiden lassen sie sich nur selten. Durch ihre Unvermeidlichkeit gehören sie dazu. Das Management, genauer: der Prozessverantwortliche, wird sich auf die wahrscheinlicheren Ausnahmen vorbereiten und auch für die unwahrscheinlichen geeignete Reaktionsmuster parat haben.

Die zauberhaften Prozesse: Rituale!

Es gibt Prozesse, die tragen Magie in sich. Sie haben eine Bedeutung über die schiere Bearbeitung von Inputfaktoren zur Erzielung eines Ergebnisses hinaus. Sie haben eine Seele und wirken durch ihr Sein. Wir nennen sie *Rituale*. Es gibt sie nur, wenn Menschen wirken, alleine oder miteinander. Dann geben sie eine subjektive Sicherheit, sind der Kleister sozialer Gruppen oder kennzeichnen Gesinnungen.

Rituale sind überall anzutreffen: im Fußballstadion, wenn der Sprecher die Vornamen der Spieler aufruft und die Fans den zugehörigen Nachnamen skandieren, beim Nachhausekommen, wenn wir als Erstes den Schlüssel in die Schale werfen, die Schuhe ausziehen, die Jacke an den Haken hängen und den Hund kraulen, im Gottesdienst, wenn sich Priester und Gemeinde auswendig gelernte Sätze zurufen oder wenn der Ehemann jedes Wochenende als Erster aufsteht, um seinem Schatz eine Tasse Kaffee ans Bett zu bringen. Rituale haben in all diesen Fällen eine soziale Funktion. Doch es bleiben Prozesse, deren Regelmäßigkeit und Wiederholbarkeit die Voraussetzungen für das Entstehen sind.

Effizienz und Effektivität

Ob im betrieblichen oder im privaten Umfeld, Prozesse sollten immer wieder überprüft werden. Manchmal drängt sich das auf, etwa wenn festgestellt wird, dass es mehr Ausnahmen als regelmäßige Fallbearbeitungen gibt. Doch meistens verändert sich die Welt langsam und nur durch eine turnusmäßige Begutachtung des Prozesses kann festgestellt werden, ob er noch wirtschaftlich ist.

Was aber heißt es eigentlich, einen Prozess zu „überprüfen"? Es ist ein Check, ob der Prozess etwas „taugt". Das ist natürlich kein ökonomischer Begriff und er ist auch unpräzise, denn tatsächlich handelt es sich um zwei Prüfungen:

- Als Erstes wird überprüft, ob die Ressourcen, die für den Prozess aufgewendet werden, vielleicht auch zu einem besseren Ergebnis hätten führen können, wenn die Arbeitsschritte klüger gestaltet worden wären. Gleicher Einsatz von Arbeit und Zeit für ein besseres Ergebnis. Das nennen wir „*Effektivität*".
- Als Zweites wird überprüft, ob das Ergebnis des Prozesses auch mit weniger Einsatz von Arbeit und Zeit hätte erreicht werden können. Das nennen wir „*Effizienz*".

> Effektivität bedeutet, bestmögliche Ziele mit einem gegebenen Mitteleinsatz zu erreichen.
> Effizienz bedeutet, für ein bestimmtes Ziel den geringstmöglichen Mitteleinsatz zu benötigen.

Das wird sehr gerne verwechselt, peinlicherweise auch in Managementkreisen, oder es wird zum berühmt-berüchtigten „*Minimax-Prinzip*" verschwurbelt, das besagt, das bestmögliche Ergebnis mit den geringstmöglichen Mitteln erreicht wird. Wir wissen es jetzt besser: Einer der

Parameter, Mitteleinsatz bzw. Ergebnis, wird jeweils konstant gehalten und der andere optimiert.

Julia könnte z. B. den Badbesuch effizienter gestalten, wenn sie sich gleichzeitig föhnen und Make-up auftragen würde. Meine Mutter besaß Ende der 70er-Jahre eine Föhnhaube, ein Ungetüm, das ein wenig nach einem Raumfahrerhelm aussah, aber das Gesicht frei ließ, so dass sie beim Haaretrocknen gleichzeitig Make-up auftragen, stricken oder lesen konnte. Dadurch sparte sie Zeit, sofern sie Tätigkeiten gleichzeitig erledigen konnte, die sie ohne das Gerät nacheinander hätte erledigen müssen. Das Ergebnis war das gleiche, als hätte sie sich konventionell geföhnt und anschließend geschminkt, doch ging es schneller. Gleiches Ergebnis – geringerer Zeiteinsatz: Sie war effizienter!

Effektiver könnte Julia sein, wenn sie an einem Make-up-Workshop oder einer Stilberatung teilnähme. Vermutlich bräuchte sie dann morgens immer noch so lange wie zuvor, aber das Ergebnis wäre noch besser. Sie würde attraktiver wirken, vielleicht auch selbstbewusster auftreten und damit möglicherweise auf der Suche nach einem Mann erfolgreicher sein (Verzeihen Sie dieses Stereotyp – doch manche Männer können eben besser gucken als denken!). Allerdings müsste sie den Aufwand für den Besuch der Workshops mitberücksichtigen und hier kommen wir wieder einmal zu unserem Lieblingsproblem, dass die recht konkreten Kosten des Kurses (Kursgebühr, Fahrtkosten, Zeiteinsatz) kaum mit dem diffusen Nutzen (attraktiver wirken) verglichen werden können. Aber bleiben wir beim Thema, und fürs Erste reicht, dass wir nicht vergessen, dass die Kosten für eine Verbesserung der Effektivität gegengerechnet werden müssen.

Effizienz und Effektivität sind zwei Schlüsselgrößen für die Gestaltung von Prozessen. Und an der Optimierung arbeiten wir unablässig: So haben wir uns für Geld Zeit gekauft, oft durch Maschineneinsatz, etwa, wenn die Geschirrspülmaschine das Abspülen übernimmt. Dann ist sowohl das Ergebnis besser als auch der Ressourceneinsatz geringer. Wir werden, und hier vereinen sich die Begriffe Effizienz und Effektivität, *„produktiver"*.

Organisation

Prozesse entwickeln sich naturgegeben mit den Aufgaben, die das Leben uns stellt. So hat Julia lernen müssen, die Treppe in ihrem Haus zu putzen, wenn sie Kehrwoche hat. Am Anfang hat sie über zwei Stunden dafür benötigt, aber jetzt geht es in eineinhalb – mit dem gleichen Ergebnis. Sie ist effizienter geworden, weil sich nach und nach ein Schema eingestellt hat, wie sie putzt, wo sie anfängt und wann sie das Wasser auswechselt. Bewusst hat sie diesen Prozess nicht optimiert. Es hat sich so ergeben. Insgesamt betrachtet hat sie Zeit verschwendet, denn hätte sie von Beginn an den Putzvorgang durchdacht und besser organisiert, hätte sie etliche Stunden ihres Lebens sinnvoller verwenden können. Tja, „hätte hätte Fahrradkette"; manchmal lohnt es sich, jemanden zu fragen, der mehr Erfahrung hat. Dieser hätte bei der Organisation des Prozesses helfen können. Hier sind wir schon beim nächsten Stichwort:

> Organisation ist eine *Koordinationsaufgabe*. Koordiniert wird der Einsatz der Ressourcen, die uns zur Verfügung stehen, sowie all jener Prozesse und deren Zusammenspiel, die wir benötigen, um unsere Ziele zu erreichen.

Ah, die Ziele! Hier brauchen wir sie wieder. Noch immer sind die Ressourcen limitiert, z. B. die Zeit auf 24 Stunden je Tag, und das Organisieren hilft uns dabei, solche knappen Ressourcen produktiv einzusetzen. Wir organisieren, um mit unseren begrenzten Mitteln unsere Ziele zu erreichen. Haben wir jedoch kein Bild von unseren Zielen (siehe oben!), gibt es auch keine Strategie, nach der wir uns richten können. Dann wird die Organisationsaufgabe unmöglich und wir könnten auch tun, wozu wir gerade Lust haben. Und so leben viele Menschen ja auch!

Julia ist da anders. Sie organisiert gerne und so hat sie auch ihre morgendlichen Prozesse bzw. Rituale gut durchdacht. Sie schätzt die Zeit, die sie morgens im Bad verbringt, als gut eingesetzt ein und das Geld, dass sie für ihre Pflege- und Kosmetikprodukte ausgibt, für gut angelegt. Sie will ja attraktiv aussehen, um sich gut zu fühlen, um den richtigen Mann zu finden und um im Beruf gut 'rüberzukommen. Für diese Ziele lohnt sich der Mitteleinsatz.

4

Was ziehe ich bloß an?

Schlüsselwörter Kleidung als Signal • Selbstselektion • Soziale Herde • Anpassung und Nonkonformismus

Munter kommt Julia aus dem Bad. Sie fühlt sich prima, frisch geduscht und dezent, aber effektiv geschminkt. Der Tag kann kommen. Natürlich muss sie sich noch anziehen. Julia hat es sich zur Gewohnheit gemacht, die Klamottenwahl erst am Morgen zu treffen. Einige ihrer Freundinnen legen sich schon abends heraus, was sie am nächsten Tag anziehen werden. Julia ist das zu starr. Sie möchte sich so anziehen, wie sie sich fühlt. Sie möchte spontan bleiben.

Dabei ist, zumindest, wenn sie auf die Arbeit muss, das Spektrum arg eingegrenzt. Meist trägt sie ein klassisches Business-Kostüm, also eine Bluse und einen passenden knielangen Rock, zuweilen durch eine Stoffhose ersetzt. Dazu kombiniert sie einen ihrer Blazer, obwohl sie sie altmodisch findet, aber der Chef in der Unternehmensberatung will es so haben. Es soll konservativ zugehen im Büro, so betont er immer wieder. Das vermittele den Kunden ein vertrauensvolles Bild und, das weiß auch Julia, sei wichtig für die Rechtfertigung der gepfefferten Personentagessätze ihrer Firma. Das Auge kauft mit. Erst in ihrer Freizeit variiert Julia mit größerer Bandbreite: Korsage zur Jeans oder T-Shirt zum Rock … sie ist flexibel, je nach Anlass, Stimmung und Wetter.

Kleidung und andere Signale

Ich weiß nicht, wie es in der Steinzeit war, aber seit das Zeitgeschehen dokumentiert wird, also vielleicht seit der Antike, ist Kleidung mehr als nur ein Schutz vor den Elementen. Mit Kleidung werden *Signale* ausgesendet: Die Zugehörigkeit zu einer Berufsgruppe wird klargestellt, über das private Vermögen Auskunft erteilt, Signale für angestrebte oder erwünschte soziale Interaktion gesendet oder das Recht auf Privilegien markiert. Wer kennt sie nicht, die Bilder skurriler Auswüchse einer dem Zeitgeist und der Mode geschuldeten überbordenden Pracht aus Seide, Krepp, Wolle oder Leder? Die Kröse, der Vatermörderkragen, die Toga, der Reifrock, das Korsett oder die Schnabelschuhe halten wir heute für lächerliche Irrungen, aber sie waren zu ihrer Zeit unabdingbar, „um dazuzugehören".

Heutzutage scheint die Bedeutung der Kleidung für das Aussenden von Signalen zurückzugehen, ebenso, wie manch andere althergebrachte Signale an Bedeutung zu verlieren scheinen: So fallen Titel (Frau Doktor, Herr Ingenieur, Herr Geheimrat) immer häufiger unter den Tisch. Oder es verliert sich der Respekt vor Uniformen. Gleichzeitig gewinnen andere Signale an Bedeutung, etwa der Lärm, den der Auspuff des Autos macht (zumindest in der Proll-Community) oder der Preis der Armbanduhr, ersatzweise der des Smartphones. Einige Signale erleben eine kleine Renaissance, wie etwa Tischmanieren, denn gute Manieren bringen Vorteile, bei der Partnerschaftsanbahnung ebenso wie im Berufsleben. Dann ist es günstig, sie zu erlernen und zu berücksichtigen, auch, wenn das Mühe macht. Und schon sind wir wieder in der Nutzen-Kosten-Betrachtung. Am Rande: Ein Lehrstück für die Macht der Signale ist der Film „Catch me if you can" mit Leonardo DiCaprio: Der Held reüssiert als Hochstapler erfolgreich in diversen Berufen, indem er die Verhaltensweisen der jeweiligen Standesvertreter perfekt imitiert und lernt, die jeweils richtigen Signale auszusenden.

Wir investieren Ressourcen in das Erlernen von Signalen und in deren Nutzung, kaufen Dinge oder nehmen Mühen auf uns, um sie zu senden, und erhoffen uns einen Gewinn davon. Julias Chef tut gut daran, wenn er darüber nachdenkt, was er seinen Kunden signalisieren muss, um den Preis seiner Dienstleistung zu untermauern. Jeanstragende Hipster mögen in der Werbebranche gut aufgehoben sein, ja, sie werden dort sogar erwartet, aber in seiner Unternehmensberatung sind Botschaften wichtig, die mit Eigenschaften wie Seriosität, Ernsthaftigkeit und Vertrauenswürdigkeit konnotieren. Und da seine Mitarbeiterinnen und Mitarbeiter seine „Produktionsmaschinen" sind, müssen diese all das ausstrahlen. Deshalb erhält auch Julia, obwohl sie „nur" Teamassistentin ist, jedes Jahr zu Weihnachten einen Gutschein für schicke Geschäftskleidung.

Signale sind subtile, von Rahmenbedingungen wie Mode, gesellschaftlichem Umfeld, Bildungsniveau von Sender und Empfänger oder situativem Kontext abhängige Botschaften, die schnell und unaufdringlich *Selektionen* und *Einschätzungen* ermöglichen. Solche Botschaften sind insbesondere von Bedeutung, wenn Menschen interagieren, um Leistungen auszutauschen, sprich: in Verhandlungen, oder um zu kooperieren. Die Wirtschaftswissenschaften sind tief in diese Sachverhalte eingedrungen, etwa im Rahmen der Spieltheorie, die ich hier nicht behandele, oder im Rahmen der *Prinzipal-Agenten-Theorie*, die sich unter anderem mit der Frage beschäftigt, welche Bedeutung Signale als Informationen haben und wie diese ausgetauscht werden. So spielen *„Signalling"* und *„Self Selection"* eine große Rolle, wenn es um die Verhandlung zwischen Parteien geht, die unvollständiges Wissen über die jeweils andere besitzen.

Eine dafür typische Situation ist ein Bewerbungsgespräch: Beide Parteien haben nur sehr wenig Zeit, um einander kennenzulernen. Jeder gibt nur ein wenig von sich preis, was aber erstens kaum ausreicht, um eine langfristige Bindung per Arbeitsvertrag zu begründen und zweitens verfälscht sein wird: Jeder zeigt sich von seiner besten Seite. Also wird jede Partei Signale senden und auf Signale des Gegenübers achten. Der Bewerber zieht seinen besten Anzug an, geht vorher noch einmal zum Friseur und erzählt von seiner Begeisterung für das Unternehmen. Der Vertreter des Unternehmens legt Hochglanzprospekte auf den Tisch und preist den Teamspirit und die Qualität der Kantine. Doch sieht er auch, dass der Anzug des Bewerbers zu eng sitzt und die Krawatte schlecht gebunden ist. „Hm, wer seinen Konfirmandenanzug aufträgt und den doppelten Windsor-Krawattenknoten nicht beherrscht, hat keine Erfahrung in einem konservativen Unternehmensumfeld" wird sich der Personaler vielleicht denken. Doch auch der Bewerber empfängt Signale: Er blickt auf das Kaffeegeschirr mit dem Goldrand und der passenden Zuckerdose mit Deckel und denkt sich: „Ey, was ein altmodischer Laden hier. Fehlt wohl das Geld für moderne Ausstattung."

Die zwei Seiten der „Self Selection" (Selbstselektion)

So ein Geschirr, vielleicht noch gepaart mit stilvollen Ledersesseln, opulent gerahmten Bildern der Firmengründer und geknüpften Teppichen im Besprechungsraum sind Ausdruck einer Selbstselektion. Das Unternehmen kann sich selbst durch Signale, Handlungen oder Unterlassungen in eine Schublade stecken. Genau das macht Julias Arbeitgeber, indem die Mitarbeiterinnen und Mitarbeiter konservativ gekleidet sind, das Ambiente der Geschäftsräume hochwertig ist und sogar die Visitenkarten aufwändig gestaltet werden.

Diese Selbstselektion hat Vorteile: Sie hält unerwünschte Kunden fern, die bewusst oder unbewusst merken, dass die Beratungsdienstleistung zu teuer wäre, zieht aber die gewünschten Kunden an und bestätigt die Preise; und das alles, ohne es explizit kommunizieren zu müssen. Das Mittel dazu sind Signale, die gesendet werden. Kleidung ist solch ein Medium, mit dem derartige Signale transportiert werden, und Julia tut sehr gut daran, wenn sie aufmerksam beachtet, wann sie welche Bekleidung trägt.

Im Wirtschaftsleben haben wir es ständig mit Signalen und Selektionseffekten zu tun. Das beste Beispiel ist die Werbung, die einseitig Signale sendet und als Reaktion vor allem auf den Abverkauf der beworbenen Produkte zielt. Sehr oft wird versucht, Anreize zur Selbstselektion zu senden: Menschen fühlen sich dann cool, innovativ, qualitätsbewusst oder sicherer, wenn sie das – durch die jeweiligen Botschaften aufgeladene – beworbene Produkt kaufen.

4 Was ziehe ich bloß an? 39

An dieser Stelle möchte ich Ihnen noch einen kleinen Exkurs zumuten: Die Selbstselektion ist nämlich ein zweischneidiges Schwert und macht uns Ökonomen an anderer Stelle Probleme, nämlich immer dann, wenn wir etwas über Konsumenten herausfinden wollen; sprich: In der *Markt- und Sozialforschung*.

> Wann immer Probanden selbst entscheiden dürfen, ob sie an einer Befragung teilnehmen, werden es nur jene tun, die etwas mitteilen wollen.

Alle anderen, die sich nicht für den Untersuchungsgegenstand interessieren oder einem Fremden dazu keine Auskünfte erteilen wollen, werden nicht erfasst. Teilnehmer und Nichtteilnehmer selektieren sich selbst und die Ergebnisse sind deshalb nicht mehr repräsentativ.

Ein Beispiel: Versuchen Sie doch einmal, mittels einer Umfrage etwas über die Nutzung von Erotikspielzeug herauszufinden. Was werden Sie tun? Sie stellen sich samstags an den Ausgang einer Shopping Mall und sprechen Passanten an: „Entschuldigen Sie bitte! Wir machen eine anonyme Umfrage zum Thema Sex Toys. Hätten Sie vielleicht zwei Minuten Zeit, mir einige Fragen zu beantworten?" Was glauben Sie, passiert? Es werden voraussichtlich nur diejenigen antworten, die mit ihrem eigenen Sexualleben zufrieden sind. Die anderen haben angeblich keine Zeit oder huschen mit rotem Kopf vorbei. So werden Sie keine *repräsentativen* Marktforschungsergebnisse erzielen, denn am Ende sind die vermeintlich forscheren, offeneren Passanten im Vergleich zur gesamten erwachsenen Bevölkerung überrepräsentiert.

Auch unsere Protagonistin betreibt Selbstselektion. Julia könnte sich am Samstagabend aufbrezeln, schwarzer Push-up-BH, durchsichtige, spärlich zugeknöpfte Bluse, Leder-Minirock, Netzstrümpfe und rote Glitzer-High-Heels. Vermutlich würden die männlichen Gaffer sie dem Lager der Schlampen zuordnen – eine „Ghetto-Bitch". Auf sie abfahren wird – so das gängige Klischee – ein bestimmter Typ Mann, den ich nicht näher beschreiben muss. Sie könnte sich aber auch sehr schick anziehen. Vielleicht trägt sie dann das sündhaft teure Versace-Kostüm, das sie sich vom letzten Weihnachtsgeld geleistet hat, steckt ihre Haare hoch, legt das edle Collier an und schlüpft in die feinen, perfekt zum Kostüm passenden Manolo Blahnik-Stilettos. Welche Männer reagieren nun? Auch hier würde Julia in einer Schublade landen, auf der aber nun „Snob-Braut" steht (ist das der richtige Begriff?). Wie immer Julia sich kleidet, in jedem Falle ordnet sie sich durch ihr Outfit einer Gruppe zu. Sie betreibt „Selbstselektion".

Julia hat diese Zuordnung also selbst in der Hand. Die Möglichkeit der Selbstselektion bietet ihr die Chance, die Signale auszusenden, die ihr den Zugang zu jenen sozialen Gruppen ermöglichen, zu denen sie gehören möchte. Doch das kostet auch etwas, nämlich die zumindest *partielle Aufgabe von Individualität*. Sie muss sich *Gruppenregeln* beugen.

„Ich gehöre zu Euch!": Die Bedeutung des T-Shirts für die Herde

Selbstverständlich signalisiert Kleidung nicht nur in der Geschäftswelt Botschaften. Auch im Alltag wirkt sie sich aus. Sie bestimmt nicht unwesentlich die Wahrnehmung und Bewertung unseres Auftretens. Wie in der Vergangenheit, so wird uns auch heute unsere Kleidung in Schubladen befördern. Zuweilen wünschen wir das. Wenn ich mich abends mit meinen Radsportfreunden treffe, wähle ich bewusst sportliche Kleidung, am besten solche von angesagten Fahrradherstellern. Damit könnte ich nicht in die Hochschule fahren und Vorlesungen halten. Von einem Professor wird etwas anderes erwartet. Dort ziehe ich mich seriöser an, Stoffhose, Hemd und Jackett vielleicht, jedoch keinen Anzug mit Krawatte, denn dann würden mich meine Studentinnen und Studenten in die Schublade „konservativer Knochen" stecken, was ich hoffentlich nicht bin, und so behalte ich mir den edlen Zwirn für die wichtigen offiziellen Anlässe vor. Und wäre ich nebenberuflich Rocker, so müsste ich noch eine schwarze Lederkluft und Kutte im Schrank haben, denn Anzug und Krawatte passen nicht so recht zur Harley.

> Für unterschiedliche soziale Kontakte, also unterschiedliche Gruppen oder „Herden", befolgen wir zur *Signalisierung der Zugehörigkeit* und zur *Selbstselektion der Mitgliedschaft* unterschiedliche Bekleidungsvorschriften.

Damit senden wir ein „Ich gehöre zu Euch!". Diese Form der Signalisierung von Herdenzugehörigkeit hat Vorteile: Sie geht schnell und gelingt auch ohne formalen Zugehörigkeitsausweis, ist also kostengünstig. Allerdings ist sie auch nicht sicher, denn jeder könnte sich „verkleiden" und so tun, als gehöre er dazu. Also wird die richtige Kleidung nicht ausreichen, um z. B. die Zugehörigkeit zur Polizei zu signalisieren. Oder halt, doch, genau das passiert ja nur allzu oft: „Trickbetrüger" kaufen sich eine Uniform und kassieren ab. Diese sind keine Mitglieder der Gruppe der Polizisten, haben mithin auch keine Exekutivgewalt, aber Außenstehende glauben das allzu leicht, weil sie den Signalen vertrauen. Hier muss die betroffene Gruppe (die in diesem Kontext in der Ökonomie tatsächlich auch als „Herde" bezeichnet wird) selbst Kontrollen einführen und die Verwendung ihrer Signale vor Missbrauch schützen, sonst schwindet der gewünschte Effekt (hier der Respekt vor Personen in Polizeiuniform).

Unternehmensberater tragen dunkelblaue Anzüge, Ärzte weiße Kittel und Monteure einen Blaumann. Die Konformität der gesendeten Signale und der Zielsetzung beruhigt unsere Sinne, Abweichungen erhöhen die Kosten des sozialen Kontakts. Was folgt daraus? Seien Sie angepasst, wenn Sie niedrige soziale Kontakthürden wollen!

Der Sinn von Nonkonformismus

Für Julia ist das alles in Ordnung. Es senkt die Kosten des sozialen Lebens, wenn sie allseits akzeptierte Regeln in Bezug darauf beherzigt, wie jenseits gesprochener Worte Informationen ausgetauscht, Absichten vermittelt und Grenzen gesetzt werden. Sie selbst sucht einen soliden, attraktiven Mann, mit dem sie ein Kind großziehen möchte. Also wird sie sich weder nachlässig noch übertrieben schick anziehen, sondern so, wie sie vermutet, dass dieser Mann sie sehen möchte. Sie passt sich den Erwartungen an, oder besser, sie passt sich ihren Vorstellungen von dem an, was der passende Mann erwarten könnte.

Grundsätzlich ginge es auch anders: Was wird, wenn Julia sich bewusst anders kleidet, also aufgebrezelt zu einer Jam-Session in die Undergroundbar geht oder in zerrissener Jeans mit Primark-T-Shirt in die noble Cocktailbar des 5-Sterne-Hotels? Zeigt Nonkonformismus nicht

Individualität und ist Individualität nicht attraktiv? Könnte sie damit nicht hervorstechen unter all den anderen Besuchern? Ist es nicht wichtiger, einzigartig zu sein, so wie jeder Marketier versucht, für sein Produkt den „*Unique Selling Point*" zu finden?

Tatsächlich ist es eine spannende Frage, wann Angepasstheit und wann Andersartigkeit die bessere Strategie sind. Bisher empfahl ich, dass sich Julia oder der Bewerber den Erwartungen anderer anpassen sollte. Aber gibt es nicht unzählige Beispiele von außergewöhnlichen Menschen, die durch ihren Nonkonformismus auffallen und damit erfolgreich sind? Sicherlich fällt Ihnen auch ein jeanstragender Vorstandsvorsitzender irgendeines amerikanischen Technologiekonzerns ein oder Sie haben den „grunge-igen" Geigenvirtuosen ein Violinkonzert spielen sehen. Doch sie sind Ausnahmen und weil sie prägnant sind und wir uns leicht an sie erinnern, verzerren sie wirkungsvoll unsere Wahrnehmung. Sie sind nicht die Regel. Zwar sind alle Menschen einzigartig, jedoch die wenigsten in diesem Sinne außergewöhnlich.

Anders verhält es sich, wenn wir gesellschaftliche Gruppen als Einheit betrachten. Hier ist nonkonformistisches Verhalten in Bezug auf die Restgesellschaft Teil einer Entwicklung. Beispielsweise möchte sich die nachrückende Jugend von ihrer spießigen Elterngeneration abgrenzen und versucht, durch Kleidung und Erscheinung anders zu sein. Hippies, Popper, Punker, Gothics oder Emos sind Beispiele für Jugendkulturen. Jede hat ihre Zeit.

> Der Versuch, sich durch Andersartigkeit von tradierten Strukturen abzugrenzen, ist alles andere als neu und es wird auch immer wieder neue Versuche geben. Solche Bewegungen sind nützlich, weil sie schöpferisch zerstören und Gesellschaften in ihrer Entwicklung vorantreiben.

Auf individueller Ebene innerhalb der Gruppe von Gleichgesinnten verhalten sich die Andersartigen aber wieder angepasst. Punker, Rocker oder Hooligans folgen untereinander sogar recht strengen Regeln und Ordnungen.

Halten wir fest: In vielen Situationen ist Anpassung nützlich. Das Befolgen tradierter Muster und das Senden bekannter und erwarteter

Signale reduziert die Prüfkosten und erleichtert die Akzeptanz. Einem geschniegelten jungen Mann in – wenn vielleicht auch schlecht passendem – Anzug wird der Beruf des Bankers zugetraut, denn die Erfahrung lehrt den Personalleiter der Sparkasse, dass Menschen dieses Schlages die Lehre mit hoher Wahrscheinlichkeit erfolgreich absolvieren. Einem Punker traut er das hingegen nicht zu, weil er keine Erfahrungswerte hat. Das Fehlschlagsrisiko ist für ihn nicht kalkulierbar. Warum sollte er dann das Risiko eingehen und den bunten Vogel einstellen? Scheitert der Versuch, wird er womöglich persönlich dafür zur Rechenschaft gezogen. Scheiterte hingegen das Arbeitsverhältnis mit dem anzugtragenden Bewerber, würde ihm niemand einen Vorwurf machen. Der Personalleiter ginge somit ein unnötiges persönliches Risiko ein, würde er den Nonkonformisten einstellen.

Der Punker hätte sich für den Vorstellungstermin die Piercings aus der Lippe nehmen und einen Anzug anziehen sollen. Hätte er? Wäre das nicht ein Verrat an seinen Werten? Vielleicht, aber wie so oft ist es eine Abwägung von Kosten (Verrat an den Werten) und Nutzen (Lehrstelle). Sich anzupassen ist *Opportunismus* und dieser ist immer eine Gratwanderung: Wie weit kann man sich (ver-)biegen, um etwas zu erreichen? Anpassung ist also gut, wenn sie zum Erfolg führt und die Kosten akzeptabel erscheinen.

Für Julia ist das alles unkritisch. Sie gehört keiner sozialen Gruppe an, die eine extreme Form der äußerlichen Abgrenzung fordert. Sie trägt ihre Geschäftskleidung genauso selbstverständlich wie ihre schicke Freizeitkleidung und nie muss sie sich verbiegen. Sie weiß, wie sie auftreten muss, denn sie weiß, was von ihr erwartet wird. Und einen guten Geschmack hat sie ja.

5

Ist noch Zeit für ein Frühstück?

Schlüsselwörter Lebenshaltungskosten • Luxus • Globalisierung • Ausreden • selbstwertdienliche Verzeihung • Verhaltensveränderung

Geschniegelt, gestriegelt und schick eingekleidet geht Julia in die Küche. Sie mag das Frühstück und nimmt sich Zeit dafür. Oft hört sie von ihren Kolleginnen und Kollegen, dass diese das Frühstück ausfallen lassen oder beim Bäcker um die Ecke ein Brötchen auf die Hand und einen „Latte to go" mitnehmen. Man will ja keine Zeit verschwenden. Julia ist da anders. Sie zelebriert es, sich Müsli in die Schale zu schütten, immer sechs Esslöffel, zwei Teelöffel Chia-Samen, etwas Milch und frisch geschnippeltes Obst obendrauf. Möglichst jeden Tag anderes. Immer nur Äpfel wären langweilig. Sie mag exotisches Obst: Sternfrucht, Maracuja, Feigen, Kumquats, Papayas, Guaven oder Tamarinden. Das darf dann auch etwas kosten. Das Müsli zuzubereiten, ist für sie ein wichtiges Ritual.

Wie viel geben wir für Lebensmittel aus?

Lebensmittel sind billig. Jedenfalls bei uns. Im Schnitt geben wir 14 % unseres verfügbaren Haushaltsnettoeinkommens dafür aus. 1970 waren es noch 30 %. Damals arbeiteten wir ca. 96 Minuten für ein Kilo Schweinefleisch, 2019 waren es nur noch 26. Dabei kommen nur ca. 25 % des Preises für Lebensmittel bei den Bauern an. Der Rest geht an den Handel und insbesondere an die lebensmittelverarbeitende Industrie. Wir essen mehr verarbeitete Lebensmittel denn je, also nicht Kartoffeln, sondern Chips, Kartoffelpüree im Kochbeutel oder den „Feinkostsalat" im praktischen 1-Kilo-Eimerchen. Wir haben die Verarbeitung der Lebensmittel an die Industrie delegiert. Das spart Zeit und entlastet uns. Warm machen reicht. Addieren wir zum Rückgang der Lebensmittelpreise die eingesparte Zubereitungszeit für die verzehrfertigen Speisen, dürften sich die Ausgaben für Essen seit 1970 um zwei Drittel – gemessen am verfügbaren Haushaltsnettoeinkommen – reduziert haben.

Ist das eine erfreuliche Entwicklung, weil Essen günstiger geworden ist? Oder ist das eine bedauernswerte Entwicklung, weil wir den Blick für den Wert von Lebensmitteln verloren haben, wie uns die immer häufigeren Erweckungserlebnisse (legale Massentierhaltung, Zustände in den Zucht- und Schlachtbetrieben, Überfischung der Weltmeere, Lebensmittelskandale, Zivilisationskrankheiten wie Fettsucht und überhöhter Zuckerkonsum usw.) brutal vor Augen führen?

Beide Fragen sind irreführend gestellt, denn sie vertauschen Ursache und Wirkung. Sie verführen uns, in die *Opferrolle* zu schlüpfen und unser Verhalten zu rechtfertigen. Denn wir haben die Wahl! Wir sind keineswegs Opfer der Lebensmittelindustrie oder Opfer der Handelsketten. Wir können wählen und statt billigen marinierten Schweinenackensteaks teureres Fleisch aus artgerechter Haltung und Schlachtung auf den Grill legen, obwohl uns das möglicherweise nicht besser schmeckt, weil wir unseren Gaumen an die überwürzte Fabrikware gewöhnt haben und vom vergleichsweise feinen, zuweilen sogar faden Geschmack naturbelassener Ware irritiert sind. Wenn Ökoware also teurer ist und nicht besser schmeckt, warum sollten wir sie kaufen? Weil das Schwein munterer grunzte? Oder weil es in den Tod gestreichelt wurde?

Halten wir ein paar leicht zu beobachtende Fakten fest:

- Es existiert ein breites Angebot von Lebensmitteln, von billiger Fabrikware bis zu ökologisch hochwertigen Edelprodukten.
- Ökoware kostet spürbar mehr als Fabrikware bzw. Lebensmittel aus konventioneller Erzeugung.
- Die Unterschiede in Geschmack und Aussehen sind nicht immer objektiv feststellbar (z. B. bei Gemüse und Obst).
- Niemand zwingt uns, bestimmte Qualitäten zu kaufen.
- Der Beschaffungsvorgang ist in der Regel anonym.
- Auch können wir uns nicht in unserem sozialen Umfeld hervortun, wenn wir Ökoware kaufen, außer, wir erzählen davon oder unsere Freunde inspizieren unseren Kühlschrank, was eher selten vorkommen wird.

Warum sollte Julia also mehr für Essen ausgeben, als unbedingt notwendig ist? Bei der Beschaffung der Lebensmittel müsste sie das Tierwohl und den Wert biologisch oder gar biodynamisch erzeugter Produkte höher einschätzen als die Mehrkosten. Es ist wieder einmal ein Nutzen-Kosten-Vergleich und auch hier gibt es das vermaledeite Problem, dass die Kosten leicht in Euro bezifferbar sind, der Nutzen aber nicht. Ich kann sogar noch eins draufsetzen: Fabrikerzeugte Fertigprodukte, etwa die Dosenravioli, ersparen die mühsame Zubereitung, Zeit, Energiekosten, Geräte und nicht zuletzt Fertigkeiten. Und sie schmecken gut, jedenfalls unterstelle ich das angesichts 40 Millionen jährlich verkaufter Dosen. Wir entscheiden nicht nur über die Qualität der Lebensmittel als Ausgangsprodukt, wenn wir einkaufen, sondern auch über die ökonomisch legitime Frage, ob wir auf ein Fertiggericht zurückgreifen oder den Aufwand des Selberkochens akzeptieren.

> Die Beschaffung dessen, was wir essen, ist zweifellos ein komplexes ökonomisches Problem, mit dem wir uns zwangsweise mehrmals wöchentlich beschäftigen. Monetäre Aspekte stoßen auf Einstellungen und Werte, auf Vermutungen und Annahmen, ohne dass wir wissen, wie sich unsere Entscheidungen auswirken, außer, dass wir am Monatsende mehr Geld auf dem Konto haben werden, wenn wir ausschließlich preisorientiert kaufen (und dann die billigen Füllstoffe in uns hineinschieben).

Julia geht den bequemen Weg: Sie greift gerne auf verarbeitete Lebensmittel zurück, wärmt auf, erhitzt in der Mikrowelle und bestellt. Das spart vor allem Zeit. Ob es billiger oder teurer ist, als selbst zu kochen, hat sie noch nie ausgerechnet. Sie weiß oder ahnt zumindest, dass die Basiszutaten der von ihr gekauften Produkte nicht unbedingt die besten sein mögen, aber kontrollieren kann sie dies ohnehin nicht. Um ihr Gewissen wenigstens ein bisschen zu beruhigen, kauft sie im Supermarkt Bio-Ware ein, wo und wann es ihr möglich ist (Milch, Eier, Möhren und Bananen).

Doch für ihr Lieblingsobst gibt sie gerne Geld aus. Exotische Lebensmittel haben ihren Preis. Es ist die kleine Belohnung am Morgen, für die bezahlt sie gerne.

Was ist Luxus?

Ein Grund für Julias Hang zu ungewöhnlichen Lebensmitteln ist ihre Neugier. Sie probiert gerne aus. Sie ist empfänglich für immer neue Storys über Super-Food, Functional Food oder wie auch immer Produkte genannt werden, die nicht nur satt machen und die erforderlichen Nährstoffe liefern, sondern darüber hinaus etwas Besonderes „können". Mal machen sie munter, dann wieder entfernen sie Cellulitis, bekämpfen Karies, töten freie Radikale oder erhöhen die Sauerstoffaufnahmekapazität des Blutes. Durch andere lernt man Sanskrit, durch Null zu teilen oder wird nobelpreisverdächtig intelligent. Diese manchen Lebensmitteln zugesprochenen Funktionen begründen zum Teil deren hohen Preis und Julia ist bereit, ihn zu bezahlen. Das ist Luxus! Hierfür finanzielle Ressourcen zu haben, ist klasse. Hier ist es nicht der Luxus, mit dem wir anzeigen, „es" geschafft zu haben. Es ist auch nicht der Luxus, in den investiert werden muss, um die Eintrittskarte in eine soziale Gruppe zu lösen, und es ist nicht der Luxus, der angeschafft wird, um emotionale Lücken im Leben zu kompensieren. Es ist Luxus, der hilft, das persönliche Wohlbefinden zu steigern.

Doch egal, um welche Art von Luxus es sich handelt: Möglich wird er erst, wenn Geld nach den Ausgaben für die existenzielle Grundsicherung und für Rücklagen übrig ist. Diesbezüglich leben wir in außergewöhnlichen Zeiten: *Nie zuvor hatten wir so viel Geld übrig wie heute.* Das ist selbstverständlich individuell unterschiedlich und so mancher, der regelmäßig spätestens am 25. eines Monats blank ist, wird über diese Zeilen den Kopf schütteln, aber im Durchschnitt ist es so. Dadurch verschiebt sich auch der Begriff von Luxus. Bananen? Smartphone? 20 T-Shirts und 15 Paar Schuhe im Schrank? Jeden Tag Fleisch auf dem Teller? 30 Fernsehprogramme? Ist das Luxus? Nein, für die meisten ist es „normal". Aber sind dann 25 statt 15 Paar Schuhe Luxus? Oder 50 Paar? Wo fängt Luxus an?

Der Begriff „Luxus" lässt sich sicherlich mit einigem semantischen Aufwand definieren, aber letztlich ist die Beurteilung dessen, was notwendig ist und wann Luxus anfängt, individuell. Eine ehemalige Kollegin erzählte mir einmal, sie besäße 60 Paar Schuhe. Sie war stolz auf dieses Gepränge, gerade weil es unnötig viele waren. Luxus eben. Doch wenn Heidi Klum oder Helene Fischer 100 oder 200 Paar Schuhe besitzen, dürfte das eher im berufsüblichen Rahmen liegen. Was im Alltag nötig und was Luxus ist, liegt eben im Auge des Betrachters.

Zudem hat der Begriff „Luxus" eine *dynamische Komponente.* Er ist insofern vergänglich, als stets eine Gewöhnung eintritt. An eine 12-Meter-Yacht gewöhnt man sich schnell, habe ich mir sagen lassen. Sie wird gewöhnlich, weil der Reiz des Neuen abflaut und der Prunk des Besitzes nur noch durchblitzt, wenn anderen von der Yacht erzählt wird. Es tritt der Gewöhnungseffekt ein. Die emotionale Beziehung zur Yacht verschiebt sich. Aus dem „internen" Stolz, sich diesen Luxus leisten zu können, dem Genuss, mit ihr auf dem Meer zu cruisen, wird der „externe" Stolz, von ihr zu erzählen, aber „intern" hat die Yacht womöglich ihren Reiz verloren. Und es kommt noch ein zweiter Aspekt hinzu:

> Neben der Individualität der Beurteilung, was Luxus ist, und der dynamischen Komponente der Gewöhnung gibt es noch ein drittes Wesensmerkmal: Die sich verschiebende relative Bedeutung in der sozialen Gruppe, die ich oben „Herde" nannte.

So unvorstellbar es sein mag: Die 12-Meter-Yacht mutiert vom Luxusgegenstand zur Peinlichkeit, wenn die übrigen Mitglieder der sozialen Gruppe 20-Meter-Yachten besitzen. Der relative Vergleich des eigenen Besitzes mit dem Besitz der übrigen Mitglieder der Herde verändert das Urteil. Leicht lässt sich beobachten, dass es auch hier eine Dynamik wachsender Ausgabebereitschaft gibt. Yachtbesitzer im Hafen von Nizza kaufen immer größere Yachten, Viel-Fernsehkonsumenten in einem Wohnblock kaufen immer größere Fernseher und Autobesitzer in einer Vorstadtsiedlung kaufen immer schickere Fahrzeuge. Es zeigt sich die soziale Bedeutung von Luxus, die ich oben beschrieb: Er markiert den sozialen Status, oder besser, den Anspruch auf einen Status in der eigenen Herde.

Wechseln wir die Perspektive:

Für Anbieter kann es besonders lukrativ sein, Produkte anzubieten, die von der jeweiligen Zielgruppe als Luxus angesehen werden. Kunden sind bereit, einen Aufpreis zu bezahlen, wenn das Produkt als luxuriös empfunden wird. Über die Produktions-, Vertriebs- und etwaige Nebenkosten wie Rückstellungen für Gewährleistungen usw. sowie einen üblichen Gewinn hinaus kann eine *„Luxusrente"* erzielt werden, denn die Zahlungsbereitschaft ist irrational hoch. Dann kostet das Gucci-Shirt 300 €, die Michael Kors-Handtasche 400 € und eine Apple Watch 500 €. Der Preis entkoppelt sich vom Gebrauchswert, weil sich zu diesem noch der Nutzen von Luxus addiert.

Und diesen Nutzen habe ich oben beschrieben: Es ist

- die Signalfunktion („Schaut, was ich mir leisten kann!"),
- die Eintrittskarte zu einer Gruppe,
- die Kompensation eines (emotionalen) Mangels oder aber
- das gute Gefühl, es sich leisten zu können.

Für Julia und ihren Hang zu teurem Obst für ihr Müsli steht der letztgenannte Punkt im Vordergrund. Es ist sicherlich auch ein nicht allzu teures Vergnügen und zeigt einmal mehr, dass unsere Alltagsheldin nicht abgehoben lebt, sondern auch an fast bescheiden anmutenden Luxusmomenten Freude hat.

Die Konsum-Globalisierung

Bleiben wir noch etwas bei Julias Vorliebe für exotische Früchte. Dass sie diese kaufen kann, hat sie der Globalisierung der Wirtschaft zu verdanken. Mangos wachsen nicht in Wanne-Eickel. Eine gut eingespielte Industrie sorgt dafür, dass selbst schnell verderbliche Ware wie Früchte, Gemüse, Fisch oder Blumen zeitig im Supermarkt liegen bzw. stehen. Die Rosen werden morgens irgendwo in Äthiopien geschnitten, nachmittags aus Addis Abeba ausgeflogen, landen nachts in Amsterdam, werden versteigert und im Blumenlaster nach Rosenheim gekarrt. Immer gut gekühlt! Oder was dachten Sie, woher die Rosen in ihrem letzten Blumenstrauß waren? Aus Rosenheim? Der ökologische Footprint einer Rose, also der Verbrauch von Ressourcen, ist zweifellos unverhältnismäßig hoch. Also, liebe Leserinnen: Wenn Ihr Liebster Ihnen schon lange keine Blumen mehr geschenkt hat, ist das möglicherweise Ausdruck seines ökologischen Bewusstseins und nicht etwa Faulheit, Vergesslichkeit oder Geiz (das ist natürlich ein Scherz!).

Ich habe dieses Beispiel gewählt, um zu zeigen, dass die *Globalisierung der Konsumgüterindustrie* ebenso wie die Vielfalt der Lebensmittelindustrie die Folge unseres Nachfrageverhaltens ist. Sie ist nicht gut und sie ist nicht schlecht, sie hat sich entwickelt. Kunden sind nicht etwa Opfer, sondern Täter, denn auch, wenn Unternehmen die ökologisch bedenkliche Wertschöpfungskette betreiben, entscheiden allein die Kunden, ob es sich für diese Unternehmen „lohnt", also ob der gewünschte Gewinn erzielt werden kann oder nicht. Das Problem ist, ähnlich wie oben im Kontext der Bio-Lebensmittel beschrieben, dass wir für ein ähnliches Produkt mit kleinerem ökologischen Footprint mehr Geld bezahlen müssten. Der Nutzen des Produkts wäre der gleiche, die Kosten wären jedoch höher. Auch hier wird wie bei den Lebensmitteln eine andere Einstellung zum Konsumverhalten erforderlich sein, nämlich die Bereitschaft, einen Mehrpreis zu bezahlen. Oder wir verzichten. Dann gibt es eben keine Rosen zum Valentinstag, keine Melonen im Februar und keine Erdbeeren im November. Doch hat auch der Verzicht ungewünschte Folgen: Arbeitslose Rosenpackerinnen in Äthiopien! *Alles hat einen Preis*, die Veränderung ebenso wie die Beibehaltung alter Strukturen. Was sich über Jahre und Jahrzehnte hinweg entwickelt hat von heute auf morgen einzureißen verursacht Disruptionen – und irgendwer bezahlt dafür. Immer.

Das wollen wir nicht und in solchen Fällen *kognitiver Dissonanzen* rufen wir gerne nach dem Staat. Dieser soll dann durch regulatorische Eingriffe regeln, was wir Verbraucher einerseits nicht regeln wollen, weil wir den Vorteil billiger Rosen schätzen, der uns aber auch ein schlechtes Gewissen verschafft. Der Trick ist: Solange wir nach dem Staat rufen und dieser untätig bleibt, können wir unser Gewissen besänftigen. „Wäre es wirklich ein arges Problem, würde der Staat eingreifen!" Das haben wir gelernt und der Staat greift tatsächlich ein, wenn Produkte Schäden verursachen. Pervitin, Frauengold oder Parathion E605 wurden ja auch verboten. Doch für mich klingt es irrational:

> Wenn der persönliche Konsumverzicht Kosten verursacht, aber keinen erkennbaren Mehrnutzen bringt, behalten wir unser Kaufverhalten bei. Die Entscheidung, ob eine Begrenzung oder ein Verbot des Konsums erforderlich ist, überlassen wir dann eingriffsberechtigten Instanzen wie dem Staat, es sei denn, der soziale Druck oder das schlechte Gewissen werden unerträglich.

Ausgerechnet der „Staat", dieses komplexe, unübersichtliche Gebilde, dem wir an anderer Stelle nur wenig zutrauen, dient hier als Ausrede. Doch das ist nur eine unter vielen. Wir haben ein ganzes Set von Ausreden, bewussten und unbewussten, die uns helfen, vor uns selbst Handlungen zu rechtfertigen, deren Nutzen in geringeren Ausgaben bzw. einem höheren Grad persönlicher Bedürfnisbefriedigung liegen. Das schlechte Gewissen, das den Konsumkosten zugerechnet werden muss, wird eingelullt. Zu diesem Set von Ausreden kommen wir nun.

Ein paar weitere Ausreden als Konsumenten

Julia ist durchaus bewusst, welchen Weg ihre Sternfrucht auf ihrer Reise in den Supermarkt nehmen musste, dass die dortigen Bauern ausgebeutet werden, ihre Frucht einen unakzeptablen CO_2-Ausstoß verursacht hat und sie besser darauf verzichten sollte. Aber sie tut es nicht. Vielmehr bekämpft sie das kleine bisschen schlechte Gewissen mit recht erfolgreichen Waffen. Sie heißen:

> „Alle machen das", „mein Anteil ist verschwindend gering" und „wenn es wirklich so schlimm wäre, wäre es doch verboten".

Schauen wir uns diese Ausreden einmal an:
Da ist zunächst der Verweis auf das *Verhalten der Herdenmitglieder*. Wenn alle sich gleich verhalten, immunisiert der Konsens vor individueller Bestrafung. Dann wird die schwarzarbeitende Putzfrau selbstverständlich, das private Abendessen steuerlich geltend gemacht und schnell mal eben im Parkverbot gehalten, nur für fünf Minuten. Das machen doch alle, keiner schimpft. Die einzige Ehrliche unter all den Steuerbetrügerinnen zu sein, hieße dann sogar, sich auszugrenzen. „Bäh, schau, die macht einen auf Gutmensch!" Eine außerhalb der Herde stehende Instanz könnte eingreifen, würde aber auf den Widerstand der Gruppe stoßen. Ein Beispiel: Wenn wir an der Hochschule während einer Prüfung eine Studentin beim Abschreiben erwischen und sie dafür bestrafen, erklären sich die übrigen Studierenden solidarisch mit der Betrügerin. Abschreiben ist in der Herde der Studierenden akzeptiert, das Unrechtsbewusstsein ausgeschaltet und die Sanktionierung durch die Ordnungsinstanz (Aufsichtsführende) verpönt.

Erst, wenn sich alle zu einem gemeinsamen, regelkonformen Verhalten entschlössen, könnte das zu Veränderungen führen und die Regeln der Gruppe wären andere. Dazu müssten sich die Herdenmitglieder, z. B. die Verbraucher, absprechen. Das findet indes nicht statt, denn den Verbrauchern fehlt die Kommunikationsmöglichkeit. Es mag zwar Interessenvertretungen geben, etwa die Verbraucherschutzverbände oder die Stiftung Warentest, aber deren primäre Aufgabe ist es nicht, Wertmaßstäbe festzulegen und wenn sie es halbherzig tun, verpufft die Wirkung. Sie glauben mir nicht? Testen Sie sich selbst: In den letzten zehn Jahren gab es 24 „Skandale" wegen menschenunwürdiger Produktionsbedingungen oder gesundheitsgefährdender Inhaltsstoffe von Kleidung, die in deutschen Läden verkauft wurde. Wie viele davon können Sie aufzählen? Welche Läden, Marken und Handelsketten waren betroffen?

Sehen Sie! Wir Verbraucher haben ein kurzes Gedächtnis.

Kommen wir zum zweiten Aspekt: Der Verweis auf den *nicht spürbaren Eigenanteil*. Keine Frage: Ob Julia 200 Gramm Kumquats kauft oder nicht, wird die globale Lieferkette nicht beeinflussen. Erst, wenn alle Verbraucher sich verabreden, passiert etwas. Aber auch hier gilt, dass es keine Organisation gibt, die Verbraucher vertritt und zugleich von den Verbrauchern als Regulativ anerkannt wird.

Wie sähe so eine Organisation aus? Wenn unser Arzt sagt, dass wir diese oder jene Pille schlucken sollen, tun wir das, auch, wenn wir keine Kenntnis von der Wirkung haben. Wir erhoffen ein gutes Ergebnis, aber können nicht beurteilen, ob die Pille effizient oder effektiv ist, uns langfristig schadet oder überteuert ist. Wir haben in die Instanz „Arzt" ein nahezu unerschütterliches Urvertrauen. So eine Instanz fehlt auf dem Gebiet des Konsums. Wir urteilen selbst, auch dann, wenn wir nicht über das erforderliche Wissen verfügen. Und wenn wir unbequeme Entscheidungen treffen müssen, nutzen wir gerne Ausreden.

Doch auch hier gäbe es die Möglichkeit, dass der Staat eingreift. Diesen dritten Aspekt in meiner obigen Aufzählung habe ich bereits erörtert. Und wenn Sie eine persönliche Bewertung meinerseits erlauben: Zuweilen vermisse auch ich einen konsequenteren Staat, werte es aber grundsätzlich als Zeichen gesunder Machtbalance in unserer Demokratie, dass Eingriffe vorsichtig, in kleinen Schritten und gut begründet vorgenommen werden. Bloß ist das nicht das Thema eines Buches über die Ökonomie im Alltag.

Die heilende Kraft der selbstwertdienlichen Verzeihung

All die oben beschriebenen Ausreden lassen sich unter eine Begrifflichkeit subsumieren: die *„selbstwertdienliche Verzeihung"*. Wir entschuldigen unser Verhalten vor uns selbst, wir rechtfertigen es sogar und nutzen die dargestellten Argumentationsketten.

> Wir akzeptieren unsere eigenen Entscheidungen und unsere eigene Verhaltensweise, weil diese nicht zu akzeptieren hieße, unsere eigenen Werte zu verraten oder Kosten zu akzeptieren, die uns unnötig scheinen.

Wenn wir „Tierwohl" gut finden, aber trotzdem im Discounter vormarinierte Schweineschnitzel aus Stallhaltung zu Niedrigstpreisen kaufen, gehört „Tierwohl" eben nicht zu den Werten, für die wir Mehrkosten in Kauf nehmen oder Verzicht leisten. Dann greift die selbstwertdienliche Verzeihung. Notwendig ist dieser prächtig funktionierende Mechanismus, weil wir uns bei analytischer Betrachtung unserer Untaten durchaus bewusst sind. Die selbstwertdienliche Verzeihung ist die Pille, die wir einnehmen, weil wir die Symptome wahrnehmen. Wären wir schlichtweg dumm, wäre es einfacher. So aber müssen wir Aufwand treiben, um unser schlechtes Gewissen bzw. die kognitiven Dissonanzen zu dämpfen.

Verurteilen Sie das nicht! Alles hat zwei Seiten. Es ist durchaus von Vorteil, einen solchen Mechanismus zur Verfügung zu haben. Oft genug kommen wir in die Situation, etwas Suboptimales tun zu müssen, und um danach noch gut zu schlafen, ist es erforderlich, dass wir uns vor uns selbst rechtfertigen können. Wenn Julia einen Kunden anruft, um einen Termin abzusagen, weil der Kollege vergessen hat, die Präsentation fertig zu machen, aber von „plötzlich erkrankt" faselt, ist das schlicht gelogen. Hier funktioniert ihre selbstwertdienliche Verzeihung: „Ich bin ja nur die Assistentin", „... sonst macht es eben ein anderer" oder „die Wahrheit würde niemandem nutzen". Mehr noch: Würde sie den Kunden nicht anrufen und belügen, also ihren Werten treu bleiben, würde sie den Kollegen und ihren Arbeitgeber blamieren, schlimmstenfalls den Kunden verprellen und hätte deshalb berufliche Sanktionen zu befürchten.

> Es ist also eine Abwägung zwischen den erwarteten Kosten einer Sanktion und den Kosten des schlechten Gewissens. Letztere lassen sich durch eine gut gewählte selbstwertdienliche Verzeihung reduzieren. Es ist ein praktischer Mechanismus, der unsere Alltagssünden erträglich macht.

Ob Julia über all diese verhaltensökonomischen Zusammenhänge nachdenkt, während sie ihr Müsli verzehrt, wissen wir nicht. Sie nutzt die Möglichkeiten ihres Einkommens. Unangenehme Gedanken schiebt sie von sich, denn andernfalls würden ihr die Früchte nur halb so gut schmecken. Das Bewusstsein für eine Verhaltensänderung fehlt ihr, so, wie es uns allen gerade in jenen Bereichen fehlt, die uns wichtig sind.

6

Ab ins Büro! Die Stechuhr ruft!

Schlüsselwörter Optionen • bewusste und automatisierte Auswahlentscheidungen • „Default Option" • quantitative und qualitative Entscheidungsfaktoren • Wahrnehmungsverzerrungen • Nutzwertanalyse • Szenarien

Die Müslischale und der Kaffeebecher sind in der Spülmaschine. Julia wechselt aus den Schluppen in die Pumps, schnappt sich die Handtasche, den Schlüsselbund und verlässt die Wohnung. Auf der Treppe überlegt sie, vielleicht doch eine Jacke mitzunehmen. Sie geht noch einmal zurück in ihre Wohnung und sucht sich eine aus, die zu ihrem Kostüm passt. Nein, diese nicht, vielleicht doch die andere? Auf ein paar Minuten kommt es nicht an, sie fährt ja mit dem Auto zum Arbeitsplatz am anderen Ende der Stadt.

Pendeln – doch womit?

Julia hat gleich mehrere Möglichkeiten, zur Arbeit zu gelangen. Sie kann ihr eigenes Auto benutzen, was sie zumindest heute auch tut, sie kann mit zwei Kollegen, die um die Ecke wohnen, eine Fahrgemeinschaft bilden, sie kann den Bus nehmen oder mit dem Fahrrad fahren. Na gut, sie könnte auch mit dem Taxi fahren, was allerdings sehr teuer ist und allenfalls eine Ausnahme für Notfälle wäre. Es bleiben vier realistische Optionen; alle bieten Vor- und Nachteile. So einfach ist es nicht, sich zu entscheiden. Dass es ihre Bekannten jeweils anders machen, zeigt, dass es keine allgemeingültige, selbstverständliche und für alle Situationen optimale Lösung gibt. „Es kommt darauf an" ist hier eine angebrachte Formulierung. Und natürlich kann sich die Entscheidungslage jederzeit ändern. Radfahren mag an einem sonnigen Morgen im späten Frühling eine wunderbare Option sein, aber im November, im Dunkeln bei Sprühregen und drei Grad? Das klingt wenig verlockend. Busfahren mag preiswert sein, ist aber unflexibel und, na ja, all diese zusammengepferchten Leute sind Julias Sache nicht.

Dennoch: Vier Optionen stehen Julia zur Auswahl und sie muss sich entscheiden. Ihre Vorlieben, sachliche Gründe und Beschränkungen spielen dabei eine Rolle. Dazu kommen wir noch.

Unterschiedliche Kosten und Nutzen als Bedingung für Auswahlentscheidungen

Zunächst machen wir einen gedanklichen Umweg. Denn nicht jede *Auswahlentscheidung* muss auch bewusst getroffen werden: Wenn auf Ihrem Teller acht Kartoffelstücke liegen, werden Sie vermutlich nicht minutenlang darüber nachgrübeln, welches Sie zuerst essen. Stattdessen langen Sie zu, ohne dass Sie erklären könnten, warum Sie dieses und nicht jenes Stück aufgespießt haben. Ihre Entscheidung ist „automatisch" gefallen. Sie haben sich nicht die Mühe gemacht, eine Reihenfolge festzulegen, weil kein Unterschied erkennbar war.

Denken Sie nun an die Buddha Bowl, die Sie neulich im Szene-Restaurant verzehrt haben. Sie enthielt sehr viele verschiedene Zutaten und jede sah leckerer aus als die andere. Vielleicht haben Sie die kleinen halbierten Cocktail-Tomaten zunächst zur Seite gelegt, nicht, weil Sie sie nicht mögen, sondern gerade, weil Sie sie lieben. Sie haben sich das Beste für den Schluss aufgehoben. Hier ist also – Ihrem Präferenzprofil folgend – eine Auswahlentscheidung gefallen und Sie haben erst die übrigen Ingredienzien gegessen.

Was macht den ursächlichen Unterschied zwischen einem Entscheidungsautomatismus und einer bewussten Entscheidung aus?

Es sind die Kosten in Relation zum Nutzen. Jedes Nachdenken kostet Zeit und Aufmerksamkeit. Warum aber diese Ressourcen investieren, wenn jedes Kartoffelstück voraussichtlich gleich schmecken wird? Es ist schlichtweg egal und der Nutzen der Festlegung einer Essreihenfolge ist nicht erkennbar. Aber:

> Sobald wir für das Ergebnis einer Wahl einen Unterschied im jeweiligen Nutzen vermuten und uns dieser Nutzenunterschied auch relevant erscheint, sind wir bereit, in eine Entscheidung zu investieren.

Die Tomaten beiseite zu legen, um sie am Ende als Höhepunkt verputzen zu können, verspricht einen solchen Nutzen. Also sind wir bereit, uns mit der Entscheidung zu beschäftigen, welche Teile unseres bunten Salattellers wir als Erstes, Zweites usw. verzehren. Die Unterschiede im Nutzen einer Wahl rechtfertigen die Entscheidungskosten.

Die „Default Option" und was sie mit Markenpolitik zu tun hat

Für all die vielen, kleinen Alltagsentscheidungen, für die wir uns nicht die Zeit nehmen wollen, um bewusst nachzudenken, die Folgen zu analysieren und Alternativen abzuwägen, gibt es *Automatismen*.

> Automatismen helfen, Entscheidungsaufwand zu sparen. Dazu gehört, dass wir für Auswahlsituationen Standardentscheidungen parat haben: Vorprogrammierte Selektionen im Hinterkopf – die *„Default Options"*.

Für Julia ist die Default Option, mit dem Auto zur Arbeit zu fahren. Sie ist sich der Alternativen bewusst, aber solange keine besonderen Umstände es verlangen, greift sie auf diese Standardentscheidung zurück. So spart sie den täglichen Entscheidungsaufwand. Doch da alles im Leben zwei Seiten hat, muss sie auch hier einen Nachteil in Kauf nehmen, der den Nutzen der Standardentscheidung schmälert: Sie verzichtet auf tagesaktuelle Chancen der Optimierung. So verpasst sie die schönsten frühsommerlichen Tage, an denen das Rad eine wunderbare Alternative wäre, oder sie verpasst die Chance, Benzingeld zu sparen, indem sie wenigstens an ein paar Tagen mit einem Kollegen mitfährt. Nur dann, wenn außergewöhnliche Gründe sie dazu zwingen, eine andere als ihre Default Option zu wählen, trifft sie eine neue Entscheidung, z. B. dann, wenn ihr Auto defekt ist.

Dieser Default Option kommt in der Ökonomie eine große Bedeutung zu. So ist es zum Beispiel für den Anbieter eines Produktes das Ziel, für den Kunden die Default Option zu sein. Wenn Julia einkauft und Waschmittel benötigt, kauft sie immer das gleiche Waschmittel der gleichen Marke. Sie weiß nicht, ob dieses Produkt für sie die beste Wahl ist. Irgendwann und irgendwie wurde es ihr zur Gewohnheit, genau dieses zu kaufen. Die Entscheidung verursacht keinen Aufwand, das Waschergebnis ist erwartungskonform, der Preis ist akzeptiert und die Einkaufsentscheidung somit für Julia risikofrei. Nur dann, wenn das Standardprodukt nicht im Ladenregal steht, fängt sie an, darüber nachzudenken: Sollte sie zu einem zweiten Supermarkt fahren? Nein, das ist zu aufwändig; sie greift zu einer anderen Marke. Aber welche? Hm, mal überlegen ...

Für den Anbieter kann es äußerst lukrativ sein, in einem Set von gleich nützlichen, alternativen Optionen zur Standardwahl zu werden. Die Default Option zu sein, ist der Antrieb für Markenpolitik. Zu einer Marke zu werden kostet aber einen Haufen Geld: Werbung, Qualitätssicherung, Etablierung der Ware im Handel, Pressearbeit, Weiterentwicklung usw. sind aufwändig. Es muss also einen Nutzen haben, eine Marke zu etablieren und dieser Nutzen ist, im Augenblick der Einkaufsentscheidung ausgewählt zu werden, also die Default Option zu sein. Das ist insbesondere bei Produkten hilfreich, über die Konsumenten normalerweise nicht weiter nachdenken. Diese werden „Fast Moving Consumer Goods" genannt, also Produkte des täglichen Bedarfs, die auf dem Einkaufszettel stehen und beim Besuch des Supermarkts schnell und ohne weitere Überlegungen im

Einkaufswagen landen. Und wenn die Marketiers ihren Job besonders gut gemacht haben, bleibt das betreffende Produkt auch dann noch erste bzw. Standardwahl, wenn es etwas teurer ist als vergleichbare Produkte.

Welches Verkehrsmittel ist „das beste"? Der Kriterienkatalog und Wahrnehmungsverzerrungen

Für Julia ist das Auto ihre Default Option, das wissen wir schon. Sie ist den Prozess gewohnt, aus der Wohnung zu gehen, die Treppe hinunter und ins Auto zu steigen, durch die Stadt zu fahren und sich einen Parkplatz in der Nähe ihres Büros zu suchen. Abends fährt sie dann zurück, wieder durch die Stadt, direkt nach Hause oder mit dem einen oder anderen Abstecher in den Supermarkt, zur Tankstelle oder zum Fitnessclub, je nachdem, was anliegt; durchaus auch spontan.

Zurück in die Gegenwart. Julia fährt los. Doch kaum ist sie ein paar Straßen weit gekommen, stockt der Verkehr. Sie kommt ins Grübeln: „Ständig dieser Stau. Der kostet schon Zeit. Mit dem Bus auf der separaten Spur ginge es schneller. Aber all diese nervigen Leute. Und voll ist es auch. Da wäre die Fahrgemeinschaft schon netter. Meine beiden Kollegen mag ich. Lustige Typen. Aber der Stau wäre natürlich immer noch da. Das Fahrrad wäre da angenehmer. Und gesünder. Wahrscheinlich sogar ähnlich flott wie der Bus, denn ich könnte den Radweg am Fluss entlang nehmen. Aber verschwitzt ins Büro kommen? Und die Frisur lädiert durch den blöden Helm? Hm. Vielleicht bei schönem Wetter."

Die Gedanken kreisen durch Julias Kopf. Was passiert hier, durch die Brille des Ökonomen betrachtet? Julia vergleicht Pendelalternativen und zu jeder fallen ihr ein paar Vor- und ein paar Nachteile ein. Das ist schon einmal nicht schlecht, aber leider unsystematisch.

> Ohne methodische Leitidee im Kopf ist die Sammlung von Argumenten für die eine oder die andere Alternative von der persönlichen Kreativität abhängig, davon, dass „zufällig" alle wichtigen Aspekte bedacht werden und davon, ob die individuelle Wahrnehmung durch unbewusste Mechanismen verzerrt ist.

Solche Verzerrungen kennen wir zuhauf und es lohnt sich, näher auf sie einzugehen. Es hat sich um diesen Themenkomplex herum sogar eine eigene Wissenschaftsdisziplin an der Schnittstelle von Wirtschaftswissenschaften und Psychologie etablieren können – die *Verhaltensökonomie*. Dort werden solche Wahrnehmungsverzerrungen (engl.: Biases) erforscht.

> Wahrnehmungsverzerrungen sind nicht-rationale, unbewusste Einflüsse, die auf unser persönliches Urteilsvermögen und unsere Präferenzstrukturen Einfluss nehmen.

Es gibt zu viele davon, um sie hier alle aufzuführen. Je nach Zählung sind es 30 bis 50. Einige bekannte Biases wollen wir Julia vor Augen führen:

Da wäre zum Beispiel die *narrative Verzerrung*: Die erzählerische Qualität und die argumentative Plausibilität einer Geschichte bestimmen ihre Glaubwürdigkeit. Die plausible Story erschafft Realität. Mit dieser Verzerrung verwandt ist die *Illusion der kognitiven Leichtigkeit*: Je einfacher wir etwas verstehen, je klarer uns die Geschichte erscheint, für desto glaubhafter halten wir sie. Komplexität schadet, so korrekt sie auch sein mag.

Vielleicht ist das der Grund, warum Wissenschaftler in Talk Shows oft schlecht abschneiden: Sie haben gelernt, sich korrekt und vorsichtig auszudrücken. Als Schüler des *kritischen Rationalismus* verabscheuen sie klare Statements, zucken bei Begriffen wie „Beweis", „Wahrheit" und „Wissen" zusammen und bleiben lieber in der Formulierung vage. Wissenschaftler sozialisieren sich mit den Regeln ihrer Herde, und in dieser ist die *Evidenz* das Maß aller Dinge: Was nicht durch empirisch erhobene Daten hinreichend belegt werden kann, ist und bleibt eine Hypothese.

Und die Politiker, Polemiker und Proleten um sie herum? Die knallen coole Sätze raus, erklären den Syrienkrieg in drei Sätzen, wenden mit fünf Maßnahmen die Klimakatastrophe ab und die Malaria ist in Geheimlabors der CIA entwickelt worden. Klar, *KISS* (Keep it short and simple) ist nützlich, verführt aber auch zu manipulativer Simplifizierung.

Zur gleichen Familie wie die narrativen Verzerrungen und die Illusion der kognitiven Leichtigkeit gehört die *voreilige Mustererkennung*: In unserem ständigen Drang, Berechenbarkeit in unser Leben zu bringen, detektiert unser Gehirn unentwegt Ereignisse auf Muster und glaubt es, solche gefunden zu haben, schreibt es ihnen prognostische Relevanz zu. Wir schließen von der Konstellation irgendwelcher Eindrücke (Variablen) auf ein zukünftiges Ergebnis. Die Frau, die sich mit der Hand durch die Haare streicht, der Mann mit Hut im alten Opel, das umgekippte Salzfass oder die in die Straßenbahn einsteigende, einen Nikab tragende Muslima, stets passen diese Wahrnehmungen zu einem Muster, das prognostische Relevanz und damit Macht über unser Urteil besitzt und ergibt, dass die Frau baggert, der Mann ein Schleicher ist, das Salzfass Pech bringt und die Verhüllte eine bedauernswerte, unterdrückte Frau sein muss.

Eine vierte Verzerrung möchte ich an dieser Stelle noch anführen, weil sie Julias Überlegungen beeinflusst.

Die *„Status-quo-Verzerrung"*: Im Zweifel bleibt ein Mensch bei dem, was er kennt (oder hat) und vermeidet die Veränderung.

Hier schließt sich der Kreis mit dem, was oben als Default Option beschrieben wurde. Natürlich ist es kein Nachteil, beim Bewährten zu bleiben, vor allem dann, wenn das Neue unbekannte Risiken birgt oder die Veränderung so hohe Kosten verursacht, dass die Beibehaltung des Alten hinreichend gut erscheint. Zuweilen müssen wir uns einen Ruck geben, den Hafen verlassen und uns auf die unbekannte See wagen. Julia sollte auch einmal das Fahrrad ausprobieren, eine Woche den Bus nehmen oder es einen Monat lang mit der Fahrgemeinschaft versuchen. Erst, wenn sie bewusst testet und dafür ihren Status quo, das Auto, überwindet, kann sie das tun, was die Ökonomen „Sammeln empirischer Daten" nennen. Anschließend hat sie die Informationen, die sie braucht, um eine fundierte Entscheidung zu treffen.

Damit wir uns nicht falsch verstehen: Alle vier hier beschriebenen Arten von Wahrnehmungsverzerrungen, die

- *narrative Verzerrung,*
- *Illusion der kognitiven Leichtigkeit,*

- *voreilige Mustererkennung* und die
- *Status-quo-Bias*,

haben auch ihren Nutzen: Sie sparen Zeit! Wenn wir uns mit ihren Kosten wie Ungenauigkeiten und Fehleranfälligkeit im Einzelfall abfinden, sparen sie Entscheidungskosten. Muster sind oft sogar unentbehrlich, etwa, wenn auf eine wahrgenommene Konstellation komplexe, mühsam einstudierte Handlungen folgen müssen. Ein Beispiel: Sie fahren im Auto durch eine enge Straße und sehen im Augenwinkel zwei Kinder Ball spielen. Auto … spielende Kinder … sofort löst dieses einfache Muster eine Reihe von Aktivitäten aus: Erhöhte Aufmerksamkeit, Reduzieren der Geschwindigkeit, unwillkürliches Einschätzen von Ausweichmöglichkeiten usw. *Das Muster hat eine prognostische Relevanz* – Kinder laufen auf die Straße – und führt zur Vorbereitung von Aktivitäten. Sehr nützlich, diese Muster, aber wenn wir sie voreilig zu erkennen glauben, führen sie uns in die *Welt der Stereotypen*.

Zurück zu Julias kreisenden Gedanken. Es gibt nämlich neben diesen Wahrnehmungsverzerrungen, die sowieso und immer auf Julias Analyse wirken, noch einen zweiten Aspekt: Die Auswahl der Entscheidungskriterien. Julia hat zu jeder Option ein paar Aspekte ventiliert, die ihr in den Sinn gekommen sind. Fahrrad … schwitzen. Bus … voll. Auto … Stau. Fahrgemeinschaft … nette Gespräche. Das ist zufällig. Besser wäre es, wenn sich Julia erst einmal darüber im Klaren wäre, welche Aspekte (Kriterien) ihr bei der Auswahl des Verkehrsmittels wichtig sind. Sie sollte, und so gehen kluge Entscheider vor, eine Liste dieser Kriterien erstellen. Damit kommen wir zur oben erwähnten methodischen Leitidee.

Die Nutzwertanalyse – ein universelles Instrument für Auswahlentscheidungen

Wenn Julia das für sie optimale Verkehrsmittel zum Pendeln auswählen möchte, notiert sie auf einer Liste vielleicht Aspekte wie Schnelligkeit, Wetterunabhängigkeit, Intimität, Unterhaltung, Kosten, Spaß, Umwelt,

Zuverlässigkeit usw. Vielleicht kommt sie auf fünf, zehn oder zwanzig solcher Kriterien. Und nicht jedes Kriterium ist gleich wichtig. Sie müsste also noch eine Gewichtung vornehmen, zumindest eine Rangfolge. Schließlich müsste sie anschließend für jede Pendelalternative überlegen, inwieweit diese das jeweilige Kriterium erfüllt.

> Ökonomen haben diese Art zu Denken und zu einer Entscheidung zu gelangen methodisch perfektioniert. Sie nennen diese Methode „Scoring" oder „Nutzwertanalyse". Diese hat sich zu einem zentralen Denkmuster bei komplexen Entscheidungen entwickelt.

Erst die Kriterien, dann die Gewichtung und damit die Überprüfung der Entscheidungsalternativen – das ist zweifellos besser als ein Brainstorming, das von Zufälligkeiten und Wahrnehmungsverzerrungen beeinflusst ist.

Julia nutzt diese Methode. Sie kennt sie aus den Projekten ihrer Kolleginnen und Kollegen in der Unternehmensberatung und nimmt sich vor, später im Büro systematisch über Pendelalternativen nachzudenken. Dabei ist ihr schon jetzt klar, dass es die perfekte Lösung nicht geben wird. Mal erscheint die eine, mal die andere Alternative besser, je nachdem, wie hoch sie die einzelnen Kriterien gewichtet. Auch äußere Umstände spielen eine Rolle: Sie müsste eine Nutzwertanalyse für den Schönwetterfall machen, eine für Regen, eine im Falle einer Erkältung, eines verstauchten Handgelenks oder für den Fall, dass sie nach der Arbeit noch einkaufen möchte. Sie würde also in Szenarien denken; für unterschiedliche Umstände wären jeweils andere Verkehrsmittel zu präferieren. Szenarien dienen hier dazu, besondere Konstellationen von Rahmenbedingungen zu berücksichtigen, um eine für den jeweiligen Fall bestmögliche Entscheidung zu treffen.

Das könnte auch für Julia so sein: Bei annehmbarem Wetter und ohne Pläne, nach der Arbeit noch etwas zu erledigen, nimmt sie das Fahrrad. Ist das Wetter schlecht, den Bus. Wann immer sie später noch etwas vorhat, das Auto, und die Fahrgemeinschaft schließt sie aus.

Die Art der Kriterien bei Auswahlentscheidungen

Die Nutzwertanalyse hört sich auf den ersten Blick etwas kompliziert an, zugegeben. Doch das Ergebnis ist überzeugend. Optionen, die mal hier und mal da Vorteile, an anderer Stelle aber Nachteile aufweisen, lassen sich so vergleichen. Für Julia und ihren Alltag ist das in vielen Entscheidungssituationen nützlich. Bei der Urlaubsplanung, dem Kauf eines neuen Autos, ja sogar, wenn sie über einen möglichen Partner nachdenkt, versucht sie erst einmal, sich darüber klar zu werden, welche Eigenschaften ihr wichtig sind (Treue, Aussehen, Fruchtbarkeit, Geld usw.). Diese Eigenschaften sind ihre Kriterien und sie hat auch eine Gewichtung vorgenommen (die ich aber nicht kenne).

Trotzdem stößt das Konzept an eine methodische Grenze, für deren Überwindung es keine eindeutige Lösung gibt und die uns in ähnlicher Form schon in den anderen Kapiteln begegnet ist: Es gibt messbare Kriterien und solche, die nicht messbar sind. Die Kosten der Verkehrsmittel sind zum Beispiel prima messbar, wenn gewünscht, sogar auf den Cent genau. Der Zeitbedarf für die Fahrt ins Büro bzw. nach Hause ist auch messbar. Aber ist das störende Gefühl eines überfüllten Busses oder einer ramponierten Frisur messbar? Nein! Es müssen also messbare und nicht messbare Kriterien verglichen werden. Und dafür gibt es eine Lösung: Die Ausprägungen beider Arten von Kriterien werden in eine einheitliche Skala übersetzt; z. B. Schulnoten. Dann wird die Merkmalsausprägung „Intimität" beim Nutzen des eigenen Autos oder des Fahrrads mit einer Eins bewertet und der Bus erhält eine Sechs, aber bei den „Kosten" erhält der Bus eine Zwei, das Radfahren eine Eins und das Auto eine Fünf.

> Quantitative und qualitative Kriterien sind schwer zu vergleichen. Die Nutzwertanalyse bietet eine Methode, es dennoch zu schaffen.

Perfekt ist sie leider nicht und wenn Sie eine bessere Idee haben, rufen Sie mich an!

Heute fährt Julia mit dem Auto ins Büro. Später wird sie systematisch darüber nachdenken, ob ein anderes Verkehrsmittel in bestimmten Szenarien besser geeignet wäre. Nun, wir werden das Ergebnis ihrer Überlegungen und vor allem die Umsetzung nicht erleben, weil wir Julia nur für einen Tag begleiten. Ich stelle mir vor, dass sie zukünftig öfter mit dem Rad fährt, doch das tue ich vielleicht nur, weil ich selbst gerne Fahrrad fahre. Mein Wunsch verzerrt die realistische Einschätzung von Julias Entscheidung.

7

„Arbeit macht das Leben süß!"

Schlüsselwörter Arbeitskraft als Wirtschaftsgut • Angebot und Nachfrage • Preis für Arbeit • generelles und spezifisches Wissen • Motivation • Nirvana-Fehlschluss • Opportunitätskosten • Moral Hazard

„Guten Morgen Robert!" „Hi Justin!" „Moin Moin Christina!" Julia begrüßt ihre Kolleginnen und Kollegen. Eigentlich sind es alles umgängliche Leute. Ein Quertreiber ist nicht dabei, findet sie. Auch ihr Chef ist ein netter Typ. Sie duzen sich sogar. Das Arbeitsklima ist persönlich, aber professionell.

Julia hängt ihre Jacke auf, geht zu ihrem Schreibtisch, stellt die Handtasche ab und schaltet erst einmal den Computer und den Drucker an, bevor sie in die Teeküche geht und sich einen Kaffee holt … holen will! Denn natürlich hat sich wieder irgendwer den letzten Kaffee eingeschenkt und einen Alibirest in der Kanne gelassen, um keinen neuen aufsetzen zu müssen. Also macht sie es, denn in der Hackordnung ihrer Firma steht sie als Teamassistentin sowieso „ganz unten". Sie muss Kopien machen, Präsentationen ausdrucken und binden, Termine koordinieren, Reisen buchen, Büromaterial bestellen und den Hausmeister rufen, wenn der Abfluss tropft. Manchmal fühlt sie sich wie das berühmte „Mädchen für alles", vor allem dann, wenn sie ständig nervige kleine Aufgaben zugerufen bekommt: „Könntest Du bitte schnell dieses erledigen?", „Würdest Du bitte mal jenes machen?" Eine Ausputzerin ist sie dann, eine Hilfsarbeiterin, eine Resteräumerin. Und doch: Es ist ihr Job!

Doch was heißt es aus ökonomischer Sicht, „einen Job zu haben"? Es lohnt sich, dies genauer zu betrachten.

Arbeitskraft als Wirtschaftsgut

Als Julia sich vor vier Jahren auf die Stelle bewarb, führte sie Bewerbungsgespräche mit ihrem heutigen Chef. Sie sprachen über Arbeitsinhalte, Rahmenbedingungen wie Arbeitszeit und Urlaub und natürlich über das Gehalt. Diese Gespräche waren letztlich *Verkaufsverhandlungen*. Der Chef „verkaufte" seine Firma und die Arbeitsstelle an Julia, Julia „verkaufte" sich als eloquente, engagierte und motivierte Arbeitskraft. Es passte und man einigte sich: Der Arbeitsvertrag wurde geschlossen.

Zugegeben: Meine Beschreibung des gegenseitigen Vorstellens und der einvernehmlichen Einigung ist oberflächlich. Sie suggeriert Augenhöhe in den Gesprächen. Aber das täuscht! Bei einer Bewerbung und bei dem sich anschließenden Arbeitsverhältnis gibt es aus wirtschaftlicher Sicht eine klare Ordnung:

> Bewerber sind Verkäufer, das Produkt ist ihre Arbeitskraft. Das Unternehmen ist der Kunde. Dieses kauft die Arbeitsleistung ein und bezahlt dafür einen Preis – das Gehalt.

Durch den Arbeitsvertrag sichert Julia dem Unternehmen eine dauerhafte Belieferung mit ihrer Zeit und Leistung zu festgelegten Konditionen zu, und das Unternehmen sichert sich die dauerhafte Versorgung mit Julias Arbeitskraft. Auch, wenn es sich anders anfühlt: Julia verkauft ihre Arbeitskraft und *ihr Unternehmen ist der Kunde*.

Gilt dann nicht auch hier, dass der Kunde König ist? Oftmals scheint sich das Verhältnis umzukehren; da hat der Verkäufer der Arbeitskraft ein Auftreten wie ein König. Die Anspruchshaltung wächst, genährt durch die öffentliche Meinung, dass Arbeitnehmerinnen und Arbeitnehmer alle Rechte haben, die Unternehmen, die ja eigentlich Kunden sind, aber die Pflichten. Die Arbeitsverträge folgen diesem Credo: Julia darf jederzeit den Arbeitsvertrag kündigen, ihr Arbeitgeber darf das nicht, denn er ist an zahlreiche Kündigungsschutzauflagen gebunden. Und wenn Julia krank wird, muss das Gehalt weiterbezahlt werden, obwohl Julia ihr „Produkt", also ihre Arbeitskraft, nicht abliefert. Mehr noch: Ihr Unternehmen muss ihr sogar Geld geben, wenn sie in den Urlaub fährt. Das Gehalt wird weiterbezahlt und sie bekommt obendrein noch Urlaubsgeld. Stellen Sie sich eine solche Konstellation für den Vertrag mit Ihrem Mobilfunkanbieter vor! Er darf Ihnen kündigen, Sie ihm (fast) nicht. Sechs Wochen im Jahr gibt es keinen Empfang, aber sie müssen auch für diese Zeit bezahlen, sogar noch mehr als sonst, und wenn das Netz ungeplant ausfällt, egal wie oft und für wie lang, dürfen Sie die Rechnung nicht kürzen.

Nicht, dass wir uns falsch verstehen: Die Arbeitnehmerschutzrechte sind ein hohes Gut! Diese durchzusetzen dauerte Jahrzehnte und heute profitieren wir alle vom Einsatz unserer Altvordern, die diese Rechte mühsam erkämpften. Worauf ich hinauswill, ist das Verständnis, dass zwischen Julia und ihrem Arbeitgeber ein Dienstleistungsverhältnis besteht, bei dem Julia der Verkäufer von Arbeitskraft, das Unternehmen der Kunde ist und zur Regelung der Details ein Liefervertrag – der Arbeitsvertrag – geschlossen wurde.

Warum das wichtig ist? Schauen wir es uns an:

Der Ausgleich von Angebot und Nachfrage

Der Ausgleich von *Angebot und Nachfrage* ist der Mechanismus, der in einer Marktwirtschaft für die Verteilung von Gütern sorgt. Dieser bereits vom Urvater der Ökonomie, Adam Smith, im 18. Jahrhundert formulierte Lehrsatz gilt noch heute (Smith 1776). Und wie gelingt dieser Ausgleich? Über den *Preis*! Ist ein Gut knapp, steigt sein Preis und die Nachfrage verringert sich. Ist ein Gut im Überfluss vorhanden, sinkt der Preis. Dies lässt die Anbieter der Güter reagieren: Ist der Preis hoch, wird mehr produziert, denn es lassen sich Gewinne erzielen. So kommen mehr Güter auf den Markt, bis der Preis wieder sinkt. Ist der Preis zu niedrig, reduzieren die Anbieter die nicht mehr lohnende Produktion, die Güter werden knapper und der Preis steigt wieder. Adam Smith bezeichnete diesen Ausgleichsmechanismus übrigens als „*unsichtbare Hand*". Treffend, wie ich finde.

Ist das nur blanke Theorie? Nein, der Mechanismus funktioniert, aber nur sehr selten überschauen wir ihn in dieser Einfachheit. In der Regel gibt es weitere Einflussfaktoren auf das Angebot, die Nachfrage oder den Preis. Es gibt knappe Ressourcen (z. B. Rohstoffe), staatliche Eingriffe, die bremsen (z. B. Verkaufsbeschränkungen bei Tabak oder Alkohol) oder beschleunigen (z. B. Subventionen für Ökostrom oder E-Autos), Patente, Zulassungsvorschriften (z. B. für Medikamente), illegale Absprachen zwischen Anbietern oder Nachfragern (z. B. Bier-, Zucker- oder Zementkartelle) oder regulierte Preise (z. B. für Roaming im Mobilfunk). Auch Werbe-, Preis-, Produkt- oder vertriebliche Maßnahmen sind Einflussfaktoren, die den Marktmechanismus beeinflussen. Solche Maßnahmen sind sogar mächtig: Sie können Produkte, die eigentlich einen geringen Nutz- und Gebrauchswert aufweisen, attraktiv erscheinen lassen, so dass mehr Geld für sie bezahlt wird, als nach einer objektiv-sachlichen Analyse durch den Kunden gerechtfertigt erscheint. Und umgekehrt: So manches sinnvolle, ehrlich konzipierte und kalkulierte Produkt verschied sang- und klanglos, weil die Instrumente des *Marketingmixes* (Preis, Produkt, Kommunikation und Vertrieb) nicht gut gespielt wurden.

Es gibt darüber hinaus auch natürliche Ursachen dafür, dass der einfache Marktmechanismus in der Realität komplizierter ist. Denken Sie beispielsweise an *Informationsdefizite der Nachfrager*. Wissen Sie, in welchem Supermarkt die Butter gerade am billigsten ist? Und sind die sieben Sorten Joghurt im Kühlregal wirklich vergleichbar? Sind Sie vielleicht zu faul, die Preise zu vergleichen? Oder lohnt der Aufwand nicht, so dass Sie einen möglicherweise überhöhten Preis akzeptieren, weil die Kosten des Preisvergleichs den Nutzen der Einsparung übersteigen?

Der Preis des Wirtschaftsgutes „Arbeit"

All dies dämpft die Wirkung der „unsichtbaren Hand" und so ist es eben auch am Arbeitsmarkt: Zahlreiche Regeln regulieren die Bedingungen des Vertrags und den Preis für Arbeit. Mindestlohn, Probezeitregelungen, berufliche Formalqualifikationen oder gesetzliche Urlaubs- und Arbeitszeitregelungen sind nicht verhandelbar. Sie brauchen meist nicht einmal ausdrücklich in den Vertrag aufgenommen zu werden.

Was in Julias Vertragsverhandlungen vor allem besprochen wurde und was in den Vertrag einging, waren zwei Aspekte:

Da war als Erstes die *Beschreibung der Aufgabe*. Stellenbezeichnung, Arbeitsinhalte, Berichtsweg (wer ist der oder die Vorgesetzte?), Arbeitszeit und Arbeitsort waren festzulegen; mehr oder weniger präzise, denn die Arbeitsinhalte sollten natürlich nur vage beschrieben werden, damit bei einer Veränderung der Anforderungen nicht jedes Mal der Vertrag neu verhandelt werden muss. Julias Lieferleistung und der Beschaffungsbedarf des Arbeitgebers wurden konkretisiert. Was liefert Julia, was darf das Unternehmen erwarten?

Zweitens wurde der *Preis* für diese Dienstleistung festgelegt. Dieser besteht im Wesentlichen aus dem Monatslohn sowie etwaiger Zulagen. Was der Arbeitgeber bezahlt, ist die Arbeitszeit. Nicht die Leistung! In Kap. 2 habe ich das schon einmal thematisiert: Akkordlöhne sind sehr selten geworden. Wir erhalten Geld nicht für konkrete Verrichtungen oder produzierte Einheiten, also für unsere Leistung, sondern für unsere Anwesenheit am Arbeitsplatz. Wahrscheinlich wirken sich Qualität und Quantität unserer Leistung langfristig auf unser Gehalt aus, aber zunächst einmal wird schiere Präsenz bezahlt.

Julia war damals zufrieden, als sie unterschrieb, und sie ist es eigentlich auch heute noch. Die Aufgaben haben sich zwar nicht verändert, aber sie hat schon zwei Gehaltserhöhungen bekommen, nicht üppig, doch mehr, als die Inflation aufgezehrt hat.

Was ist mehr Wert: generelles oder spezifisches Wissen?

Raten Sie! Ist ein Produkt wertvoller, das möglichst vieles kann, wenn auch nur oberflächlich, oder ein Produkt, das zwar nur wenig kann, dieses aber richtig gut? Was ist teurer? Für manche Güter ist die Antwort vordergründig leicht: Das Universaltaschenmesser mit 79 Funktionen ist teurer als das Spezialwerkzeug, dass nur eine dieser Funktionen abdeckt, doch es ist günstiger als eine Kiste mit 79 Spezialwerkzeugen. Allerdings wird jedes Einzelne dieser expliziten Tools besser geeignet sein, die vorgesehene Detailaufgabe zu erledigen, als das Multitool. Haben Sie schon einmal versucht, eine Schraube mit einem Leatherman in den Dübel zu drehen? Es geht, aber komfortabler und schneller ist es mit einem guten Schraubendreher, der genau für diesen Zweck hergestellt wurde. Es ist also nicht leicht: Generelle Fähigkeiten sind günstig zu bekommen, spezielle sind teurer, aber dafür auch nützlicher. Wenn Sie nur eine Schraube eindrehen möchten und dafür auch genügend Zeit haben, schaffen Sie es mit dem Multitool. Wenn Sie indes im ganzen Haus Bilder, Lampen und Regale aufhängen wollen, rate ich Ihnen zum spezifischen Werkzeug.

Wie ist es mit dem Wissen? Ist das *universelle* oder das *spezifische Wissen* wertvoller auf dem Arbeitsmarkt? Bekommt der Buchhalter, der sich mit dem gesamten Prozess einigermaßen auskennt, ein höheres Gehalt, oder der Fachmann, der nur die Bilanzierung immaterieller Vermögensgegenstände nach IAS 38 beherrscht, diese aber im Detail?

> Im Falle der Arbeitskraft verläuft die Beziehung zwischen Spezialisierung des Wissens und deren Preis wie ein ∩ (also ein umgedrehtes U): Günstige Arbeitskräfte haben tendenziell generelles Wissen, die mittelpreisigen spezifisches und die Hochbezahlten (das Management) wieder generelles Wissen.

Natürlich unterscheidet sich das generelle Wissen eines Berufseinsteigers oder einer Teamassistentin wie Julia vom generellen Wissen eines Vorstandsmitglieds eines börsennotierten Unternehmens, und das macht ja auch den Unterschied im Gehalt aus. Spezifisches Wissen haben z. B.

Facharbeiter, die ihr Gehalt steigern können, wenn sie Expertise für abgrenzbare, spezielle Tätigkeiten aufbauen. Dann erlangen sie vielleicht sogar *exklusives Wissen* und machen sich im Unternehmen unentbehrlich – eine gute Verhandlungsbasis für die nächste Gehaltsrunde.

Schauen wir auf Julia: Sie hat Breitenwissen in Bezug auf die Organisation der Büroumgebung ihres Unternehmens. Sie „schmeißt den Laden" und ist gut darin, wie ein Tellerdreher im Zirkus viele Prozesse gleichzeitig zu organisieren. Tiefenwissen hat sie jedoch keines. Sie hat kaum spezifisches und erst recht kein exklusives Wissen. Das macht sie austauschbar. Was sie kann, hat ein Einsteiger in wenigen Wochen auch zu bieten. Allzu viel Geld darf Julia für ihre Arbeitskraft somit nicht verlangen, denn sonst wird sie zu teuer und womöglich ausgetauscht.

Der Nutzen der Motivation

Mehr Geld verdienen würde sie selbstverständlich trotzdem gerne. Überhaupt ist das Gehalt der wichtigste Grund, morgens aufzustehen und zur Arbeit zu fahren. Ohne das Geld würde sie das nicht tun, sie würde wahrscheinlich anderen Beschäftigungen nachgehen, je nach Lust und Laune. Aber sie könnte dann ihre Rechnungen nicht mehr bezahlen.

Geld ist die treibende Kraft. Sie ist nicht die Einzige, denn sonst würde Julia den Job machen, der das meiste Gehalt böte. Sie würde beispielsweise in der Kanalsanierung arbeiten. Das brächte 300 € netto mehr, wäre aber ein schmutziger, anstrengender Job. Julia verzichtet somit auf die Maximierung ihres Einkommens und erkauft sich für 300 € Gehaltsverzicht … ja, was eigentlich? Ein geheiztes Büro? Eine erträgliche körperliche Belastung? Soziale Kontakte? Spaß, was immer das in diesem Kontext auch sein mag? So klar ist das nicht, und es ist auch nicht klar, ob Julia für vielleicht 500 € mehr in den Kanal steigen würde. Oder für 1000 € mehr? Vielleicht denkt sie tatsächlich darüber nach und kommt zu dem Schluss, dass es die Behaglichkeit des Büros ist, die sie auf Mehrgehalt verzichten lässt, aber sie würde diese für 1500 € monatlich mehr aufgeben. Jetzt hat „Behaglichkeit" einen Preis: Sie kostet 1500 € je Monat.

Tatsächlich ist Julia wohl kaum in der Lage, das Paket aufzuschnüren. Sie erhält ein Monatseinkommen für ein unübersichtliches Set von Verpflichtungen und Rechten, von Annehmlichkeiten, Ärgernissen, Erwartungen und Enttäuschungen und ein Aufschnüren und eine detaillierte Bewertung wird ihr nicht gelingen. Sie „spürt" aber, dass es für sie passt.

Bei dieser intuitiven Einschätzung verlässt sie sich unbewusst auf zwei Parameter:

- Julia vergleicht ihre Arbeit und ihr Gehalt mit *Alternativen*. Dieser Parameter ist messbar. Sie redet mit Freundinnen und schaut gelegentlich (heimlich) bei webbasierten Job-Portalen vorbei. Auch, wenn ein präziser Vergleich mit Alternativen unmöglich ist, denn jeder Job hat seine Spezifika, bekommt sie ein Gefühl für die Relation der oben beschriebenen Kosten (Arbeitsverpflichtungen) und des Nutzens (Geld, Urlaubsanspruch usw.) im Kontext ihrer Fähigkeiten und Ansprüche.
- Der zweite Parameter ist ihre *Motivation*, oder besser das, was sie dafür hält. Wenn sie motiviert ist, erscheint ihr ihr Job als der richtige.

Dieses „motiviert sein" setzt sie damit gleich, morgens Lust aufs Büro zu haben, zumindest aber, sich ohne Widerwillen in die Notwendigkeit zu fügen, früh aufzustehen und den Tag mit den Kolleginnen und Kollegen zu verbringen. Sie assoziiert Motivation mit „Lusthaben" oder „einen *Anreiz* haben".

Doch unterscheidet sich der Alltagsbegriff „Motivation", der ein akutes Gefühl beschreibt, von dem gleichlautenden Begriff, wie ihn Motivationstheoretiker verwenden. Der bekannteste von allen, Frederik Herzberg, entwickelte vor ungefähr 50 Jahren einen noch heute gültigen Ansatz zur Beschreibung dessen, was Motivation ausmacht (Herzberg 1987).

> Herzberg unterschied Hygienefaktoren von Motivatoren. Erstere sind Parameter, die grundsätzlich erfüllt sein müssen, damit Motivation überhaupt entstehen kann, Letztere treiben an und sorgen für Zufriedenheit.

Hygienefaktoren werden meist stillschweigend vorausgesetzt. Ein angemessenes Gehalt ist zum Beispiel ein solcher Hygienefaktor. Motivatoren werden eher diskutiert. Die Chance, sich inhaltlich selbst einbringen zu dürfen und den Einfluss der eigenen Arbeit auf das Ergebnis zu sehen, sind beispielsweise solche Motivatoren.

> Ferner stellte Herzberg fest, dass es nicht möglich ist, einen anderen Menschen (extrinsisch) zu motivieren. Motivation ist etwas, was „von innen heraus" entsteht (intrinsisch).

Selbst eine Gehaltserhöhung oder ein Lob treiben nur kurzfristig an. Erst wenn Julia das Gefühl hat, in ihrem Job etwas Sinnvolles zu tun, etwas bewegen zu können, Spuren zu hinterlassen, wird sie motiviert sein. Und motivierte Mitarbeiterinnen und Mitarbeiter sind besonders nützlich: Sie sind fleißiger, emotional stabiler, weniger häufig krank und flexibler, wenn einmal mehr Arbeit anfällt.

Doch an dieser Stelle möchte ich noch einmal darauf verweisen, dass ein Aspekt wie die „Motivation" vor allem deswegen diskutiert werden muss, weil das Gehalt eine Zeitprämie ist. Würde Julia z. B. einen Stück- bzw. Akkordlohn erhalten, wofür auch immer, und sie hätte einmal keine Lust auf ihre Arbeit und wäre darum langsamer, müsste der Arbeitgeber auch weniger bezahlen und würde keinen Schaden aus Julias Lustlosigkeit erleiden; wäre sie hoch motiviert, fleißig und produktiv, müsste er hingegen mehr bezahlen. Das Regulativ wäre der *Stücklohn*. Doch da die Anwesenheitszeit bezahlt wird, ist dem Arbeitgeber wichtig – oder sollte es zumindest sein –, dass Julia motiviert und in ihrer Zeit möglichst produktiv ist.

Herzberg ist natürlich nicht der einzige Wissenschaftler, der sich mit Motivation beschäftigt hat. Abraham Maslow tat dies schon früher und hinterließ uns in den 40er-Jahren das, was wir heute *„Bedürfnispyramide"* nennen (Maslow 1958). Es ist eine der am meisten missbrauchten und falsch wiedergegebenen Banalisierungen menschlicher Triebfedern. Selbst das Bild der Pyramide stammt ursprünglich nicht von Maslow. Ich mache Maslow selbst keinen Vorwurf und wenn, nur den, dass seine Forschungen nicht empirisch waren, sondern er Narrative bemühte, um

Erkenntnisse zu behaupten. Aber all die Dozenten, Berater und Werber, die seine Aufsätze nie gelesen haben und immer wieder voneinander abschreiben, arbeiten m. E. schlichtweg schlampig. Doch genug davon. Schauen wir uns lieber weitere Ansätze der Motivationsforschung an:

Später (und bis heute) wurde (und wird) versucht, Motivation im Kontext hormoneller Prozesse zu erklären. David McClelland war hier am fleißigsten und verlinkte treibende Kräfte für Motivation (Macht, Leistung, Zugehörigkeit) mit Botenstoffen, die in unserem Körper werkeln (McClelland 1961). So recht erfolgreich war er aber nicht darin, Motivation im Blut nachweisen zu können oder umgekehrt, Motivation per Tablette zu verabreichen. Genau dies schafften aber Militärmediziner, die Wirkstoffe ersannen, um Soldaten leistungsfähiger und kampffreudiger zu stimmen. Sie sollten „aufopferungsbereiter" sein. Das vielleicht bekannteste Produkt ist die sogenannte „Panzerschokolade" der Wehrmacht, Pervitin, ein Methamphetamin, dass Hitlers Soldaten nimmermüde Beine bescherte. Motivation, so es denn überhaupt Motivation war, wird so pharmakologisch erzeugt. Über den Preis, der dafür zu bezahlen ist, muss ich nichts schreiben.

Nun, Julia fühlt sich auch so motiviert, nicht jeden Tag und nicht immer gleich, aber im Großen und Ganzen macht ihr der Job Spaß. Sie fühlt sich wohl und angemessen bezahlt. So bleibt es bei der Eingangsfeststellung: „Alles ist gut, doch könnte es gerne etwas besser sein!"

Die Verlockungen der Alternative

Nach all den Jahren als Teamassistentin in der Unternehmensberatung könnte sie sich schon einen anderen Job vorstellen. So richtig konkret ist ihr Wechselwunsch nicht, sie hat auch keine andere Stelle in Aussicht. Nun ja, die Augen offen halten kann man ja. Es ist ja keineswegs perfekt, da, wo sie gerade ist. Wenn sie ihren Freundinnen zuhört, klingt es oft so, als ob es in anderen Unternehmen viel besser sei. Klar, auch da wird über den Chef geschimpft und die Kollegen sind auch nicht immer nett, aber aus Julias Sicht sind das Kleinigkeiten. Sie hört das und stellt sich einen Arbeitgeber vor, bei dem der Rasen grüner ist und die Kirschen süßer sind.

Kennen Sie das? Geht es Ihnen nicht selbst zuweilen so, dass Sie mit der eigenen Situation unzufrieden sind und davon ausgehen, dass eine Alternative besser wäre? Das Hotelzimmer nebenan ist schöner, die Ehe der Nachbarn ist harmonischer, der Wettbewerber bietet eine bessere berufliche Perspektive? Aber halt! Sie machen einen Fehler: Sie vergleichen Ihre konkrete, weil erlebte Situation mit einer, die Sie sich mangels besseren Wissens vorstellen und die Sie höchstwahrscheinlich idealisieren. Das Konkrete gegen das Ideale – na, wer gewinnt?

> Harold Demsetz warnte genau davor und gab diesem ungerechten Vergleich einer realen mit einer idealen Situation einen einprägsamen Namen: *Nirvana-Fehlschluss* (Demsetz 1969).

In diese Falle tappt es sich leicht. Wir sind mit unserer Situation unzufrieden und schauen auf die Alternative. Von dieser wissen wir nur wenig. Bestenfalls schauen wir auf unsere Probleme und sehen, dass diese mit der Alternative gelöst wären, aber wir sehen nicht, dass eben jene Alternative andere Probleme aufwirft bzw. würde, denn wir haben diese nicht im Blick.

Julia zum Beispiel nervt es, von den anderen als Kaffeetante gesehen zu werden. Sie fühlt sich minderwertig, wenn die Kolleginnen und Kollegen stillschweigend davon ausgehen, dass sie den Kaffee kocht. Also hört sie sich an, wie es in einem anderen Unternehmen läuft und erfährt, dass es dort keine Teeküche, sondern eine Kantine gibt. Sie wäre dann nicht mehr diejenige, die ständig Kaffee kochen müsste. Problem gelöst, das andere Unternehmen ist das bessere.

Dabei hat Julia nur auf ihr Problem geachtet und ja, das andere Unternehmen würde es lösen. Ein Wechsel aber würde andere Probleme aufwerfen. Zum Beispiel ist dort die Büroausstattung alt und muffig, die Möbel sind aus den 70er-Jahren, alles fühlt sich gammelig und klebrig an. Julia hasst das. Nein, sie würde es hassen, aber sie hat dieses Problem nicht auf dem Schirm. Die Kirschen in Nachbars Garten erscheinen ihr süßer, aber auf die Kuhfladen auf dessen Wiese achtet sie nicht. Demsetz nannte dies die „*The-grass-is-always-greener-fallacy*".

Und Demsetz hat zur Erläuterung des Nirvana-Fehlschlusses noch zwei weitere einprägsame Sätze parat: Der Erste ist der Irrtum, dass Menschen auch anders sein könnten, als sie sind: die *„People-could-be-different-fallacy"*. Wir sind, wie wir sind, und eine Verhaltensänderung durch Vernunft zu erhoffen, wäre ebenso naiv, wie zu erwarten, erwachsene Menschen verändern zu können.

Der zweite – insgesamt also der dritte – Satz, ist der Irrtum, dass es etwas umsonst gäbe: *„There's no free lunch!"* Wie recht er doch hat. An allem hängt ein Preisschild. Die Umarmung, der Gefallen, das Lob und die erste Tasse Cappuccino, die der Partner morgens ans Bett bringt, all das hat einen Preis. Denken Sie darüber nach!

Jobwahl per Nutzwertanalyse und die Opportunitätskosten

Zurück zu Julia: Sie ist grundsätzlich zufrieden, aber dieses oder jenes könnte ja doch besser sein. Ein Jobwechsel ist also nicht oberste Priorität, es drängt nicht, weil weder das bisherige Angestelltenverhältnis „schmerzt", noch eine Alternative lockt. Und wenn sie konkret wird, weil sie in einem Jobportal mal wieder eine interessante Stellenausschreibung gefunden hat, stellt sie fest, dass die Unterschiede zwischen ihrem jetzigen und dem möglichen neuen Job nicht allzu groß sind. Julia muss also abwägen. Sie erstellt eine Nutzenbilanz:

Im jetzigen Job, nennen wir ihn „Ist-Job", weiß sie, woran sie ist. Doch sieht sie nur wenige Entwicklungsperspektiven. Beim alternativen, dem „Kann-Job", ist die Aufgabenbeschreibung oberflächlich. Sie interpretiert in ihrem Sinne und stellt sich neue, spannende Herausforderungen vor (Achtung: Sind die Kirschen in Nachbars Garten wirklich süßer?). Im Ist-Job kennt sie das soziale Umfeld. Sie hat sich über die Jahre hinweg ein paar Freiheiten erkämpft. Zum Beispiel darf sie ab und zu etwas später kommen oder früher gehen, sie wird nicht kontrolliert und ihr redet niemand rein. Die Kolleginnen und Kollegen im Kann-Job kennt sie nicht. Ihre dortigen Aufgaben müsste sie erst einmal lernen und wer weiß, ob sie als „Neue" nicht auch die ungeliebten Jobs übernehmen müsste, die sonst keiner gerne macht.

Julia erinnert sich an die methodische Leitidee der *Nutzwertanalyse*. Sie sammelt Kriterien, die ihr für die Wahl eines Jobs wichtig sind, gewichtet und bewertet diese und ermittelt so, mehr oder weniger systematisch, einen Nutzwert für jeden der beiden Jobs. Der wichtigste Schritt ist einmal mehr, die Kriterien möglichst vollständig zusammenzutragen. Mindestens diese Aufgabe sollte Julia sorgfältig erledigen, denn die gezielte und bewusste Sammlung von Entscheidungskriterien lenkt ihre Gedanken in die richtigen Bahnen.

In diesem Sinne vergleicht Julia das Bekannte mit dem Unbekannten, mal mit Vorteilen auf der einen, mal auf der anderen Seite. Mal kann sie den Unterschied messen (Gehalt, Arbeitszeit, Urlaubstage), mal nur fühlen oder besser: erahnen. Und so ist ihr Ergebnis, dass sie sich unter dem Strich nicht viel verbessern kann. Sie bleibt, wo sie ist. Sie zieht die Sicherheit dem Ungewissen vor. Aber, Sie wissen ja: „There's no free lunch!" Der Preis dafür, dass sie bleibt, ist der Verzicht auf die (ihr zu geringfügig erscheinende) Verbesserung. Das führt uns zu einem zentralen Begriff der Ökonomie: Den *Opportunitätskosten*, zuweilen auch als „Verzichtskosten" bezeichnet! Julias Opportunitätskosten des Ist-Jobs sind der entgangene Nutzen des Kann-Jobs.

> Opportunitätskosten sind der entgangene Nutzen einer Alternative.

Dies ist auch ein zentraler Begriff der Sozialwissenschaften. Alles, was wir begehren, kostet den Nutzen dessen, auf das wir dafür verzichten müssen. Wenn sich Julia einen neuen Fernseher kauft, kostet der nicht nur den Preis, den sie bezahlen muss, sondern er kostet auch den entgangenen Nutzen eines jeden anderen Gutes, das sie gerne gekauft hätte, sich nun aber nicht mehr leisten kann: Eine Reise oder ein neues Smartphone. Diese Opportunitätskosten lassen sich selten in Geld bewerten und sind oft nur ein diffuses Gefühl, spielen aber immer eine wichtige Rolle. Vor allem dann, wenn der Faktor Zeit mitberücksichtigt wird (Gärtner beauftragen versus selbst gärtnern usw.), hilft uns dieses Konstrukt, Alternativen zu bewerten.

Das Moral-Hazard-Problem

Julia akzeptiert die Opportunitätskosten und bleibt, wo sie ist. Sie hat ihre Position, sie weiß, „woran sie ist" und diese Sicherheit ist auch ein Wert. So sinniert sie vor sich hin, und weil sie eh gerade nichts Dringendes erledigen muss, beantwortet sie ein paar WhatsApp-Nachrichten, aktualisiert ihren Instagram-Account und checkt ihren privaten Mail-Eingang. Und, ach ja, das karmesinrote Kleid, dass sie im Onlineshop entdeckt hat, bestellt sie auch gleich.

Pfui! Julia bestiehlt ihren Arbeitgeber! Sie klaut ihm Arbeitszeit! Während dieser erledigt sie private Dinge. Fair wäre es, wenn sie ihrem Chef mitteilen würde, dass sie 45 Minuten ihrer bezahlten Zeit für private Zwecke genutzt hat und sie diese Zeit nacharbeitet oder dafür auf Gehalt verzichtet. Fair, ja, aber tut sie das? Tun Sie das? Warum halten wir uns für berechtigt, Zeit, die unser Kunde (der Arbeitgeber) uns bezahlt, für Tätigkeiten zu nutzen, für die uns unser Kunde nicht bezahlen würde, wenn er davon wüsste? Aber er weiß ja nichts davon. Also betrügen wir.

> In der Ökonomie steht „Moral Hazard" für die moralische Versuchung. Sie lauert immer dann, wenn nach einem Vertragsschluss das Verhalten eines Partners nicht mehr beobachtet beziehungsweise kontrolliert werden kann.

Und wie sollte Julias Chef sie auch kontrollieren? Mit einer Kamera, die auf Julias Schreibtisch gerichtet ist? Abgesehen davon, dass dies gar nicht erlaubt ist, wären die Kontrollkosten unakzeptabel hoch, denn jemand müsste Julia ständig beobachten.

Würde man Julia abends fragen, wie viel Zeit sie ihrem Arbeitgeber unterschlagen hat, würde sie diese höchstwahrscheinlich *unterschätzen* (so, wie sie etwaige Überstunden tendenziell *überschätzt*). Sie unterläge der „Illusion der objektiven Selbstbeobachtung", die noch dadurch verstärkt wird, dass Julia weiß, dass die private Nutzung der Zeit ein unerwünschtes Verhalten ist. Sie würde sich schämen, nicht sehr, aber immerhin doch so viel, dass ihre Schätzung unwillentlich verzerrt würde: „Och, nur ein paar Minuten." Dabei war es fast eine Stunde!

Julia nutzt also *Freiheiten* und *Vertrauen* aus. Sie liefert nicht, was sie in ihrem Arbeitsvertrag zugesichert hat. So recht bewusst ist ihr das nicht und es ist nicht anzunehmen, dass sie deswegen ihr Gewissen quält. Für Unternehmen ist es aber ein Problem Einige Wissenschaftler behaupten, dass fast die gesamten Produktivitätsgewinne in Büroarbeitsumgebungen, die seit der Einführung von PCs in den 80er-Jahren erzielt wurden, wieder durch die missbräuchliche Nutzung der Arbeitszeit für Informations- und Kommunikationsanwendungen (Surfen im Web, Smartphone-Nutzung, Mails usw.) aufgezehrt werden. Am fleißigsten forscht zur unkontrollierten und suchtartigen Nutzung sozialer Medien und von Games am Arbeitsplatz die norwegische Psychologin Cecile Andreassen (Andreassen et al. 2014).

Nun, werfen wir nicht den ersten Stein. Vermutlich sind wir nicht besser und erliegen selbst tagtäglich irgendwelchen moralischen Versuchungen, uns kleine Vorteile zu ergattern, nur, weil wir nicht kontrolliert werden (können). Die schwarz bezahlte Putzfrau, die mit nach Hause genommenen Post-its oder die von der Steuer abgesetzte Bewirtung von Freunden – alles Verfehlungen, für die wir uns selbst nicht geißeln. Doch es bleiben dennoch Verfehlungen zu Lasten anderer.

Genug moralisiert. Julia ist ein Spiegel unserer selbst, nicht besser und nicht schlechter. Sie wird auch morgen wieder zu ihrer Unternehmensberatung fahren und ihre gelegentlichen Überlegungen, den Job zu wechseln, sind noch nicht weit genug gediehen.

Literatur

Andreassen, C. S., Torsheim, T. & Pallesen, S., 2014. Use of Online Social Network Sites for Personal Purposes at Work: Does it Impair Self-Reported Performance? Comprehensive Psychologie, Januar.

Demsetz, H., 1969. Information and Efficiency: Another Viewpoint. The Journal of Law & Economics, April.

Herzberg, F., 1987. One More Time: How Do You Motivate Employees? Harvard Business Review, September/Oktober, Seite 88–99.

Maslow, A. H., 1958. A Dynamic Theory of Human Motivation. In: Stacey & DeMartino (Hrsg.): Understanding human motivation. Howard Allen Publishers, Seite 26–47.
McClelland, D., 1961. The Achieving Society. Princeton: Van Nostrand.
Smith, A., 1776. The Wealth of Nations. Diverse Nachdrucke.

8

Mittags schnell zum Arzt

Schlüsselwörter Prokrastination • Vogel-Strauß-Verhalten • Verfügbarkeitsheuristik • Induktiver Schluss • Prognosen • Statistische Fehler

Mittagspause. Julia schnauft durch, denn sie hat einen unangenehmen Termin vor sich: Sie muss zum Radiologen. Ihr Frauenarzt hat sie dorthin überwiesen, schon vor einiger Zeit. Eine Mammografie steht an, denn sie hat einen Knoten in der Brust bemerkt. Sie zieht sich ihre Jacke an und geht die wenigen Meter bis zum Ärztehaus zu Fuß. Anmeldung bei der Sprechstundenhilfe, Wartezimmer, kurzes Gespräch mit dem Radiologen, ausziehen, Aufnahme, anziehen, „die Ergebnisse schicken wir Ihrem Frauenarzt zu", das war's. Lang hat es nicht gedauert und so geht Julia noch zu Starbucks, was sie sich sonst nicht leistet, trinkt einen „Premium White Caffé Mocha Medium Roasted House Blend with extra Shot" (jetzt wissen Sie auch, warum ich solche Läden nicht mag) und atmet durch. „Wie viele Tage muss ich jetzt auf das Ergebnis warten? Was, wenn der Knoten gefährlich ist?"

Prokrastination oder wie der Strauß Gefahren zu vermeiden hofft

Den Termin hat Julia schon zweimal verschoben. Natürlich weiß sie um die Dringlichkeit. Je schneller im Falle eines Befunds die Behandlung beginnt, desto geringer der Schaden, den wuchernde Zellen und deren Entfernung anrichten können. Warum hat Julia also den Termin verschoben? Ein Grund könnte sein, dass sie grundsätzlich und immer wieder anstehende Tätigkeiten verschiebt. Psychologen glauben sogar, hierin ein Krankheitsbild zu erkennen und nennen es *Prokrastination* (umgangssprachlich: „Aufschieberitis"). Diese ist nicht leicht von dem abzugrenzen, was wir als „Trödeln" oder „Bummeln" kennen. Die Webdesignerin, die mit dem bestellten Plakat erst kurz vor dem Abgabetermin beginnt, der Lektor, der mit der Korrektur bis kurz vor der Jahresdeadline wartet, die Studentin, die ihre Abschlussarbeit erst auf den letzten Drücker beginnt, der Professor, der einen Vortrag erst während der Anreise vorbereitet oder eben Julia, die den unangenehmen Termin immer wieder aufschiebt.

Julia leidet sicherlich nicht an einer behandlungswürdigen Prokrastination. Sie hat keine pathologische Störung. Hier liegt ein anderer Grund vor: Sie hat Angst vor dem Ergebnis der Untersuchung und möchte das Ergebnis lieber nicht wissen. Es ist das Vogel-Strauß-Verhalten, das sogenannte *„Kopf in den Sand stecken"*. Sie möchte der drohenden Gefahr entgehen, indem sie sie nicht anschaut.

Dabei ist dieses Verhalten subtiler, als es scheint. Julia hat zum Beispiel kein Problem damit, einen Zahnarzttermin zu machen und einzuhalten. Unangenehme Aufgaben geht sie sogar lieber gleich an. Treppe putzen, Bügeln (sie hasst bügeln!), sich beim Mobilfunkunternehmen beschweren oder die Aussprache mit ihrem Jugendfreund: All das packt sie möglichst sofort an. Ein Zeitmanagementseminar braucht sie ganz gewiss nicht. Aber hier? Hier ist es anders. Das Ergebnis der Mammografie ist ungewiss. Es kann negativ sein, also ohne Befund, aber auch positiv – und dann könnte sich vieles dramatisch ändern. Die Ungewissheit ist ihr lieber, denn mit der Ungewissheit lebt die Hoffnung auf ein günstiges Ergebnis.

Dieses Phänomen erleben wir auch bei alltäglicheren Dingen: Der Brief vom Finanzamt bleibt zwei Tage ungeöffnet liegen oder – und das erlebe ich zuweilen – Studenten öffnen die Datei mit dem Gutachten über ihre Abschlussarbeit erst einmal nicht. Sind sie nicht neugierig? Doch, natürlich, aber die Ungewissheit schützt vor einer Enttäuschung. Vorläufig.

Die Verfügbarkeitsheuristik und der induktive (Trug-)Schluss

Julia trinkt ihren Kaffee – den mit dem lächerlich komplizierten Namen. Und sie grübelt: Wie wahrscheinlich ist es eigentlich, dass sie Brustkrebs hat? Sie kennt Geschichten aus der Nachbarschaft, einige über unkritische, andere über tödliche Krankheitsverläufe. Solche Fallbeispiele sind prägnant.

Julia muss hier aufpassen. Gleich mehrere Wahrnehmungsverzerrungen sorgen dafür, dass sie ihre Situation nicht korrekt einschätzt. Da wirkt zunächst die *Verfügbarkeitsheuristik*.

> Heuristiken sind „mentale Abkürzungen". Solche Daumenregeln helfen uns, auch ohne ausreichend Zeit und ohne ausreichende Informationen eine Entscheidung zu treffen und eine Situation einzuschätzen. Sie sind unpräzise, aber schnell.

Julia kennt Leidensgeschichten von Frauen, die an Brustkrebs erkrankt sind, Geschichten mit einer hohen *emotionalen Durchschlagskraft*. Diese Geschichten sind ihr im Café präsent; sie sind „verfügbar". An all die anderen Geschichten von Frauen, die einen negativen Befund oder einen unkritischen Krankheitsverlauf hatten, denkt sie nicht, vor allem, weil sie sie nicht kennt. Wer erzählt schon davon, dass nichts war? „Good news are no news!" Also sind in ihrer Erinnerung die schlimmen Geschichten überrepräsentiert und weil sie sogar einige der Betroffenen kennt, auch sehr prägnant. Sie hat keine Daten zur Verfügung, um ihren Ängsten zu begegnen, wie etwa die Wahrscheinlichkeit einer Erkrankung und dann die Wahrscheinlichkeit eines kritischen Krankheitsverlaufs. Sie hat nur Bilder. Diese Bilder wirken stark. Mit den Leidensgeschichten bekannter Frauen vor Augen und in Anbetracht ihrer eigenen ungewissen Situation kommt sie zu einer nach oben verzerrten Einschätzung der real eher geringen Chance, selbst am Anfang eines kritischen Krankheitsverlaufs zu stehen. Die Daumenregel wirkt. Es handelt sich um eine typische Verfügbarkeitsheuristik.

Zudem gibt es noch einen zweiten Effekt: Julia läuft Gefahr, aus Einzelbeispielen eine allgemeine Erkenntnis abzuleiten.

> Die Ableitung einer allgemeingültigen Erkenntnis aus einem empirischen Einzelbeispiel wird als „induktiver Schluss" bezeichnet.

So ein induktiver Schluss ist gefährlich. Er ähnelt der *voreiligen Mustererkennung*. Aber nur, weil uns zufälligerweise ein paar Einzelbeispiele einfallen, heißt das nicht, den grundsätzlichen Zusammenhang zu verstehen oder statistische Wahrscheinlichkeiten berechnen zu können. Und doch fallen wir immer wieder darauf herein: Da waren letzten Samstag die Brötchen etwas fad, also taugt der Bäcker nichts. Die Nachbarn erzählen von ihrem enttäuschenden Urlaub auf Teneriffa, also ist die Insel auch nicht mehr das, was sie einmal war. Und drüben wohnt ein Student, der immer bis mittags schläft – „wer studiert, ist zu faul zum Arbeiten".

Induktive Schlüsse von Einzelbeispielen auf die Gesamtheit sind ein Alltagsproblem. Sie passieren automatisch, denn wir wollen Muster erkennen, die unser Leben planbarer und berechenbarer machen. Wenn wir dann ein Muster ausgemacht haben, wissen wir im nächsten Einzelfall, „wie es ist". Das ist auch gut so. Das ist effizient. Und das ist falsch. Wir können das Ergebnis eines Vorfalls (oder was auch immer) immer nur mit einer gewissen Wahrscheinlichkeit abschätzen. Muster sind nur Muster, wenn sie zuverlässig auftreten. Und das wissen wir nicht durch die Beobachtung von Einzelfällen, das wissen wir nur, wenn uns repräsentative statistische Daten zur Verfügung stehen. Dazu müssten wir mehrere Wochen lang die Brötchen des Bäckers essen, um herauszufinden, ob die faden Schrippen letzten Samstag ein einmaliges Versehen waren, wir müssten uns mehr Informationen über die Zufriedenheit von

Teneriffatouristen besorgen und uns bemühen, weitere Daten über die Lebensgestaltung von Studenten zu beschaffen, um uns ein Urteil erlauben zu können. Das alles macht Arbeit, schützt uns aber vor der Falle des voreiligen, falschen und oft dümmlichen induktiven Schlusses. Darum: Hüten Sie sich vor dem Generalisieren punktueller Beobachtungen oder Ereignissen! Es sind immer nur *Einzelfälle*.

Fallen der medizinischen Prognostik

Paul Meehl ist so etwas wie ein Nestbeschmutzer. 1954 veröffentlichte der klinische Psychologe ein Buch über medizinische Prognostik und zeigte: *Ärzte haben keine Ahnung von Statistik* (Meehl 1954)! Natürlich hat er damit provoziert, denn er wollte aufrütteln. Doch haben sich die Statistikkenntnisse von Medizinern bis heute verbessert? Leider nein!

Der deutsche Ökonom Gerd Gigerenzer schlägt in die gleiche Kerbe (Gigerenzer 2014). Er ließ Gynäkologen einschätzen, mit welcher Wahrscheinlichkeit eine bei einer Mammografie positiv getestete Frau auch tatsächlich Brustkrebs habe. Ca. 80 % der Ärzte konnten die Wahrscheinlichkeit nicht ausrechnen, obwohl alle relevanten Daten vorlagen. Die meisten überschätzten sie und schlugen falschen Alarm. Wie das? Den teilnehmenden Ärzten wurden folgende Daten zur Verfügung gestellt: 1 % der Frauen haben Brustkrebs. Die Mammografie erkennt mit 90%iger Sicherheit einen Befall. Die Falschalarmrate beträgt somit 9 %. Nun hat eine ausgewählte Frau einen positiven Befund. Wie hoch ist die Wahrscheinlichkeit, dass sie tatsächlich Krebs hat? Nehmen wir an, dass 1000 Frauen getestet werden. 10 haben Brustkrebs, davon werden 9 erkannt. 990 haben keinen, aber immerhin 89 werden dennoch fälschlicherweise als positiv identifiziert. Und jetzt kommen wir zur Fehlerquote: 9 korrekt positive Bescheide zu 89 falsch positiven Bescheiden macht eine Quote von ca. 10 %. Es ist erstaunlich: Nur jede 10. Frau, die laut Diagnosebescheid positiv auf Brustkrebs getestet wurde, ist auch wirklich erkrankt!

Die Medizinbranche hat natürlich reagiert. Da Medizinern Statistik nur schwer beizubringen ist, wird die Qualität diagnostischer Verfahren durch immer komplexere (und teurere) Diagnoseverfahren verbessert.

Prozeduren werden vorgegeben, um unklare Verdachtsfälle zu überprüfen. *Computer* werten Bilder aus. *Kaskadierte Diagnosen* verhindern allzu voreilige Eingriffe. Sprich: Die Verantwortung, Diagnosen zu interpretieren, wird den Ärzten abgenommen. Gut so.

In einer anderen Untersuchung wurden Onkologen gefragt, wie hoch die Überlebenswahrscheinlichkeit von Leukämiepatienten sei. Diese Patienten unterschieden sich durch Alter, Vorerkrankungen oder Krankheitsverläufe. Ziel dieser Frage war, Patienten und deren Angehörigen eine Einschätzung des Nutzens einer Therapie zu ermöglichen. In über 90 % der Fälle war die Antwort neben einem „kommt darauf an" eine abstrakte Beschreibung der Wahrscheinlichkeit, von „nicht so gut" über „wir müssen die Entwicklung abwarten" bis „das lässt sich nur schwer schätzen". Nur sehr wenige Onkologen konnten eine präzise Auskunft in Form einer bezifferten Wahrscheinlichkeit geben, obgleich es ausgesprochen differenzierte Studien gibt, aus denen die Überlebenswahrscheinlichkeit unter Berücksichtigung der entscheidenden Parameter hervorgeht. Krankenversicherungen zum Beispiel, die solche Therapien genehmigen müssen, verfügen über diese Daten. Die Onkologen anscheinend nicht. Oder wollen sie nur ihre Patienten „schützen"? Wenn ja, wovor eigentlich?

Genug davon, bevor ich mich dazu hinreißen lasse, weiter zu schimpfen. Wer weiß schon, wann ich die Ärzte brauche?

> Was Sie jedoch mitnehmen sollten, ist die Erkenntnis, dass durchaus auch Fachexperten fehlerhafte Schlüsse ziehen können. Fragen Sie zukünftig konkret nach, worauf Ihr Arzt seine Einschätzung gründet.

Hat er *Daten* oder hat er eine *Meinung*? Und horchen sie kritisch auf, wenn Ihr Arzt einen Therapievorschlag mit seiner *Erfahrung* begründet. Vielleicht wendet er gerade eine Verfügbarkeitsheuristik an oder kommt lediglich zu einem *induktiven Schluss*.

Julia wird jedoch noch ein paar Tage länger in Sorge leben müssen. Sie bekommt keinen Befund vom Radiologen ausgehändigt; den erhält ihr Gynäkologe. Dieser wird sie über das Ergebnis informieren und sollte der Radiologe eine Auffälligkeit festgestellt haben, wird sie sich weiteren Untersuchungen stellen müssen. Außerdem ist sie in ihrer Furcht vor einer Krankheit gerade unempfänglich für Statistiken und Wahrscheinlichkeiten. Für sie fühlt es sich sowieso anders an: Sie kann nicht zu 30 % Krebs haben, für sie ist das Ereignis digital: Entweder … oder …

Statt sich mit Daten und Fakten zu befassen, liest sie beim Kaffee in Blogs, in denen betroffene Frauen über ihre Krankengeschichte berichten. Sie möchte mehr darüber erfahren, wie das Leben mit Krebs ist, mit abgenommenen Brüsten, mit Narben und Implantaten. Sie ist weit, weit weg von einer distanzierten, nüchternen Betrachtung der Situation und gefangen in einer Abwärtsspirale negativer Gedanken.

Nun, um diesem Kapitel den schalen Beigeschmack zu nehmen und um Sie nicht mit einem diffusen Druck in der Magengrube zurück zu lassen: Das Ergebnis von Julias Mammografie ist negativ. Es war eine harmlose Verhärtung. Julia ist gesund. Aber das weiß sie noch nicht.

Literatur

Gigerenzer, Gerd, 2014. Risiko: Wie man die richtigen Entscheidungen trifft (engl. Original: Risk Savvy). München: btb Verlag.
Meehl, Paul E., 1954. Clinical versus statistical prediction: A theoretical analysis and a review of the evidence. Minneapolis: University of Minnesota Press.

9

Fleiß, Fehler, Frust und Freunde

Schlüsselwörter Arbeitsfehler • Trade-off • Hierarchie • Shareholder Value • Resilienz • Big Five • Soziale Herde • Experten • Halo-Effekt

Der Besuch beim Radiologen und die „nach unten" gerichtete Gedankenspirale werden dazu beigetragen haben, dass Julia nicht immer bei der Sache war. Kaum zurück am Schreibtisch ist es ihr passiert – das, was in einer Unternehmensberatung nicht hätte passieren dürfen: Sie hat Dateien vertauscht und einem Kunden die internen Geschäftsdaten eines anderen Kunden gemailt. Und nicht sie hat es gemerkt. Es fiel erst auf, als der Chef selbst einen Anruf bekam. Schockschwerenot!

Die (Un-)Vermeidbarkeit von Arbeitsfehlern

So ein Fehler ist Julia noch nie passiert. Das ist eigentlich erstaunlich, denn er ist schnell passiert. Sie hat lediglich einen falschen Dateiordner geöffnet. Die Unterstrukturen sind in jedem Projekt die gleichen und die

Dateinamen sind ähnlich. Einerseits erleichtert dieses Verfahren, sich in all den Projekten zurechtzufinden, andererseits erhöht es die Gefahr einer Verwechslung. So wie jetzt.

Fehler wie dieser passieren. Manchmal sind sie folgenschwer, manchmal nur lästig. Lassen sie sich vermeiden? Ja, und dafür gibt es drei grundsätzliche Konzepte:

Das erste Konzept heißt *Kontrolle*. Hierfür wären die Prozesse entweder so zu gestalten,

- dass *Arbeitsschritte* überprüft werden, während sie ausgeführt werden, oder
- dass das *Arbeitsergebnis* vor der Übergabe an den nächsten Prozessschritt auf Plausibilität usw. kontrolliert wird.

So könnte der Chef anordnen, dass Mails, mit denen Dateien versendet werden, erst abgeschickt werden dürfen, wenn ein Zweiter die Richtigkeit geprüft hat; das klassische *Vier-Augen-Prinzip*. Das allerdings erhöht die Kosten einer Mail, denn der Kontrollaufwand kostet Zeit. Hier haben wir das, was die Ökonomen einen *Trade-off* nennen.

> Ein Trade-off ist eine Variablenwert-Schaukel. In diesem Fall sitzen auf einem Ende die Kontrollkosten und auf dem anderen die Fehlerkosten. Hoher Kontrollaufwand, geringe Fehlerkosten – niedriger Kontrollaufwand, hohe Fehlerkosten.

Also bietet sich das Vier-Augen-Prinzip nur dann an, wenn der Nutzen der Fehlervermeidung den zusätzlichen Aufwand rechtfertigt. Das aber ist nicht leicht festzustellen, denn wenn ein Fehler ausbleibt, kann ja nie mit Sicherheit gesagt werden, dass er ohne die Kontrolle nicht sowieso ausgeblieben wäre. Das ist wie mit der Beauftragung einer privaten Sicherheitsfirma bei einem Firmenevent: Es ist nichts passiert, sehr gut. Aber ist nichts passiert, weil die Security so abschreckend wirkte oder wäre ohnehin nichts passiert? Man kann nie wissen. Nur, wenn Erfahrungswerte vorliegen, also schon häufiger Fehler gemacht wurden, gibt es ein Maß für die „erlaubten" Kontrollkosten, nämlich das Produkt aus der

„Fehlerhäufigkeit in Relation zur Gesamtzahl der Events" und den Fehlerkosten.

Das zweite Konzept verlagert die Kosten vom Unternehmen auf diejenigen, die den Job erledigen, hier also auf Julia: Es sind Strafen, ökonomisch etwas schicker als *Sanktionen* tituliert. Wenn Julia wüsste, dass das fehlerhafte Versenden von Dateien einen Monatslohn kostet, würde sie sich vermutlich mehr konzentrieren. Würde dennoch ein Fehler passieren, wäre das für sie äußerst schmerzhaft. Die abschreckende Wirkung der Strafe reduziert die Häufigkeit von Fehlern.

Zwei Aspekte stehen dem zweiten Konzept im Weg: Der erste ist das *Arbeitsrecht*. Fast alle Strafen sind unpraktikabel, entweder, weil sie rechtlich nicht durchsetzbar sind oder weil es schwierig ist, mögliche Fehler im Vorfeld so exakt zu beschreiben, dass die dazugehörige Strafe (rechtssicher) akzeptiert würde. Der zweite Aspekt ist, dass das Unternehmen doch wieder einen Teil der *Fehlervermeidungskosten* tragen muss: Julia würde sich mehr Zeit für Selbstkontrollen nehmen beziehungsweise von sich aus Kollegen um einen prüfenden Schulterblick bitten, bevor sie eine Mail mit einem Dateianhang abschickt. Den Mehraufwand müsste das Unternehmen tragen, das die Arbeitszeit aller Beteiligten bezahlt.

Das dritte Konzept heißt *„Checklisten"*. Diese sind manchmal formalisiert, etwa die Checkliste, die Pilot und Copilot vor dem Start im Cockpit eines Flugzeugs durchgehen, oder nichtformalisiert, z. B. Ihre Einkaufsliste oder der Packzettel für den Urlaubskoffer. Checklisten sind ein wunderbares Instrument: Sie helfen sowohl, Fehler aufgrund einschläfernder Routine zu vermeiden, als auch bei komplexen Aufgaben oder solchen, die man nur selten erledigt. Die Aufbauanleitung für das Wohnzimmerregal, das sich Julia vorletztes Jahr gekauft hat, war so eine Checkliste für seltene, komplexe Aufgaben. Und sie ist ebenso nützlich wie jene für den Flugzeugmechaniker, aus der hervorgeht, wann er welche Schraube mit welchem Drehmoment anziehen muss, um das gewartete Triebwerk wieder zusammenzubauen.

Auch für Julias Mails könnte es eine Checkliste geben, vielleicht einen gelben Post-it am Bildschirm, der sie daran erinnert, kritische Mails noch einmal zu prüfen. Na gut, ich gebe zu, so richtig nützlich ist das nicht, aber Sie verstehen das Prinzip, oder?

Worauf ich an dieser Stelle noch einmal verweisen möchte, denn dies ist ein Buch über die Ökonomie des Alltäglichen, sind die *Kosten der Kontrolle*. Für das erste Konzept zur Fehlervermeidung, die Kontrolle, habe ich das beschrieben und den Trade-off aus Kontrollkosten und Fehlerkosten erläutert. Und auch für die zwei anderen Konzepte, die Verlagerung der Kosten durch Sanktionen und die Checklisten, lassen sich die Kosten leicht ausmachen. Sanktionen demotivieren und die zu sanktionierenden Fehler müssen zuvor ausführlich und aufwändig beschrieben werden, und die Checklisten kosten Zeit. Und so ist aus ökonomischer Sicht die Frage, wie viel Kontrolle sinnvoll ist, allenfalls theoretisch einfach zu beantworten.

> Die Kontrollkosten müssen niedriger sein als die Fehlerkosten, die sich aus dem Produkt von relativer Fehlerhäufigkeit und durchschnittlichen Einzelfehlerkosten ergeben.

Dies nennen wir in der Fachsprache ein „*Value-at-risk*"-Modell. Unternehmen werfen nun den Taschenrechner an, um solche Kalkulationen anzustellen. Versicherungsgesellschaften betreiben einen noch ungleich höheren Modellaufwand, denn die Ergebnisse ihrer Kalkulationen werden zu Preisen für Versicherungsleistungen, die am Markt angeboten werden. Aber wie sieht das im Alltag aus? Haben wir ein Gefühl für das Verhältnis von Kontroll- zu Fehlerkosten? Vermutlich eher selten.

Fassen wir zusammen: Arbeitsfehler passieren. Sie lassen sich mit organisatorischen Maßnahmen reduzieren, die aber Kosten verursachen. Doch gänzlich vermeiden lassen sich Fehler selten. Fragen Sie die Ingenieure Tschernobyls, die Konstrukteure der Titanic oder die Wirtschaftsprüfer, die Firmen wie Enron, Flowtex, Worldcom oder Wirecard geprüft haben!

Der Nutzen des Schimpfens

Wir müssen zu Julia zurückkehren. Ihr Tag war bisher wenig erbaulich und gleich nach ihrer Mittagspause bekommt sie noch einen eingeschenkt. Der Chef tobt wie selten. Natürlich ist sich Julia bewusst, welchen möglichen Schaden sie angerichtet hat. Der Ruf der Firma als diskret arbeitende Beratung steht auf dem Spiel, wenn nicht sogar Klagen oder Schadenersatzforderungen drohen. In jedem Falle stehen dem Chef äußerst unangenehme Termine bevor und in Anbetracht dessen möchte er Julia leiden sehen.

Als außenstehende Betrachter können wir seinen Frust verstehen. Wenn wir uns mit seiner Situation beschäftigen und uns in seine Lage versetzen, wird uns klar, dass Julias Arbeitsfehler folgenreich sein kann. Ihn auszumerzen wird Tage in Anspruch nehmen, Tage, an denen der Chef sonst hätte Geld verdienen können, sei es durch bezahlte Projektarbeit oder durch Akquisitionen. Was wir als Zuschauer normalerweise nicht goutieren, ist, dass er „tobt wie selten". Er brüllt Julia mit hochrotem Kopf an und läuft zeternd durchs Büro. Er, der konziliante Mittfünfziger, der ein Vorbild in Selbstkontrolle und Verständnis ist. Doch möchte ich an dieser Stelle nicht auf den naheliegenden Punkt eingehen, dass wir Außenstehende, Julia und der Chef die Situation aus dem jeweiligen Blickwinkel bewerten und wie schwierig es ist, über die Verhältnismäßigkeit der Reaktionen zu urteilen (selbst Profis wie Richtern fällt das schwer), sondern ich möchte Ihren Blick auf die „Ökonomie des Anmotzens" lenken. Schimpfen hat nämlich durchaus einen Nutzen. Schimpfen ist eine Form der Sanktion: Julia wird persönlich erniedrigt und da es alle im Büro mitbekommen, auch in der sozialen Gruppe gebrandmarkt. Es ist ein auf mehreren Ebenen negatives Gefühl, das Julia, aber auch alle anderen, die die Szene mitbekommen, zukünftig vermeiden wollen. Das Schimpfen erfüllt somit den Zweck, ein Vorgeschmack der Bestrafung bei zukünftigem Fehlverhalten zu sein und kann dazu führen, dass sich alle Beteiligten mehr anstrengen. Die Kunst ist nun, das richtige Maß zu finden: Wird die Strafe als unverhältnismäßig empfunden, leidet das Vertrauensverhältnis zum Chef und die Opferbereitschaft geht zurück. Vermutlich lähmt die Angst auch die Innovationsfreude, die Ausprobieren, Verschieben von Grenzen und damit auch eine gewisse Fehlerwahrscheinlichkeit einschließt, aber unabdingbar für Entwicklung ist.

Was heißt das? Die Sanktionierung eines Fehlers ist sinnvoll. Schwierig ist es, das richtige Maß zu finden und die Strafe so anzusetzen, dass sie einerseits abschreckend wirkt und zu mehr Selbstkontrolle und Achtsamkeit führt und andererseits nicht lähmt und persönliche Beziehungen oder das Arbeitsklima nachhaltig belastet.

Warum gibt es Hierarchien?

Julia schämt sich und würde dem Chef die anstehenden unangenehmen Termine und Telefonate gerne abnehmen. Immerhin hat allein sie den Fehler begangen. Aber mal ehrlich: Welcher geschädigte Kunde möchte eine Entschuldigung der Teamassistentin hören? Was wäre Julias Abbitte wert? Sie steht in der *Hierarchie* ganz unten.

Hierarchien finden wir in allen Lebensbereichen: In der Familie gibt es eine Hierarchie, in Vereinen, in Cliquen, aber natürlich auch in Unternehmen, Regierungen oder mafiösen Vereinigungen. Mit der ökonomischen Bewertung der Hierarchie als solches beschäftigen wir uns weiter unten. Zunächst richten wir den Blick auf die Wirkung nach außen! Rangordnungen haben zweifellos eine solche Signalwirkung. Dazu müssen Hierarchien kenntlich gemacht werden. Hierfür haben wir in jedem Kulturkreis Techniken entwickelt: Der Indianerhäuptling trägt den opulentesten Federschmuck, die Dienstgrade in einer Armee werden auf den Schulterklappen angezeigt oder das Tragen bestimmter Kleiderfarben (z. B. Purpur) ist Oberhäuptern vorbehalten. Manchmal sind es formale Titel, die bestimmte definierte *Rechte und Pflichten* einräumen. „Geschäftsführer" oder „Vorstand" sind solche Titel. Wer einen solchen auf der Visitenkarte stehen hat, gibt seinen Status zu erkennen. Er übernimmt damit auch nach außen sichtbar – etwa gegenüber den Kunden – Verantwortung, z. B. für das Handeln der Angestellten in einem Unternehmen, und Julias Chef ist als Geschäftsführer der Unternehmensberatung verantwortlich für den Fehler, den seine Mitarbeiterin machte.

Das Klarstellen von *Verantwortlichkeiten* in einer Hierarchie ist aber nicht nur nützlich, wenn Fehler passieren. Auch dann, wenn die Organisation mit anderen Organisationen interagiert, ist von Bedeutung zu wissen, wer welche Position einnimmt. Im Vertrieb heißt es: „Der Häuptling spricht nur mit Häuptlingen!" und gemeint ist, dass Führungskräfte des einen Unternehmens sich nicht mit den Gemeinen des anderen treffen sollten. Warum? Weil sie dann als Gesprächspartner für die anderen Führungskräfte „verbraucht" sind. Sie halten das für überholt? Nun, sprechen Sie mit Vertrieblern! Deren Motivation ist natürlich, mit den hierarchisch am höchsten stehenden und erreichbaren Personen zu sprechen. Diese besitzen die größtmöglichen Handlungsrechte in der von ihr vertretenen Organisation. Als Verkäufer mit dem Einkaufsleiter zu sprechen ist in der Regel besser, als mit einem Junior-Einkäufer zu reden, denn der Leiter hat mehr *Handlungs- und Entscheidungsrechte*. Oder: „Warum mit Hänschen reden, wenn man auch mit Hans sprechen könnte?"

Kommen wir nun zur Wirkung von Hierarchien nach innen und ich frage Sie: Kennen Sie ein Unternehmen, das nicht hierarchisch organisiert ist, also mit einem „Big Boss" an der Spitze, Leitern darunter, weiteren Unterleitern, Unterunterleitern usw.? Nein. Warum ist das so? Tatsächlich gab und gibt es Versuche, andere Führungsmuster zu leben. Demokratie im Kibbuz, Arbeiterselbstverwaltung in Jugoslawien, Genossenschaften oder sozialistische Kollektivbetriebe. Doch Halt! Alle genannten Beispiele sind gar keine, denn in allen gab oder gibt es sehr wohl eine *Führungsstruktur*. Diese wird auf Zeit bestimmt und das ist auch bei einer GmbH oder einer Aktiengesellschaft so. Der Unterschied ist lediglich die Frage, mit welchem Prozedere bestimmt wird, wer das Unternehmen leitet. Mal sind es die Mitarbeiterinnen und Mitarbeiter, mal die Eigentümer, unabhängig davon, ob sie selbst im Unternehmen mitarbeiten. In unserem Wirtschaftssystem sind es Letztere, die in erwerbswirtschaftlich ausgerichteten Unternehmen die oberste Führung berufen. Sie beauftragen Personen mit der Geschäftsleitung, von denen sie annehmen, dass sie geeignet sind, die Interessen der Eigentümer zu wahren. Und welche sind das?

Eigentümer erwarten, dass Führungskräfte der Unternehmen, die Ihnen gehören, erstens für *Gewinne* sorgen und zweitens den *Substanzwert* des Unternehmens steigern. Beides zusammen ist der *Shareholder Value*.

Warum hat sich die Hierarchie als Standardorganisation von Führung durchgesetzt? Die Antwort ist simpel: Es hat sich bewährt! Nie hat sich eine auch nur annähernd so effiziente, erfolgreiche und für alle Beteiligten befriedigende Struktur etablieren können. Warum das so ist, erklärt jede Wissenschaftsdisziplin auf ihre eigene Weise. Ökonomen führen die Effizienz und Effektivität an, die sich in Parametern wie Schnelligkeit, Klarheit, Missverständnisfreiheit oder Eindeutigkeit bei der Zuordnung von Verantwortlichkeiten und Handlungsrechten ausdrückt. Soziologen werden eher das psychische Bedürfnis des Menschen anführen, sich einer Gruppe zugehörig zu fühlen und dabei nach jemandem zu suchen, der Regeln vorgibt und damit Sicherheit vermittelt, und die Biologen kommen mit dem Urtrieb vieler Lebewesen um die Ecke, einem Führer folgen zu wollen, der Grenzen verteidigen kann. So ist das im Affenrudel, in der Wildschweinrotte, in der Pferdeherde oder im Vogelschwarm. Ach nein, da nicht. Haben Vögel eigentlich einen Chef?

Resilienz ist wichtig

An Julias Chef bleibt der Stress hängen. Und im Grunde genommen akzeptiert sie es, dass er sich nun an ihr abreagiert. Sie ist sich sicher, dass das Donnerwetter, das sie jetzt ertragen muss, auch ihre Strafe ist. Es dräuen keine Folgen. Sie schätzt ihren Chef und weiß, dass er nicht nachtragend ist.

Dieses Wissen gibt ihr die Kraft, sein Schimpfen und die Blamage vor den Kolleginnen und Kollegen zu ertragen. Ihr Fehler wird noch eine Weile für Diskussionsstoff sorgen, aber schon in ein paar Tagen wird er nur noch eine Anekdote sein, eine von jenen, die die Firmenhistorie ausmachen. Auch Julia und ihr Chef werden ihren individuellen emotionalen Schock, den dieses Ereignis auslöste, überwunden haben und der Alltag wird zurückkehren. Man wird wieder Späßchen miteinander machen, lockeren Smalltalk abhalten, in der Mittagspause zu Starbucks gehen und Kaffees mit unaussprechlichen Namen bestellen.

> Diese Fähigkeit, nach einem emotionalen Schock zum emotionalen Ausgangszustand zurückzukehren, nennen wir Resilienz und sie ist im sozialen Umgang eine wichtige Größe.

Da ist zunächst die Bedeutung für jeden einzelnen: Menschen mit hoher Resilienz sind schneller wieder im Normalzustand. Sie schmollen nicht lange, sie stören den Betriebsfrieden nicht mit ihrem Gemecker, nur, weil sie vermeintlich ungerecht behandelt wurden, und sie sind in der Lage, zu verzeihen. Dies wirkt sich auch quantitativ auf ihre Arbeitsergebnisse aus. Resiliente Mitarbeiterinnen und Mitarbeiter leisten tendenziell mehr. Resilienz hat also auch eine Bedeutung für das Unternehmen. Und das umso mehr, je anfälliger eine Unternehmensorganisation für innere oder äußere Schocks ist.

Ein interessantes Szenario sind hier *Start-ups*: Unsicherheit auf mehreren Ebenen, noch fehlende Rituale, Unerfahrenheit und das Gefühl, beobachtet zu werden (von den Investoren, der Familie usw.) führen zu einem oft zu beobachtenden „robusten" Umgang des Gründerteams miteinander. Resilienz ist hier von besonderer Bedeutung. Emotionale Blockaden, Rachegefühle oder die ständige Suche nach einem gerechten Ausgleich würden dem zarten Pflänzchen schaden. Doch in einem Startup arbeiten meist Menschen, die sich bewusst entschieden haben, das Tohuwabohu einer Gründungsphase miterleben zu wollen. Wir dürfen hier auf den Selbstselektionseffekt vertrauen. Darum ist mein Mitleid mit ihnen ebenso gering, wie mein Respekt vor all diesen Mutigen groß ist.

Ein anderes Szenario sind Unternehmen in Krisensituationen. Die Märkte brechen weg, Kurzarbeit, Gerede über eine drohende Insolvenz … wen lässt das schon kalt? In solchen Situationen beobachten wir einen Verfall der Umgangssitten. Positionierungskämpfe, Gerangel um die Meinungshoheit und das Infragestellen von Hierarchien sind üblich. Die Krise auf Unternehmensebene wird hier oft durch eine Krise auf interpersoneller Ebene gespiegelt. Es ist zwar kein Automatismus, doch regelmäßig ist zu beobachten, dass mit Unternehmenskrisen eine Zunahme zwischenmenschlicher Konflikte einhergeht. Hier ist eine ausgeprägte Resilienz der entscheidenden Mitarbeiterinnen und Mitarbeiter, also der „grauen Eminenzen" und der Meinungsführer, wünschenswert, um den drohenden Dominoeffekt negativer Wirkung zu stoppen und zu verhindern, dass die allgemeine Frustration dem Versuch eines Turnarounds entgegensteht.

Und wie kann man Resilienz lernen? Wahrscheinlich geht das nur in geringem Maße. Einige Psychologen versuchen sich immer wieder an Schulungsansätzen, die an Psychotherapien erinnern und genauso lange dauern. Vermutlich, und bitte vergessen Sie nicht, dass ich Ökonom und mit Sicherheit kein Experte auf diesem Gebiet bin, ist Resilienz in hohem Maße angeboren, also eine Charakterfrage.

Die fünf zentralen Persönlichkeitsmerkmale

Das bringt mich ohne spürbaren Übergang zu der Frage, welche weiteren Persönlichkeitsmerkmale einen Menschen wie Julia (und Sie und mich) ausmachen. Denn eine ausgewogene, integrationsbereite und „produktive" Persönlichkeit gehört zweifellos zum Humankapital eines jeden Menschen, das er in die Firma, in seine Familie, seinen Freundeskreis oder die Gesellschaft einbringt.

> Mit der individuellen Ausprägung von fünf Faktoren lässt sich die Persönlichkeit eines Menschen recht treffsicher beschreiben: Geselligkeit, (soziale) Verträglichkeit, Offenheit für Erfahrungen, emotionale Labilität und Gewissenhaftigkeit.

Schauen wir uns die fünf Faktoren, die als die Big Five bezeichnet werden, einmal näher an (Neyer und Asendorpf 2018):

- Da ist als erstes die *Geselligkeit* („Extroversion"). Interessanterweise ist eine andere Bezeichnung für diese Dimension die „Begeisterungsfähigkeit" und ich finde, diese beschreibt eher die Qualität, auf die es ankommt. Wer will schon mit Menschen zu tun haben, die für nichts und niemanden „brennen"? Menschen mit einer hohen Ausprägung in dieser Dimension zeigen sich gesprächig, aktiv, optimistisch und sind meist lustig drauf.
- Dann wäre da noch die *Verträglichkeit*, die sich direkt an die erste Dimension anschließt. Auch diese Dimension betrifft die Fähigkeit zu

sozialer Interaktion. Verträgliche Menschen sind hilfsbereit, kooperativ, teamfähig und zeigen Mitgefühl. Das Gegenteil wäre ein Egozentriker.
* Als drittes hätten wir die *Offenheit* für neue Erfahrungen. Offene Menschen probieren aus, sind interessiert, testen und sind bereit, ihre vorgefassten Meinungen und Urteile zu hinterfragen. Solche Menschen braucht man in Veränderungssituationen, wenn eine Umorganisation ansteht.
* Die nächste Dimension ist die *emotionale Labilität* („Neurotizismus"), das einzige Persönlichkeitsmerkmal, bei dem wir auf die Skala achten müssen: Hier ist ein höherer Wert schlecht. Neurotische Menschen sind emotional instabil, oft ängstlich, nervös und angespannt. Sie fokussieren sich auf negative Gefühle und sind daher auch misstrauisch. Resilient sind Menschen, die zu Neurotizismus neigen, jedenfalls nicht.
* Zuletzt bleibt meine persönliche Lieblingsdimension (Raten Sie, warum!): Die *Gewissenhaftigkeit*. Ihre Grundlage ist die Disziplin. Genauigkeit, Ordnung oder Strukturiertheit sind hier beschreibende Substantive, jedoch ohne in Pedanterie abzugleiten.

Wissenschaftler gehen davon aus, dass die individuellen Ausprägungen in diesen fünf Dimensionen etwa zur Hälfte auf erbliche Faktoren zurückzuführen sind und die andere Hälfte auf Umweltfaktoren wie Familie, frühkindliche Erfahrungen, Sozialisierung usw. Auch gehen sie davon aus, dass die Persönlichkeit bereits beim Eintritt ins Berufsleben weitestgehend ausgeprägt ist und nur noch geringe Anpassungen möglich sind. Erst im Alter kann sich unsere Persönlichkeit wieder in etwas stärkerem Maße verändern, ausgelöst durch eine Destabilisierung der eigenen Position im sozialen Leben. Die messbare Stabilität der Persönlichkeitsmerkmale gleicht somit einer umgedrehten U-Funktion: In jungen Jahren sind die Big Five wandelbar, im Berufsalter stabil und im Alter wieder flexibler. Eine bewusste Veränderung ist aber auch dann kaum möglich und wer ein Leben lang introvertiert war, kann sich keine Extrovertiertheit antrainieren. Wir sind, wie wir sind.

Was heißt das nun für Unternehmen? Da sich die Big Five recht gut mit einfachen Methoden (standardisierten Tests) bestimmen lassen, ist es in vielen Auswahlverfahren (Assessment-Centers) üblich geworden, sich neben anderen Aspekten mit deren Hilfe auch ein Bild über die Persönlichkeit zu verschaffen. Ein Bewerber für eine Position im Controlling, der nicht gewissenhaft ist? Oder ein ungeselliger Vertriebler? Das muss nicht sein. Damit keine Missverständnisse aufkommen: Es gibt im Setting der Faktoren kein „gut" oder „schlecht", weder bei den Skalenausprägungen noch in toto. Passen muss es!

Bei Julias Einstellung gab es keinen solchen Fragebogen. Julias Chef hat aber sehr wohl darauf geachtet, ob Julia das mitbringt, was es für die zu besetzende Stelle braucht. Gewissenhaftigkeit war wichtig, und wie wichtig, zeigt sich gerade. Offenheit für Erfahrungen, na ja, das war weniger wichtig als zum Beispiel die Geselligkeit und die Verträglichkeit. Zu Julias Job gehört über die fachlichen Anforderungen hinaus auch, dem Team unterstützend zur Seite zu stehen. Es prasseln viele Anfragen auf sie herein, von „Kannste mal 'nen Kaffee machen?" bis zu „Würdest Du bitte einmal nach Insolvenzen mittelständischer Formschaumanbieter in Osteuropa recherchieren?" Da sind breite Schultern, Flexibilität und ein ausgleichendes Wesen gefragt. Julia hat das. Darum schätzt ihr Chef sie.

In der Herde ist man sicher

Doch so sozial verträglich und resilient Julia auch sein mag – emotional „durch" ist sie mit den Folgen ihres Arbeitsfehlers noch nicht. Der Arbeitstag neigt sich dem Ende entgegen und sie spürt dieses Magendrücken, diesen Wunsch, alles ungeschehen zu machen, diese unbestimmte Furcht, dass da doch noch etwas kommen könnte. Vielleicht bricht ein Unternehmen das laufende Projekt ab? Gibt es rechtliche Probleme? Sie weiß es nicht und in ihrer Unsicherheit sucht sie Halt.

> Diesen Halt bietet ihre soziale Gemeinschaft. Ich habe diese weiter oben schon oft als *„Herde"* bezeichnet, nicht, um sie abzuwerten, sondern im Gegenteil, um ihre Bedeutung hervorzuheben.

Wir alle leben in einer Herde, sogar in mehreren gleichzeitig. Unsere Familie ist eine Herde, unser Kollegenkreis, die Kumpels im Fanblock oder die Radsportfreunde, mit denen man sich am Wochenende für eine

Rundfahrt trifft. Das alles sind in sich geschlossene Zirkel, in denen es Hierarchien, Regeln, Funktionsträger, Aufgaben, Rechte und Pflichten gibt.

Herden sind ausgesprochen nützlich. Sie schützen vor Fehlern, unterstützen bei externen Schocks, weisen uns die Richtung und geben ein Gefühl der Sicherheit. Herden sorgen auch für Informationsaustausch. Viele wissen mehr als der Einzelne. Nicht umsonst sprechen wir von Schwarmintelligenz, wenn wir ausdrücken wollen, dass Gruppen Informationsvorteile bieten.

Allerdings verursachen Herden auch Kosten. Die Vorteile sind nicht umsonst zu haben. Auch hier gilt: Alles hat seinen Preis! („There's no free lunch.") Herden verpflichten. Sie verpflichten zu einem Beitrag, den jeder leisten muss, zu opportunistischem Verhalten, zu Folgsamkeit und zuweilen wird die Zugehörigkeit von Außenstehenden bestraft. Zu diesen Kosten gehört auch das schlechte Gewissen, weil man Mittäter wird, wenn die Kumpels aus Jux eine Hauswand besprühen, das Befolgen von skurrilen Verhaltensregeln in einer Studentenverbindung oder der immer lästiger werdende sonntägliche Besuch bei den Eltern.

Heute braucht Julia ihre Mutter. Sie ruft sie noch vom Büro aus an und schildert ihr, was passiert ist. Ihre Mutter war Schneiderin, also nicht vom Fach, doch das ist jetzt egal. Sie braucht ein offenes Ohr, eine Schulter, Trost und keinen fachlichen Rat. Ökonomisch ausgedrückt fordert Julia nun eine quantitativ nicht bewertbare Dienstleistung von einem anderen Herdenmitglied ein. Der Preis sind weitere Sonntagsbesuche.

Das Gespräch dauert lange, und am Ende fragt Julia ihre Mutter, was sie denn jetzt tun solle. Ihre Mutter kann ihr keinen Rat geben, aber das erwartet Julia auch nicht. Doch ihre Mutter schafft es, Julias Blickwinkel auf das Problem zu verändern. Ihre Fragen holen Julia aus ihrer *Gedankenschleife* heraus. Nicht alle Fragen sind wirklich clever, manche sogar naiv, aber Julia verändert mit jeder Frage ihre Gedankenstruktur. In diesem Telefonat passiert also genau das, was eine Unternehmensberatung oft bei ihren Kunden triggert. Hier ist Julia der Kunde und ihre Mutter ist die Beratung. Durch Fragen verändert der Klient seine Sichtweise, wird aufgefordert, Sachverhalte anders zu bewerten. Sogar in der Wissenschaft ist das ein übliches Vorgehen:

> Wann immer Forscher sich einer Sache zu sicher sind und dahin tendieren, nur noch ihre vorgefassten Meinungen bestätigen zu wollen (Bestätigungsverzerrung), üben sie sich in kontraintuitivem Denken. Sie tun so, als sei das Gegenteil des Erwarteten richtig.

Dann war Donald Trump ein Segen für die Menschheit, ist der CO_2-Ausstoß nützlich für das Klima und Julias Versehen mit der Mail hat die Kundenbeziehung gefestigt. Diese Hypothesen gilt es dann zu überprüfen, und die *Gefahr einer Bestätigungsverzerrung* ist gebannt.

Julia ist ihrer Mutter dankbar. Sie fühlt sich besser. Auch Julias Resilienzfähigkeit zahlt sich aus. Nicht, dass sie wieder „Atemlos durch die Nacht" pfeifen könnte, aber ihre depressive Stimmung ist verflogen. Danke, liebe Herde!

Nun möchte ich gerne das Sumpfland zwischen Wirtschaftswissenschaften und Psychologie verlassen. Es ist das Gebiet, das *Verhaltensökonomie* genannt wird und wir haben in diesem Buch schon einige Abstecher in diese Region unternommen. Sumpfland? Ja, so fühlt es sich zuweilen an. Die Wege sind nicht fest, sondern schwammig, schwierig zu finden, es gibt keine Markierungen und nur wenige *Gesetzmäßigkeiten*, auf die man sich als Forscher verlassen könnte. Über 50 Jahre ist diese Wissenschaftsdisziplin nun alt und noch immer wissen wir nur wenig über das *nicht-rationale Verhalten von Menschen* im Kontext ökonomischer Fragestellungen. Dieses bleibt uns rätselhaft, was sich beispielsweise darin zeigt, dass Werbewirkungen nach wie vor ein Ratespiel sind. Großartige Wissenschaftler wie Kahneman, Tversky oder Thaler haben daran gearbeitet, den Sumpf trocken zu legen (siehe hierzu bspw. (Kahneman 2016)). Gerne würden wir ihn umgehen und auf den sicheren Pfaden solider Erkenntnisse wandeln. Doch entkommen können wir ihm nicht. Wir werden sehen …

Experte oder nicht, das ist hier die Frage

Vermutlich unterstellen wir Julias Mutter nicht, *Expertin* für Fragen des Büromanagements oder der Personalführung zu sein. Wenn Julia sie anruft, dann vor allem, um ihr Herz auszuschütten, um zu erzählen und um zu hören, dass alles wieder gut wird. Hierfür braucht sie keinen fachlichen Experten, sondern einen familiären Experten, der sie kennt und sich voller Empathie mit ihren Emotionen auseinandersetzt.

Was ist eigentlich ein Experte? Wann darf man Expertise vertrauen und vor allem, wann besser nicht?

Dem Wirtschaftsnobelpreisträger Herbert Simon hat diese Frage keine Ruhe gelassen. Er hat lange nach Indikatoren gesucht, die anzeigen, wann eine Person als Experte gelten darf. Er hat mit Schachspielern experimentiert, Nobelpreisträger interviewt und Mathematiker vermessen. Am Ende seiner Forschungen fand er das Ergebnis, das aber so unscheinbar klingt, dass uns leicht ein „das war doch klar" herausrutscht. Simon reduzierte Expertise auf zwei notwendige Bedingungen (Simon und Gobet 1996):

1. Expertise verlangt *langjährige Beschäftigung* mit einem Thema.

Das klingt einleuchtend. Aber was ist „langjährig"? Auch hierzu gibt es zahlreiche Forschungen und eine gewisse Einigkeit, dass wahres Expertentum eine Arbeit von 10.000 Stunden am und im Thema voraussetzt. Das ist selbstverständlich kein exaktes Maß, sondern nur eine Richtgröße, aber wir begegnen diesem Wert immer wieder: 10.000 Stunden bedeuten bei acht Stunden täglicher Arbeit und 230 Arbeitstagen pro Jahr 5,5 Jahre. Das ist ungefähr jene Zeit, die es braucht, bis ein Facharbeiter einen Meisterbrief erhält. Das ist auch ungefähr die Zeit, die ein Studium (Bachelor plus Master) dauert und das ist die Zeit, die eine talentierte Cellistin braucht, um bei täglicher Übung so gut zu werden, dass sie in einem einigermaßen renommierten Orchester angestellt wird. Expertise braucht Zeit, um zu wachsen. Was heißt das im Umkehrschluss? Eine Person, die nicht diese langjährige Erfahrung besitzt, ist kein Experte, auch, wenn sie es gerne wäre. Wenn Sie also einen Expertenrat benötigen, fragen Sie, wie viel Erfahrung jemand mit dem jeweiligen Thema besitzt!

Was ist nun mit dem Ausdruck „... *mit einem Thema*" gemeint?. Expertise verlangt, dass die Person, die Experte ist bzw. sein will, sich auch tatsächlich mit dem betreffenden Thema beschäftigt hat, nicht nur „so ungefähr". Nur dann hat sie sich Expertise angeeignet. Zu einem virtuosen Jazztrompeter wird man nicht, wenn man jahrelang Jazzmusik hört. Zu einem Experten für Brustkrebstherapien wird ein Arzt nur, wenn er auch jahrelang Erfahrung mit Brustkrebstherapien sammelt. Es reicht nicht, dass er bereits seit 20 Jahren unspezifisch praktiziert.

Kommen wir zu Simons zweiter notwendigen Bedingung:

2. Die Umwelt muss *stabil* sein.

Das klingt merkwürdig, fast schon wie eine dieser theoretischen Nebenbedingungen, die Physiker gerne aufstellen, damit ihre Theorien gelten dürfen. Doch ist dieser zweite Bestandteil der Simon'schen Definition von Expertise sehr wichtig: Er verlangt *Kontinuität für die Zukunft*, zumindest in einem gewissen Rahmen. Ein Rat darf nur als Expertenrat gelten und ist damit als Entscheidungsgrundlage „belastbar", wenn die Zukunft ungefähr so ist, wie wir sie erwarten dürfen. Wenn die Zukunft hingegen unbekannt ist, die Entwicklung nicht prognostizierbar ist oder Zustände zu erwarten sind, die der Experte nicht kennen und einschätzen kann, ist sein Rat wenig wert. Es gibt also keinen Experten für einen Markt für Teleportation, denn niemand hat sich jahrelang damit beschäftigt, und wenn das „Beamen" wie bei Raumschiff Enterprise erfunden wird, dürfte die Welt, wie wir sie kennen, sich grundlegend verändern. Die Umwelt destabilisiert sich durch dieses disruptive Ereignis und somit kann es keinen Experten dafür geben.

Nun möchte ich mit Ihnen noch einen Schritt weiter gehen. Was ist, wenn wir einen Experten um Rat fragen? Dürfen wir seinem Rat trauen, wenn er die beiden Simon'schen Anforderungen an Expertise erfüllt, er also lange Jahre Erfahrung besitzt und die Zukunft einigermaßen stabil erscheint? Die Antwort ist: Vielleicht! Er ist dann zwar Experte, aber damit sein Ratschlag auch als verlässlich gelten darf, kommen zwei weitere Voraussetzungen hinzu.

3. Der Experte darf mit seinem Ratschlag *keine Eigeninteressen* verfolgen.

Eigeninteressen verzerren seinen Rat, oft sogar, wenn der Experte das gar nicht möchte. Der Facharzt möchte individuelle Gesundheitsleistungen verkaufen, der Anlageberater möchte seine Fonds verkaufen, der neue

Versicherungsvertreter möchte alle Altverträge kündigen, weil er an Neuabschlüssen verdient, der Vater rät dem Sohn, beruflich in seine Fußstapfen zu treten, weil das seine Lebensgeschichte bestätigt und die Freundin rät, sich vom Partner zu trennen, weil sie selbst alleinstehend ist und sich besser fühlt, wenn andere um sie herum auch Single sind. Eigeninteressen müssen also nicht nur kommerzieller Natur sein. Auch die Selbstbestätigung ist ein Eigeninteresse und darum sind Ratschläge von engsten Freundinnen und Freunden gefährlich. Also: Prüfen Sie sehr sorgfältig die *Motive* Ihrer Ratgeberin oder Ihres Ratgebers! Oft gibt es verborgene Absichten, die berühmt-berüchtigte *„Hidden Agenda"*.

Und so kommen wir zur vierten Anforderung an einen Experten, damit wir seinem Rat trauen dürfen:

4. Der Experte muss bereit sein, bei seinem Rat *unsere individuelle Situation* zu berücksichtigen.

Die Hypothese hinter dieser Anforderung ist, dass ein Ratschlag umso besser ist, je mehr er die spezifischen Parameter des Ratsuchenden berücksichtigt. Wenn wir das akzeptieren, ist die Bereitschaft des Arztes (des Bankers, der Freundin oder des Kollegen), der uns einen Rat erteilen möchte, wichtig, unsere Situation verstehen zu wollen. Erkennen können wir diese Bereitschaft leicht: Der Experte stellt Fragen! Er interessiert sich für uns und unsere Situation. Seinen Rat macht er von unseren Antworten abhängig. Stellt er keine Fragen und hört sich der Rat folglich nach einer pauschalisierten Empfehlung an, dürfte diese weniger belastbar für eine anstehende Entscheidung sein.

Was heißt das nun? Viele Experten sind keine und täuschen Expertise nur vor, um ihre eigenen Interessen durchzusetzen oder um wenigstens irgendwie „wichtig" zu sein. Dabei machen wir es ihnen leicht, denn nur allzu leicht vermuten wir Expertise, wenn der Rahmen des Auftritts passt. Das hat sogar einen Namen: Der „Halo-Effekt". Durch zugeschriebene Attribute, Kleidung, Auftreten oder Behauptung ahnen wir den Glorienschein um das Haupt solcher Menschen. Priestern, Ärzten, Anwälten, Professoren, Richtern, „alten Hasen" oder Unternehmensberatern wird ein solcher Glorienschein zugeschrieben und wir trauen ihren Aussagen mehr als jenen anderer. Auch hier beugen wir uns der Effizienz des Alltags, akzeptieren eine bestimmte Ausstaffierung einer Person als Zeichen von Expertentum und sparen uns die Kontrolle.

Sie wissen nun Bescheid und haben ab sofort eine Vier-Punkte-Checkliste an der Hand, um beim nächsten Expertenrat zu prüfen, wie belastbar er tatsächlich ist. Das könnte auch Julia nutzen, wenn sie sich ernsthaft über arbeitsrechtliche Konsequenzen ihres Fauxpas Sorgen machte. Sie würde einen Anwalt anrufen, und zwar einen Fachanwalt für Arbeitsrecht, der langjährige Erfahrung besitzt, und sie würde darauf achten, dass er ihr geduldig Fragen zu ihrem konkreten Problem stellt. Nicht ausschließen kann sie allerdings, dass der Anwalt möglicherweise ein Eigeninteresse hat. Er könnte Julia beispielsweise nur oberflächlich beraten, weil der Fall kein nennenswertes Honorar für ihn verspricht.

Nein, Julia braucht keinen Anwalt. Folgen hat ihr Fehler für sie nicht, jedenfalls keine gravierenden. Gut so.

Literatur

Kahneman, Daniel, 2016. Schnelles Denken, langsames Denken. München: Penguin (auch: Siedler), jeweils aktuelle Auflage.

Neyer, F. J. & Asendorpf, J. B., 2018. Psychologie der Persönlichkeit. 6. Auflage. Berlin: Springer.

Simon, Herbert A. & Gobet, F., 1996. Expert Chess Memory: Revisiting the Chunking Hypothesis. Memory, Ausgabe 6, Seite 225–255.

10

„Sie haben es sich verdient!" oder der Preis des Wohlgefühls

Schlüsselwörter Nutzen- und Zielfunktion • Preisfindung • Preis-Absatz-Funktion • Preiselastizität der Nachfrage • Dienstleistung • Vertrauen • Sach- und Dienstleistungen

Es ist Feierabend. Zum Glück. Der Tag war anstrengend für zwei. Nicht körperlich, eine Gärtnerin muss härter anpacken, aber ausgelaugt fühlt sich Julia doch. Sie hat auch keine Lust, zum Alltag überzugehen. Sie möchte sich „etwas gönnen", damit sie zur Ruhe kommt und abschalten kann. Und für genau diesen Zweck hat sie eine gute Idee: Eine Stunde bei der Kosmetikerin. Eine Gesichtsbehandlung. Oh, das wäre jetzt genau das Richtige. Die weiche, beheizte Liege mit der leisen Musik im Hintergrund, die Entspannung, die Berührungen, der feine Geruch der Masken, dieses Gefühl, wenn sich jemand Zeit nimmt, … es tut jetzt schon gut. Julia greift zu ihrem Smartphone, ruft die Kosmetikerin an und tatsächlich hat sie Glück und kann gleich vorbeikommen. Eine andere Kundin hat abgesagt. Das passt gut. Sie schaltet ihren Rechner aus und geht quer über die Straße in den ersten Stock des Hauses, in dem es im Erdgeschoss diese Kaffees mit den irren Namen gibt. Im Kosmetikstudio angekommen begrüßt sie Irina, die die Gesichtsbehandlung machen wird. Julia zieht ihre Bluse aus, bekommt einen Make-up-Umhang umgelegt, legt sich auf die weiche, warme Liege und es geht sanft und einfühlsam los. Herrlich!

Was darf eine Gesichtsbehandlung kosten?

Was genau leistet sich Julia hier? Ist es die dermatologische Zuwendung zu einer empfindlichen und durch den Alltag strapazierten Hautpartie, dem Gesicht, in der Hoffnung, dass dieses noch möglichst lange dem westeuropäischen Schönheitsideal entspricht – faltenfrei, feinporig und ohne Muttermale und Pickel? Oder ist es die mechanische Stimulation des Bindegewebes und der Muskelpartien, sei es, um überflüssige Lymphflüssigkeit abzuleiten oder um Verspannungen der feinen Gesichtsmuskeln zu lockern? Oder ist es das Gefühl der Entspannung? Oder das Gefühl der Zuwendung durch eine andere Person? Oder ein Mix aus allem?

So recht ist der Kern der Leistung, die Julia im Kosmetikstudio erwirbt, nicht festzumachen. Der „Nutzenbrei", der aus vielen Teilnutzen besteht und den Preis rechtfertigt, lässt sich im Nachhinein nicht mehr in seine Zutaten zerlegen. Das ist für den Anbieter, das Kosmetikstudio, günstig. Der Nutzenbrei erlaubt eine Differenzierung des Dienstleistungsangebots gegenüber Wettbewerbern, vor allem dann, wenn mit objektiven Maßstäben nicht zu beschreibende Aspekte hinzukommen – hier Julias Gefühl, wie weiland Kleopatra behandelt zu werden. Andererseits macht dies die Bewerbung des Angebots schwierig. „Bei uns fühlen Sie sich wie Kleopatra" würde den Zusatznutzen beschreiben, klingt aber als Werbespruch so platt wie eine Nacktschnecke unter einem LKW-Reifen; und ist auch ähnlich attraktiv.

Für direkte Wettbewerber oder Anbieter nutzengleicher alternativer Produkte wäre es wünschenswert, wenn es einen klar identifizierbaren Kernnutzen der Behandlung gäbe, für den Julia ihr Geld ausgibt. Der Preis, den sie bezahlt, wäre ein Maßstab für die Preise der Alternativen. Wenn z. B. die Faltenbehandlung der Kernnutzen wäre und die Gesichtsbehandlung kostete 80 €, wären diese 80 € ein Maßstab für die Bewertung des Preises eines wie auch immer aussehenden Faltenbehandlungsgeräts für die Heimanwendung. Der Hersteller würde sich ein Bild von der *Zielfunktion* machen, die eine Kundin (oder ein Kunde, aber ich bleibe einmal in der Damenwelt) hat, beispielsweise die Halbierung der Faltentiefe binnen dreier Monate! Dies würde, so die Darstellung der Kosmetikerin, deren Seriosität wir hier nicht hinterfragen wollen, 10 Behandlungen erfordern, also 800 € kosten. Hinzu kämen für die Kundin der Zeitaufwand samt der Rüstzeiten, also die Anfahrt, das Umkleiden usw. Bei der häuslichen Anwendung des Geräts wäre der Zeitaufwand der gleiche, aber die Rüstzeiten entfielen. Auch würde der Aufwand der Terminvereinbarung entfallen und es wäre mehr Flexibilität möglich. Wäre nun in beiden Fällen das Ergebnis der Behandlung nach drei Monaten das Gleiche, dürfte das Gerät somit durchaus mehr als 800 € kosten. Und ich lege noch eins drauf: Da das Gerät anschließend noch immer vorhanden ist und sich nicht verbraucht hätte, könnte es verkauft, oder, was wahrscheinlicher ist, eingelagert und wiederverwendet werden. Es dürfte also 1200 € oder das doppelte, 1600 €, kosten.

Würden Sie ein Faltenbehandlungsgerät für 800 € kaufen oder würden Sie lieber 10 Behandlungen á 80 € erwerben, um Ihre Falten zu reduzieren? Die meisten buchen die Dienstleistung! Der Grund ist natürlich, dass die Zielfunktion mitnichten die Halbierung der Faltentiefe ist, also das messbare Ergebnis. Das ist das Ziel, das nach außen kommuniziert wird. Doch offensichtlich ist die Zielfunktion komplexer, eben jener Nutzenbrei, den ich unterstelle. Die anderen genannten Aspekte (Wohlgefühl, Zuwendung usw.) sind ebenso Variablen und Bestandteile der Zielfunktion, sie lassen sich nur nicht so gut ausdrücken und messen.

Es ist also schwierig, den *sachlichen Wert* einer Dienstleistung zu beziffern, sowohl für Julia als Nachfragerin als auch für Irina als Anbieterin. Nun, dieses Problem trifft auf so ziemlich alle Produkte zu, wenn auch in unterschiedlichem Maße. Darum stellt sich die berechtigte Frage, wie Preise überhaupt zustande kommen.

Wie kommen Preise zustande?

> Es gibt drei klassische Verfahren, den Preis eines Produktes zu finden, die kosten-, die nachfrage- und die wettbewerbsorientierte Preisfindung.

Grundlage ist die *Kostenkalkulation*. Welche Kosten verursacht die Produktion? Die variablen Kosten sind in der Regel leicht zu berechnen. Es sind jene Kosten, die nur anfallen, weil dieses eine Produkt produziert wurde. Es sind also mengenabhängige Kosten, die in der Regel je Stück abnehmen, wenn mehr produziert wird, etwa, weil größere Mengen an Rohstoffen günstiger beschafft werden können als geringe Mengen. Die *Grenzkosten*, also die Kosten der jeweils letzten Einheit, sinken.

Die zweite Kostenkategorie ist schon sperriger: Die *Fixkosten*. Diese fallen unabhängig davon an, wie viele Produkte produziert und später verkauft werden können, die Maschinen etwa oder das Personal. Aber je mehr verkauft wird, auf desto mehr Produkte verteilen sich die fixen Kosten. Die Fixkosten sinken somit nicht, sie bleiben vorläufig konstant, aber umgelegt auf die Produktions- und Verkaufsmenge sinken die Fixkosten pro Stück.

Das hat allerdings Grenzen. Irina kann in Ihrem Kosmetikstudio sieben Behandlungen pro Tag durchführen. Jede dauert eine Stunde und Begrüßung, Smalltalk, Telefon, Verwaltungsarbeit oder eigene Pausen verbrauchen die restliche Zeit. Ihre Personalkosten sind fix, egal, ob sie eine oder sieben Behandlungen macht, aber für eine achte Behandlung bräuchte sie eine Mitarbeiterin. Dann käme es zu „sprungfixen Kosten". Hier breche ich mein Dozieren ab, denn dies ist kein Lehrbuch der Kostenrechnung.

Die Kosten eines Produktes zusammenzuzählen reicht indes nicht aus, denn es soll darüber hinaus noch ein Gewinn erzielt werden. Ob das möglich ist, hängt davon ab, welcher Preis erzielt werden kann. Und dies wiederum bestimmen die Kunden.

Beim zweiten Verfahren der Preisfindung steht also die *Nachfrage* im Mittelpunkt: Was schluckt ein Kunde, wann zuckt er zurück? Dies ist wiederum zum einen davon abhängig, welche Alternativen für die Geldverwendung existieren (denken Sie an die Opportunitätskosten als den entgangenen Nutzen einer Alternative) und zum anderen davon, welcher Preis für konkurrierende Produkte verlangt wird.

Diese *Konkurrenz* ist der Kern des dritten Verfahrens: Der Blick auf Wettbewerbsangebote. Ein Preis für ein Produkt, das keine Monopolstellung innehat, wird sich nach den Preisen der Konkurrenzprodukte richten müssen. Gibt es Unterschiede in der Qualität oder in der Aufmachung, kann der eigene Preis günstiger oder teurer sein, aber dennoch orientiert er sich am Wettbewerb. Wird ein Produkt dann selbst zu einer Art Referenz, dient es als Maßstab für andere Produkte, die sich relativ zu dieser Referenz positionieren werden. Persil, Tempo, VW Golf, AIDA-Kreuzfahrten oder der Benzinpreis der Markentankstelle an der Ecke haben solche Referenzpreise, die Wettbewerbern eine Orientierung geben.

Kosten, Nachfrage und Wettbewerb sind also die drei wichtigen Dimensionen der Preisfindung, und wenn ich „wichtig" schreibe, deute ich an, dass es noch „weniger wichtige" gibt, die hier aber unerwähnt bleiben.

Schauen wir nun auf den Preis der Gesichtsbehandlung: Vermutlich ist es so, dass in Julias Zielfunktion (Inanspruchnahme der Dienstleistung) ausgerechnet jene Nutzenkomponenten dominieren, die sachlich nicht messbar sind. Sie möchte sich entspannen, wohlfühlen und zur Ruhe kommen. Das könnte sie auch in der Sauna oder auf der Wohnzimmercouch. Das wäre billiger. Nun, „des Menschen Wille sei sein Himmelreich" und wenn sich Julia die Behandlung gönnen möchte, soll sie das gerne tun. Ist sie dann auch 80 € wert? Ja, sie ist es, wenn ausreichend viele Kundinnen diese 80 € bezahlen. Würde die Behandlung auf einem abgewetzten Friseurstuhl am Rande einer Hauptstraße stattfinden, so, wie ich es in Guatemala gesehen habe, würde Julia keine 80 € bezahlen, weil der Nutzen für sie geringer wäre. Und vielleicht würde Julia – oder eine reichere Ausgabe unserer Alltagsheldin – auch 160 € bezahlen, würde die individuelle Nutzenstiftung entsprechend höher eingeschätzt werden (wobei hier anzumerken ist, dass sogar die Preishöhe einen Nutzen darstellen kann: „Ich kann mir den Preis leisten" hat eine Signalfunktion. Dann sprechen wir von *„Snob-Produkten"* und gerne verweise ich auf die vorherigen Ausführungen zum Thema Luxus in Kap. 5).

Vermutlich – und das wäre der Normalfall – wird es so sein, dass mit zunehmender Höhe des Preises für die Gesichtsbehandlung die Nachfrage geringer wird. Diese Gesetzmäßigkeit gilt nicht über das gesamte Preisband, denn eine Behandlung für einen lächerlich geringen Preis von sagen wir 10 € würde wohl kaum jemand in Anspruch nehmen, weil die Seriosität der Dienstleistung in Frage gestellt würde und die Angst zu groß wäre, anschließend ein Gesicht wie ein Zombie zu haben.

> Wenn wir den „realistischen" Preiskorridor für Gesichtsbehandlungen von vielleicht 40 bis 120 € betrachten, korreliert der Absatz negativ mit dem Preis: Je teurer, desto weniger Behandlungen werden verkauft. Diesen grundsätzlichen Zusammenhang beschreibt die „Preis-Absatz-Funktion", eine der Schlüsselelemente der Preispolitik des Marketings.

Es gibt sogar ein Maß dafür, wie sensibel die Nachfragemenge auf Preisveränderungen reagiert: die *Preiselastizität der Nachfrage*. Die Nachfrage reagiert zum Beispiel unelastisch, wenn Irina trotz einer nennenswerten Preissenkung ihrer Behandlung von 80 € auf 60 € nur wenige Kundinnen mehr begrüßen kann. Tatsächlich gibt es eine Reihe von Produkten mit unelastischer Nachfrage: Benzin ist hier ein typischer Vertreter. Auch, wenn Benzin wesentlich mehr kostet, wird kaum weniger getankt. Auch Lebensmittel, Luxusgüter und teure Möbel werden als Beispiele für eine niedrige Preiselastizität der Nachfrage gerne zitiert. Elastisch reagiert die Nachfrage hingegen bei Reisen. Wir suchen uns schon dann günstigere Destinationen aus, wenn der Preis von Reisen nur geringfügig steigt.

Soweit die ökonomische Sicht auf die Preisgestaltung. Es ist erstaunlich, dass es so viele Variablen gibt, so viele Unsicherheitsfaktoren und so viel Ungewissheit. Dabei habe ich Sie noch gar nicht in die Trickkiste flexibler Preisgestaltung blicken lassen, denn die Zahlungsbereitschaft ändert sich ständig. Tageszeit, Wetter, Großereignisse, scheinbare Verknappung oder Moden beeinflussen die *Preis-Absatz-Funktion* erheblich. Auch beeinflussen sich Produkte gegenseitig. Ein Beispiel: Erhöht die Gastronomie die Bierpreise wieder einmal, steigt die Verkaufsmenge der Bierkisten für den Hausgebrauch.

Und so tappen sogar erfahrene Marketingmanager in großen Konsumgüterunternehmen oft im Dunkeln, wenn sie Preisveränderungen durchsetzen oder neue Produkte einführen und dafür einen ersten Preis festsetzen wollen. Die Lösung ist die gleiche wie die Lösung für Irina und ihr Dienstleistungsangebot im Kosmetikstudio: Testen!

10 „Sie haben es sich verdient!" oder der Preis des Wohlgefühls

Was genau ist eine Dienstleistung?

Solche Tests sind dann leicht, wenn es sich beispielsweise um schnelldrehende Güter des täglichen Bedarfs handelt. Dann werden in Testmärkten die neuen Produkte ins Regal gestellt (oder bei bereits platzierten Produkten der Preis modifiziert) und beobachtet, wie sich der Abverkauf entwickelt. Im Falle der kosmetischen Behandlung haben wir es aber mit einer Dienstleistung zu tun. Dienstleistungen sind Produkte, aber in mancherlei Hinsicht wesentlich schwieriger zu vermarkten als Sachleistungen, also dingliche Güter, die wir sehen, anfassen, riechen oder schmecken können. Dabei begegnen uns Dienstleistungen überall im Alltag. Sie machen ca. 70 % der Bruttowertschöpfung der deutschen Wirtschaft aus. Massagen, Versicherungen, Online-Banking, ärztliche Behandlung, Einzelhandel, Autoreparaturen oder Paketdienste sind Dienstleistungen und gehören zu den unverzichtbaren Produkten unseres Alltags.

> Dienstleistungen unterscheiden sich in wesentlichen Punkten von Sachleistungen und zeichnen sich durch Wesensmerkmale aus, die Hersteller und Kunden herausfordern.

Die *Immaterialität* ist hier das augenfälligste Merkmal: Eine Dienstleistung hat keine Farbe, man kann sie nicht anfassen, riechen oder ein Etikett draufkleben. Sie stiftet Nutzen, ohne physisch in Erscheinung zu treten. Erst das Ergebnis der Dienstleistung kann sich physisch manifestieren: Der Gebäudereinigungsservice hat über Nacht Julias Büro geputzt. Auch der Nachbarssohn, der Ihnen den Rasen vor dem Haus mähte, hat eine Dienstleistung verrichtet. Das Ergebnis ist kurzes Gras. Bei diesen Beispielen war der Akt der Leistungserbringung uninteressant, der Nutzen bestand im Endergebnis. Es zählte nur, „was hinten rauskommt". Unter Umständen erbringt die Leistungsverrichtung sogar einen negativen Nutzen: Während das Büro geputzt wird, kann es nicht genutzt werden und das Rasenmähen verursacht Lärm. Aber das Ergebnis wiegt die Kosten auf.

Zuweilen ist statt des Ergebnisses der „*Prozess der Leistungserbringung*" das, was Nutzen stiftet: Julias Behandlung durch Irinas geübte Hände bewirkt Entspannung. Das Endergebnis der Gesichtsbehandlung ist von geringer Bedeutung, die eine Stunde Ruhe und Genuss auf der weichen, warmen Liege ist der Hauptgrund dafür, dass Julia die Dienstleistung in Anspruch nimmt.

Das Hauptaugenmerk der Nutzenstiftung liegt also mal auf dem Leistungserstellungsprozess (Gesicht), mal auf dem Ergebnis (Büro oder Rasen). Die Leistung selbst ist in beiden Fällen immateriell. Für den Anbieter der Leistung ist dieser Aspekt von entscheidender Bedeutung, wenn er werblich auf sein Produkt aufmerksam machen will. Der Junge, der seine Dienste in der Nachbarschaft anbietet, wird den gepflegt aussehenden Rasen in den Mittelpunkt seiner Botschaft stellen, Irina aber ein Plakat ins Schaufenster hängen, auf dem eine Frau mit Creme im und einem verträumt-lasziven Ausdruck auf dem Gesicht abgebildet wird, die gerade sanft massiert wird.

Und, am Rande: Selbstverständlich könnte sich der Schwerpunkt der Nutzenstiftung verschieben. Was wäre, wenn nicht der Nachbarssohn, sondern ein muskelbepacktes und leicht bekleidetes Mitglied der Männer-Striptease-Gruppe „The Chippendales" den Rasen für eine Frauen-WG mähen würde? Zu chauvinistisch? Ja, Entschuldigung, aber durch dieses Bild haben Sie mit Sicherheit verstanden, was ich meine.

Rasenmähen oder Gesichtsbehandlung – ein zweites Spezifikum der Dienstleistung lässt sich anhand dieser Beispiele sehr gut erläutern: Der Verkauf erfolgt vor der Produktion!

> Was wir kaufen, wenn wir eine Dienstleistung nachfragen, ist immer nur ein Versprechen! Wir können den Nutzen des Prozesses (Gesicht) oder dessen Ergebnis (Rasen) nicht vorher „erleben". Wir müssen dem Anbieter das versprochene Leistungsergebnis glauben.

Die schönen Haare, die fantastische Werbekampagne, die optimale Steuerrückerstattung, die ausgeheilte Schulter oder der gewartete Wagen, all dies sind Dienstleistungen, die wir beauftragen, ohne das Ergebnis vor dem Kauf prüfen zu können. Manchmal liegen Erfahrungswerte vor, eigene oder solche anderer, das ist nützlich, aber in ihrer ganzen doppelten Individualität ist die Dienstleistung einmalig. Das Vertrauen in das Leistungsversprechen rückt in den Mittelpunkt. Dann trennt die Mess- und Überprüfbarkeit des Leistungsversprechens die Spreu vom Weizen: Formuliert der Anbieter sein Versprechen so, dass hinterher überprüft werden kann, ob es eingehalten wurde? Oder bietet der Anbieter sogar eine Versicherung an, etwa in Form einer Geld-zurück-bei-Nichtgefallen-Garantie? Oder wird die Abgabe des Versprechens zu einer bühnenreifen Show? Es hat beispielsweise einen guten Grund, warum Werbeagenturen ihr oft nur laues Konzeptchen mit besonders viel Tamtam präsentieren (sie haben es sich bei den Unternehmensberatungen abgeschaut), warum Heilpraktiker ihr Wartezimmer mit beeindruckend gesiegelten Teilnahmezertifikaten für Wochenendworkshops in hawaiianischer Lomi-Lomi-Massage oder craniosakraler Osteopathie tapezieren oder warum so mancher „freie" Vermögensverwalter mit einer antrainierten Börsen-Bullshit-Sprache einen auf kompetent macht. Sie alle wollen, dass wir ihnen ihr Leistungsversprechen abnehmen, und wenn das Ergebnis weder vorab, wenn es noch ein Versprechen ist, noch am Ende des Leistungserstellungsprozesses solide bewertet werden kann, ist so ein Vorgehen auch verständlich.

Es gibt noch weitere Spezifika, zum Beispiel, dass Dienstleistungen *nicht gelagert* und damit *nicht vorproduziert* werden können, dass ein *synchroner Kontakt* zwischen Anbieter und Kunden erforderlich ist, oder – wie schon angedeutet – sie *für beide Parteien individuell* sind. Aber die wichtigsten Aspekte habe ich erläutert und sie führen zur Quintessenz, dass Dienstleistungen viel mit Vertrauen, Versprechen und Einschätzung zu tun haben.

Julia vertraut Irina. Unsere Alltagsheldin hat Erfahrungen, weiß, was auf sie zukommt, lässt sich auf die Behandlung ein und genießt, was Irina ihr bietet. Sie döst, nein, sie schläft sogar ein auf der Liege, aber erst ganz zum Schluss. Ja, sie hat sich entspannt. Der Tag ist wieder gut zu ihr.

11

Schnell noch ein paar Lebensmittel kaufen ...

Schlüsselwörter Convenience Goods • habituelles Einkaufsverhalten • Mind-, Awareness-, Inept-, Inert- und Evoked-Set • Werbung • Marke • Einkaufsverhalten • Weinpreis • Kundenzufriedenheit • Kundenbindung • Kundenwert • Kundenloyalität

Wieder besser gelaunt und recht entspannt schlendert Julia zu ihrem Auto, steigt ein und macht sich auf den Weg nach Hause. Unterwegs fährt sie noch zum Supermarkt, denn der Kühlschrank ist fast leer. Der Wocheneinkauf steht an. Das ist nicht aufregend, eher schon eine lästige Pflicht, eine Notwendigkeit, über die Julia nie mehr nachdenkt als erforderlich. Auf ihrem Smartphone hat sie eine Einkaufslisten-App. Es hat sich einiges angesammelt.

Warum all diese englischen Ausdrücke?

Wir tauchen nun mit Julia gemeinsam ein in die komplexe und fast schon mystische Welt der Konsumgüter, genauer, der „Güter des täglichen Bedarfs". Mystisch ist diese Welt allerdings nicht von sich aus, denn wie spannend soll es schon sein, Butter, Käse und Spülmittel zu kaufen (Kunde) oder zu verkaufen (Anbieter)? Mystisch wird diese Welt gemacht von den Marketiers, den Werbern und den Produktmanagern. Das beginnt bei der Sprache. „*Güter des täglichen Bedarfs*" heißen „*Convenience Goods*", manchmal auch „*Fast Moving Consumer Goods*". Das klingt gleich viel attraktiver, moderner, flotter, und weil sie sich durchgesetzt haben, bleibe ich in diesem Kapitel auch bei den englischsprachigen Ausdrücken. Julia würde das auch tun, denn an ihrem Arbeitsplatz in der Unternehmensberatung wird gerne Denglisch gesprochen. Da wird „delivered", „gescreent", „enabled" und „brand awareness gepusht".

> Man mag darüber lächeln, aber jede soziale Gruppe (Herde) hat ihre Sprache, an der sich die Mitglieder erkennen.

Das gilt für die Jugendszene genauso wie für den Debattierclub. Sprache wird zu einem Insider-Outsider-Qualifizierungskriterium, sozusagen zu einem Mitgliedsausweis. Wenn Sie (aus sorgsamer Distanz) eine Gruppe junger Männer beobachten, die in Trainingsanzügen wie Pfingstochsen mit Goldketten behängt und mit großen, ausladenden Gebärden gestikulierend zusammenstehen, können Sie davon ausgehen, dass auch deren Sprache, die Slang-Wörter, der Tonfall und die Reaktionsmuster des sprachlichen Dialogs archetypisch identifikationsstiftend sein werden. Für Anbieter von *Convenience Goods* (und nicht nur für diese) ist das ausgesprochen wichtig! Die Zielgruppe zu kennen ist der Schlüssel für eine erfolgreiche Produktpositionierung. Natürlich heißt das nicht, diese Gruppe nachzuäffen oder sich anzubiedern. Das mussten z. B. all jene lernen, die sich auf Anraten ihrer Werbeagenturen der Jugendsprache und der dort in Mode gekommenen Ausdrücke bedienten ... und damit fürchterlich patzten.

> Die Zielgruppe zu kennen, heißt, ein Gefühl dafür zu entwickeln, wie das Produkt mit den üblichen Instrumenten (Preis, Kommunikation und Vertriebsweg) so positioniert werden kann, dass die Zielgruppe es kauft.

Und dabei sind oft erstaunliche Zusammenhänge zu beobachten, etwa, dass auch noch so hippe Obercoole sehr konservative Kaufentscheidungen treffen, wenn es beispielsweise um Versicherungen oder Bankdienstleistungen geht.

Nun, Julia hat sich instinktiv der Sprachkultur in der Unternehmensberatung angepasst und benutzt die englischen Lehnwörter wie alle anderen auch in ihrem Umfeld. Also: Stören Sie sich nicht an den zahlreichen englischen Begriffen! Dunstkreisabhängig muss das so sein. Werber, Unternehmensberater oder „Gangsta-Rapper" kämen ohne sie nicht aus.

Was kauft Julia ein? Die Macht der Gewohnheit

Wissen Sie, welche Produkte normalerweise in Ihrem Kühlschrank stehen? Vielleicht Joghurt, Eier, Butter, Milch, Käse, Gemüse (nicht die Tomaten, die verlieren im Kühlschrank angeblich ihr Aroma, aber Tomaten sind ja auch Obst und kein Gemüse!) oder Exoten wie Skyr? Ist Ihnen schon einmal aufgefallen, dass vielleicht 90 % dieser Produkte regelmäßig in Ihrem Kühlschrank stehen? Sie gehören zur Standardausstattung – zu Ihrer Standardausstattung. Ihre Nachbarn haben eine andere. Dort gehört vielleicht Kefir dazu, Margarine, Wurst und Äpfel. Die Sets unterscheiden sich, doch jedes für sich ist relativ stabil.

Ein Großteil dessen, was Sie für den täglichen Bedarf einkaufen, kaufen Sie also regelmäßig (oder besser: gewohnheitsmäßig) ein. Das Set hat sich bewährt und darum heißen diese Güter auf Englisch ja auch treffend *Convenience Goods*, also „Bequemlichkeitsgüter". Wenn Julia durch den Supermarkt schlendert oder hetzt, kauft sie zu 90 % das, was sie immer kauft. Sie zeigt ein *habituelles Kaufverhalten*. Es mag langweilig klingen, immer das Gleiche im Kühlschrank zu haben, aber dieses Vorgehen hat sich bewährt: Es spart Zeit und schützt vor Enttäuschungen. Es ist bequem, nicht weiter über den Warenkorb nachdenken zu müssen und Julia kann sicher sein, gut „über die Runden" zu kommen, wenn sie sich an ihr Standardprotokoll hält und immer die gleiche Einkaufsliste abarbeitet.

Zum Mind Set dazugehören ... das Ziel der Anbieter

Ändern wir einmal die Blickrichtung und versetzen wir uns in die Lage eines Herstellers, sagen wir, eines neuen Öko-Waschmittels. Waschmittel ist ein typisches Produkt, das „habituell", also gewohnheitsmäßig, gekauft wird. Auch Julia, die immer ihren Stammsupermarkt auf der Route von der Arbeit nach Hause aufsucht, kauft immer das gleiche Markenwaschmittel. Es steht immer im gleichen Regal. Sie kennt nicht einmal den Preis (auch Sie wissen vermutlich allenfalls ungefähr, wie viel die Produkte kosten, die Sie immer kaufen ... oder?). Wenn es ein Sonderangebot für ihr Lieblingswaschmittel gibt, erkennt sie es nicht etwa daran, dass ihr der günstigere Preis auffällt, sie erkennt es daran, dass der Marktleiter ein Pappschild aufgestellt hat, auf dem fett „Sonderangebot" steht.

Julia ist nicht oberflächlich, dumm oder langweilig. Sie ist clever! Das Vertrauen in dieses Produkt hat sich mit der Zeit entwickelt, denn es hat sich bewährt. Die Waschergebnisse sind OK, auch, wenn Julia, wenn sie darüber nachdächte, zugeben müsste, niemals einen Vergleich gemacht zu haben. Dennoch vertraut sie dem Produkt und spart sich Enttäuschungen, die vielleicht entstünden, wenn sie Alternativen testen würde.

Aber wir wollten ja die Perspektive eines Anbieters einnehmen, oder genauer, die Perspektive des Herstellers, denn der Anbieter ist ja der Supermarkt. Bitte tun Sie nun so, als seien Sie der Produktmanager und für den Verkauf des neuen Öko-Waschmittels verantwortlich. Sie haben eine Konsumentin wie Julia vor Ihrem geistigen Auge. Diese kauft immer das gleiche Produkt der Konkurrenz und ist zufrieden. Auch wenn das Waschmittel teurer werden oder die Inhaltsmenge reduziert würde, bliebe sie dabei. Die Nachfrage ist unelastisch hinsichtlich solcher Modifikationen. Auch ist Ihr Produkt nicht spannend genug, um die Julias dieser Welt dazu zu motivieren, Experimente zu wagen. Wie um alles in der Welt können Sie nun Julia dazu bringen, Ihr neues und nicht das übliche Waschmittel zu kaufen?

Wenn Sie lange genug darüber nachdenken, werden Ihnen vermutlich die „üblichen" Methoden einfallen: Werbung hier, Promoter dort, Probepackungen und, weil es die Online-Agentur so empfiehlt, Bannerwerbung, Blogs und der klägliche Versuch einer „*Word-of-mouth-Kampagne*" in den Sozialen Medien. Ahnen Sie, warum Sie damit keinen Erfolg haben werden?

Schauen wir uns den klassischen Weg an: Was ein Anbieter als Erstes schaffen muss, ist, Teil des *Awareness Sets* der Zielgruppe zu werden. Das ist die Menge der dem Konsumenten bekannten Produktalternativen. Es ist die „ungestützte Bekanntheit". Würden wir nun Julia fragen, welche Waschmittel sie kennt, würde sie vermutlich die üblichen Verdächtigen nennen, also Markenprodukte, die sie durch ihre Erfahrungen, durch Werbung oder aus Erzählungen kennt. Das neue Öko-Waschmittel kennt sie natürlich noch nicht und es ist damit erst einmal nicht Teil ihres Awareness Sets. Logisch.

Julia lehnt das Produkt nicht ab, es gehört also nicht zum *Inept Set*. Das ist schon einmal nicht schlecht, denn aus einer Menge von abgelehnten Produktalternativen herauszukommen, ist für den Anbieter schwierig, oft sogar unmöglich. Das Produkt zählt auch nicht zum *Inert Set*. Hier handelt es sich um all jene Produktalternativen, die Julia weder positiv noch negativ einschätzt.

Was der Anbieter des neuen Öko-Waschmittels möchte, ist, sein Produkt Teil des Awareness Sets werden zu lassen. Werbung, Produktplatzierung im Supermarkt oder Mund-zu-Mund-Propaganda in zielgruppenspezifischen Web-Blogs wären tatsächlich gängige Verfahren; sie sind sozusagen Hygienefaktoren, motivieren aber noch nicht zum Kauf. Das letzte Werkzeug habe ich nur in die Liste aufgenommen, weil sich die Werber so fleißig damit beschäftigen und ich mir nicht vorwerfen lassen möchte, das Online-Spektrum zu vernachlässigen. Doch um ehrlich zu sein: Ich hoffe, dass Julia abends besseres zu tun hat, als in Waschmittel-Nutzerinnen-Blogs mitzulesen.

Schreiten wir bei der Eingrenzung voran, denn es reicht noch nicht, Teil des *Awareness Sets* zu sein: Der Anbieter möchte in die Gruppe der akzeptierten Produktalternativen, also jener, die Julia für einen Kauf in Betracht zieht. Das ist das *Evoked Set*. Von Waschmitteln, die es in dieses Set geschafft haben, hat Julia als Konsumentin eine positive Meinung, die mal bewusst, mal unbewusst zustande gekommen ist. Die Empfehlung einer Freundin, der Testbericht, den sie in einer Zeitschrift bei ihrer Kosmetikerin gelesen hat oder auch nur die Werbung im Fernsehen produzieren eine solche verkaufsförderliche Meinung.

Und jetzt kommen wir zum finalen Ziel des Anbieters des neuen Öko-Waschmittels: Sein Produkt soll innerhalb des *Evoked Sets* „Top of Mind" werden, also im Ranking ganz oben stehen. Dann wird das Produkt gekauft, auch, wenn Julia nicht explizit darüber nachdenkt. Aber dieser Platz ist (noch) besetzt.

Werbung und die Präferenzordnung

Werbung ist ein Mittel, die *Präferenzordnung* der Mitglieder der Zielgruppe neu zu sortieren. Also sollte der Anbieter des neuen Öko-Waschmittels fleißig werben. Am besten im Fernsehen, dem nach wie vor mit Abstand reichweitenstärksten Werbeträger. Und begleitend dazu im Web, im Radio und natürlich in den Zeitschriften, von denen zu erwarten ist, dass die Zielgruppe sie liest. Mit hoher Werbeintensität lässt sich die Zielgruppe erreichen, das neue Produkt in die relevanten Sets pressen und damit erfolgreich verkaufen.

Erkennen Sie den Fehler?

Für Waschmittelwerbung geben die Hersteller in Deutschland fast 400 Millionen € jährlich aus. Bei 19 Cent je Waschgang muss jeder der 41,4 Millionen Haushalte also über 50 Mal waschen, um alleine die Werbekosten einzuspielen. Und dabei habe ich noch den Fehler gemacht, für den Preis je Waschgang den Abverkaufspreis im Supermarkt anzusetzen, aber die Werbekosten bezahlen die Hersteller, die das Waschmittel für einen geringeren Preis an die Supermarktketten verkaufen. Diese Rechnung soll zeigen, wie hoch der Werbedruck ist, den die etablierten Anbieter aufgebaut haben. Wie viel Geld müsste der Anbieter des neuen Produktes also in die Hand nehmen, um in diesem Dauerbombardement von Werbebotschaften für ein vergleichsweise langweiliges Produkt aufzufallen? Wenn Sie eine Idee haben, schreiben Sie mir!

Dennoch: Der übliche Vorschlag der klassischen Marketing-Lehrbücher ist, „zielgruppenspezifische" Werbung zu machen. Hier: Werbung für junge, alleinstehende Frauen in städtischer Umgebung. Das geht, macht aber die Herausforderung nicht geringer, mit wenig Geld viel zu erreichen: Zunächst ist es nicht leicht, Werbung wirklich gezielt zu platzieren. Streuverluste gehören dazu und es sind deshalb Verluste, weil die Werbepräsenz auch dann bezahlt werden muss, wenn sie nicht „die Richtigen" erreicht. Werbeträger einzusetzen, die eine scharfschützengleiche Platzierung von Werbung erlauben, ist ausgesprochen teuer.

Ein Beispiel: Das Verteilen von Handzetteln an Kunden einer Gärtnerei wäre eine recht zielgruppengenaue Werbung für einen Anbieter von Gartengeräten. Aber es sind über den Tag verteilt vielleicht nur 500 potenzielle Kunden erreichbar und die Kosten der Aktion betragen, ich schätze, 10 Stunden mal 10 € Lohn für den Verteiler plus 200 € Druckkosten, also 300 € respektive 60 Cent je potenziellem Kunden. Wenn jeder Kunde der Gärtnerei einen Handzettel annimmt und 5 % davon tatsächlich Gartengeräte kaufen, was zweifellos zu hoch gegriffen ist, schmälert dies die Marge je Einkauf um 12 €! Das ist wirklich viel und die Hoffnung des Gerätehändlers müsste auf Mehrfachkäufen, Weiterempfehlungen oder nachlaufenden Effekten ruhen.

Eine andere Möglichkeit, Werbung „scharf" zu platzieren, bieten Suchmaschinen oder die Werbung in den sozialen Medien. Käufliche individuelle Nutzungsprofile entlarven Gartenliebhaber – und diese bekommen auf allen möglichen Web-Seiten Werbung für Gartengeräte eingeblendet. Dieses System ist kein Schreckensszenario und keine Zukunftsvision, es ist gelebte Wirklichkeit im Internet und wir haben uns daran gewöhnt, noch bevor wir die Verflechtungen begriffen haben. Aber, und darauf will ich an dieser Stelle hinaus: Diese Art der Werbung, die individuelle Daten benötigt, ist ebenso teuer. Die Konstrukteure der Profile lassen sie sich gut bezahlen.

> Es gilt auch hier: Je zielgruppenspezifischer Werbung sein soll, desto höher ist der Preis je Werbekontakt.

Kommen wir zurück zur Präferenzordnung und dem Wunsch aller Anbieter von Waschmitteln, es in der anvisierten Zielgruppe an die Spitze des *Evoked Sets* zu schaffen. Werbung ist ein probates Mittel dafür, aber sie kostet sehr viel Geld. Es ist nicht untypisch, dass 20 bis 50 % der Produktumsätze in die Werbung fließen. Bezahlt wird das von den Kunden. Da liegt der Gedanke nahe, auf Werbung zu verzichten und damit diese Produkte um 20 bis 50 % günstiger anzubieten! Das klingt verlockend, aber hier beißt sich die sprichwörtliche Katze in den Schwanz, denn ohne Werbung würden diese Produkte, billiger oder nicht, eher nicht gekauft werden.

Letztlich wird ein Anbieter nicht auf Werbung verzichten können. Neueinsteiger müssen kommunikativ gegen die Etablierten bestehen, sie müssen „lauter" sein, attraktiver erscheinen, anders daherkommen. Sie müssen eine „Unique Selling Proposition" haben, also etwas Einzigartiges bieten, was den Kauf rechtfertigt. Diese Unique Selling Proposition muss den potenziellen Kunden erklärt werden, was wiederum Kosten verursacht. Und die Hoffnung auf eine *virale* Mund-zu-Mund-Propaganda, die wie das Corona-Virus in wenigen Monaten Millionen Menschen erreicht, wird mit an Sicherheit grenzender Wahrscheinlichkeit enttäuscht werden.

Die Vorteile liegen bei den Etablierten! Marken, die sich im Bewusstsein der Kundinnen und Kunden festgesetzt haben, sind ein sehr starkes Verkaufsargument. Insbesondere bei *Fast Moving Consumer Goods*, die habituell gekauft werden, ist der Griff zum Produkt mit dem bekannten Namen wahrscheinlich. Der Impuls, zu einem neuen, noch unbekannten Produkt zu greifen, muss hingegen teuer erkauft werden. Das Leben eines Produktmanagers für ein Öko-Waschmittel kann ziemlich hart sein!

Markenpolitik als Schlüssel

> Eine Marke markiert. Der Name, die Verpackung, die Farbe, eine Tonfolge oder das Logo, all dies sind Möglichkeiten, ein Produkt oder ein Unternehmen wiedererkennbar zu machen.

Wenn Julia durch den Supermarkt geht, greift sie zu dem Waschmittel, das sie kennt. Die Marke hat sich ihr eingeprägt. Ihr vertraut sie. Darüber hinaus erfüllt sie eine Reihe weiterer Funktionen:

- *Wiedererkennbarkeit*: Das ist natürlich definitorisch die Voraussetzung für eine Marke.
- *Kaufeffizienz durch Vertrauen*: Julia weiß wenig über die „wahren" Beschaffenheiten ihres Lieblingswaschmittels im Vergleich zu jenen der anderen, die sie kaufen könnte. Doch sie vertraut darauf, dass ihr Wahlprodukt die beste Nutzen-Kosten-Relation bietet. Sie spart sich Nachdenken, Vergleichen, Prüfen und Testen, also das, was Ökonomen unter dem Begriff „Transaktionskosten des Kaufs" zusammenfassen. Ihr Kauf ist effizient.
- *Prestige*: Ein Produkt kann das Ansehen des Kunden in dessen sozialer Gruppe steigern. Die Voraussetzungen sind

1. dass die Marke auch erkannt wird (Logo o. Ä.),
2. mit der Marke positive, prestigeträchtige Eigenschaften verbunden werden und
3. dass die Gruppe einen Imagetransfer von der Marke auf den Produktnutzer vornimmt. Das ist bei Fast Moving Consumer Goods eher selten der Fall, dafür sind sie mental zu unbedeutend. Vermutlich würde niemand Julia dafür bewundern, dass sie mit XYZ wäscht oder den ABC-Saft trinkt, auch, wenn sie mit diesen Produkten gesehen wird. Die Prestigefunktion treffen wir eher bei teuren Gebrauchsgütern an: Auto, Fahrrad, Fernseher, Kleid oder Möbelstück.

- *Qualitätssicherung*: Diese Funktion hängt eng mit der Vertrauensfunktion zusammen, denn die Marke verspricht Kontinuität bei den messbaren Produkteigenschaften und damit in der Nutzenstiftung. Julia ist die Prüfung der Waschleistung nicht möglich, und wenn, wäre sie ihr zu aufwändig. Also vertraut sie.

In der Fachliteratur finden sich darüber hinaus noch weitere Funktionen, aber die wichtigsten habe ich hier genannt. Marken sind also zweifellos nützlich – auch für Kunden! Produkt-, Sortiments- oder Gattungsmarken helfen, schnelle und sichere Einkaufsentscheidungen zu treffen. *Treue* führt hier zu Effizienz bei der Gestaltung des Lebensalltags.

Nehmen wir wieder einen Perspektivwechsel vor: Welchen Nutzen hat die Marke, deren Etablierung sehr viel Anstrengung kostet, für den Anbieter?

Im Wesentlichen lässt sich der Kernnutzen darauf reduzieren, dass eine *loyale Stammkundschaft* aufgebaut wird. Diese ist dann auch bereit, für die Effizienzgewinne beim Einkauf einen Aufpreis zu bezahlen, der teilweise wieder in Werbung investiert werden muss, um die Marke im Bewusstsein zu erhalten. Auch werden durch eine Stammkundschaft die Absatzzahlen bzw. Umsätze und damit die Produktionsmengen besser kalkulierbar. Das ist ein nicht zu unterschätzender Vorteil für die Organisation der gesamten Wertschöpfungskette, auch, wenn er für Außenstehende nicht sichtbar ist. Diesem schließt sich ein weiterer Nutzen an, der sich auf die Beziehung des Herstellers zum Händler bezieht: Nur wenige Markenprodukte werden von den Herstellern direkt an die Konsumenten verkauft (Vorwerk, Tupperware, AMC usw.), und ausgesprochen selten handelt es sich dann um *Fast Moving Consumer Goods* (aber auch hierfür gibt es Beispiele, etwa Prowin oder Herbalife). Die meisten Hersteller setzen auf einen Absatzmittler, den klassischen Handel. Und eine Marke hilft, damit das Produkt in den knappen Regalflächen des Handels platziert wird. Zuweilen ist die Marke sogar so wichtig, dass sie dafür verantwortlich gemacht werden kann, dass Kunden überhaupt den Laden betreten. Dann werden sie „Zielkaufprodukte" genannt und es wird unterstellt, dass eine Einkaufsstätte, die diese Markenprodukte nicht führt, von Kunden weniger aufgesucht wird. Dass diese Annahme allerdings nicht so ganz stimmt, zeigten Streitigkeiten zwischen Händlern und Herstellern in den vergangenen Jahren. So treu ist die Kundschaft nicht. Findet sich das Lieblings-Markenprodukt nicht im Regal, wird vorübergehend ein anderes gekauft. Dennoch: Unter dem Strich zahlt sich eine Marke aus.

Doch wie kann ein Hersteller eine Marke erschaffen? Ist das planbar und vielleicht sogar nur eine Frage der Höhe der Investitionen? Gibt es eine Art Anleitung dafür?

Das Rezept sieht auf den ersten Blick übersichtlich aus: Zunächst muss ein Produkt unverwechselbar markiert werden. Logo, Name, Verpackung usw. sollten auf diesen Zweck ausgerichtet werden und hier gilt: „Der

Köder muss dem Fisch schmecken, nicht dem Angler!" Ein Leitsatz, den sich so mancher Produktdesigner hinter die Ohren schreiben sollte. Die Markierung muss von der Zielgruppe gebilligt werden! Wird dieser Fokus eingestellt, so kommen bei der Entwicklung eines Marktangebotes möglicherweise Ergebnisse heraus, die unkreativ und weniger schick erscheinen: Ein dröges Bild auf der Verpackung, eine konservative Form des Produktes oder ein generischer Name, der dennoch einer hippen Wortschöpfung überlegen ist. Ja, es mag überraschen, aber oftmals sind die Kunden als Nachfrager weit hinter den Marketiers auf der Anbieterseite zurück, was Innovationsfreudigkeit und „Mut zum (Kauf-) Risiko" anbelangt. Scheitert dann ein Produkt, das an den Präferenzen der Zielgruppe vorbei positioniert wurde, vielleicht, weil es zu stylish war, hört man im Abgesang Sätze wie „der Markt war noch nicht reif" oder „wir waren zu früh", aber ehrlicher wäre zu sagen: „Wir haben nicht verstanden, was wirklich nachgefragt wird".

Das Rezept für Markenprodukte ist natürlich noch nicht vollständig. Nach der Markierung des Produkts muss dieses in den Handel. Egal, ob Präsenzeinzelhandel, Web-Shop oder Direktvertrieb, potenziellen Kunden muss es einfach gemacht werden, das Produkt zu kaufen, doch das führt zu weit vom Thema „Alltagsökonomie" weg und ist Gegenstand anderer Bücher.

Wichtiger ist der dritte Schritt. Nachdem das Produkt markiert wurde und am *„Point of Sale"* präsent ist, muss die Marke bekannt gemacht werden, bzw. wenn sie bereits bekannt ist, auch bekannt bleiben. Sie bzw. das Produkt müssen in den *Awareness Set* und dann in den *Evoked Set*. Dies gelingt mit den oben beschriebenen schwierigen und aufwändigen Instrumenten der Kommunikationspolitik … oder es gelingt nicht. Sie werden es ahnen: In der Mehrzahl der Fälle scheitert eine Produkteinführung und der Prozentsatz jener Produkte, die es bis in den Olymp der Markenwaren schaffen, ist äußerst gering.

Es bleibt ein langer Marsch für einen neuen Anbieter, voller Unsicherheiten und Enttäuschungen. Vielleicht haben Sie ja jetzt etwas mehr Respekt vor erfolgreichen Marken, denn auf jede einzelne kommen dutzende gescheiterte Versuche.

Julias vielfältiges Einkaufsverhalten

Wechseln wir unsere Perspektive wieder zurück und betrachten den Supermarkteinkauf durch Julias Augen. Sie kauft – wir haben es oben erlebt – gewohnheitsmäßig ein. Neben diesem auch *„habituell"* genannten Einkaufen gibt es noch andere Verhaltensmuster und wenn wir Julia beobachten, können wir diese alle bei einem einzigen Supermarktbesuch erleben.

So greift sie spontan zu einer Tafel Schokolade. Das macht sie sonst nie oder zumindest sehr selten und heute auch nur, weil sie nach all dem Trubel im Büro Heißhunger auf etwas Süßes hat. Hier beobachten wir das *spontane* oder auch *impulsive* Kaufverhalten. Akute Reize steuern das Verhalten. Ein bewusstes Nachdenken findet nicht statt und erscheint auch nicht erforderlich, sofern die Folgen des Kaufs unbewusst als beherrschbar eingeschätzt werden. Die Kaufschwelle ist niedrig. Ein Auto oder ein Haus werden nicht impulsiv gekauft. Aber bei *Fast Moving Consumer Goods* erleben wir es häufig. Dann greifen wir zu, „weil uns danach ist". Dieser Mechanismus ist geradezu überlebenswichtig für Anbieter von Gütern, die – mit Verlaub – nicht gebraucht werden. Denken wir z. B. an zuckergesättigte Pausensnacks, die sich bekanntlich nicht als Snacks für Pausen eignen. Warum werden sie gekauft? Welche Reize müssen gesendet und welche Sinne angesprochen werden, um unser Alarmsystem zu übertönen, das uns zuruft: „Iss das nicht, es macht dick und müde!"?

Die Opposition des Impulskaufs bildet die *extensive Kaufentscheidung*. Hier sind Sie nicht mehr spontan, sondern denken über das Preis-Leistungs-Verhältnis nach, die Leistungsmerkmale, mögliche Wettbewerbsprodukte oder über alternative Produkte, die Sie sich kaufen könnten, wenn Sie auf den anstehenden Kauf verzichteten. Sie wägen ab, Sie grübeln, Sie lesen Testberichte, hören sich Erfahrungsberichte an und treffen Vorentscheidungen, indem Sie sich ein Preislimit setzen oder bestimmte Produkte ausschließen. Sie entscheiden bewusst. Das machen Sie immer bei hochpreisigen Gütern, die ein Loch in die Haushaltskasse reißen, z. B. einer Waschmaschine oder einem Anlagefonds.

Die vierte Art, die ich hier vorstellen möchte, ist das *limitierte Kaufverhalten*. Es ist eine Art Zwitter aus gewohnheitsmäßigem und extensivem Verhalten und basiert im Wesentlichen auf Erfahrungen. Sie limitieren die Anzahl an Optionen, indem Sie vorzugsweise jene Produkte auswählen, mit denen Sie positive Erfahrungen verbinden. Das vereinfacht die Kaufentscheidung, aber schließt nicht aus, dass Sie etwas anderes probieren. Doch dafür muss ein besonderer Grund vorliegen; ein Sonderangebot etwa. Das *Evoked Set* ist flexibel.

> Die habituelle, die impulsive, die extensive und die limitierte Entscheidung sind stereotype Muster, die beschreiben, wie Konsumenten ihre Kaufentscheidung treffen. Anbieter berücksichtigen diese Muster und gestalten die Produkte so, dass die Kaufhürden im Kontext des Entscheidungsmusters niedrig sind.

Der Zuckerriegelanbieter wird eine knallige Verpackung wählen und in der Werbung lachende, erfolgreiche Menschen mit beneidenswert geringen Taillenumfängen zeigen, der Anbieter einer Kapitallebensversicherung den Interessenten zum Nachdenken über seine Zukunft bringen und dafür in „inspirierenden" Prospekten gut aussehende Mittsechziger zeigen, die lässig auf ihrem Boot über den Tegernsee segeln.

Was darf Wein kosten?

Julias Einkaufswagen füllt sich. Wie fast immer kauft sie auch heute wieder mehr ein, als sie eigentlich vorhatte. Die geplanten Einkäufe machen vielleicht 80 % ihres Warenkorbs aus. Darüber hinaus fallen ihr Dinge ein, die nicht auf der Liste standen: Saure Sahne, Bouillonwürfel, Kichererbsen und Make-up-Tücher. Ach, und ja, eine Flasche Wein soll es auch noch sein. Aber welcher? Das Regal ist voll. Mindestens 50 Sorten stehen zur Wahl, von 1,50 bis zu 15 €. Eine Weinkennerin ist Julia nicht. Wofür soll sie sich entscheiden?

Vermutlich hat Julia keinen Einblick, wovon so ein Weinflaschenpreis abhängt. Ihre bisherigen Erfahrungen waren, dass teurer Wein mit größerer Wahrscheinlichkeit besser schmeckt als billiger Wein. Sie hat es auch schon anders erlebt. Am liebsten wäre ihr eine Garantie, dass der Preis mit dem Geschmack korreliert. Je teurer, desto leckerer. Aber natürlich sind die Geschmäcker verschieden. Neulich erst hat sie mit Freunden einen Edelwein für über 50 € getrunken und der hat ihr überhaupt nicht geschmeckt, während sich alle anderen vor lauter „Ahs" und „Ohs" nicht eingekriegt haben.

Rufen wir es noch einmal in Erinnerung:

Grundsätzlich kennen wir viele Arten der Preisfindung. Diese schließen sich nicht aus, sondern der Preis resultiert aus der Kombination mehrerer Verfahren. Der Ausgangspunkt ist in der Regel eine Kostenkalkulation. Es werden die fixen und die variablen Kosten zusammengerechnet, ein Gewinn addiert – und fertig ist der *kostenorientierte* Preis. Aber passt er auch? Vielleicht ist das Produkt dann viel zu billig und ein höherer Preis und damit ein höherer Gewinn wären möglich gewesen. Also muss als zweites die *nachfrageorientierte* Preisfindung ran. Was akzeptiert der Kunde, wann zuckt er zurück? Doch auch das reicht nicht aus: Die Preise der Wettbewerbsprodukte sind noch zu beachten. Gibt es Referenzpreise? Signalisiert der Preis Qualitätsunterschiede? Was nutzt es, bei gleicher objektiver Produktqualität viel billiger zu sein, wenn die Kunden das nicht wahrhaben wollen und dem billigen Angebot misstrauen? Preisgestaltung ist eine komplexe Aufgabe.

> **Kosten, Zahlungsbereitschaft und Wettbewerb** sind drei Aspekte der Preisfindung, die ein Marketier mindestens berücksichtigen muss, wenn er den Produktpreis erstmals festlegt oder im Zeitverlauf anpasst.

Darüber hinaus kennen wir noch weitere Arten der Preisfindung. Die *Versteigerung* zum Beispiel, die wir alle von eBay kennen. Interessenten stehen sich in einem offenen Bieterwettbewerb gegenüber und der Anbieter erzielt den bestmöglichen Preis. Versteigerungen finden sich oft bei Produkten, die keinen objektiven Wert haben, etwa Kunst, Antiquitäten oder Gebrauchtwaren, aber auch auf Spotmärkten, bei denen je nach Nachfragedruck die Preise sehr schnell, teilweise im Minutentakt, variieren. Großmärkte für Blumen, Fisch, Obst oder Gemüse sind hierfür Beispiele.

Als nächstes kennen wir die *Verhandlungspreise*. Das ist der Standard im B2B-Geschäft. Wenn Unternehmen sich gegenseitig etwas verkaufen, verhandeln Ein- und Verkäufer miteinander. Es ist ein ergänzendes Verfahren, denn für den Verkäufer bleiben die Kosten und die erwartete Zahlungsbereitschaft relevant, für den Einkäufer, dem die Kosten egal sein werden, dienen die Preise alternativer Anbieter zur Orientierung. So kommt ein Preis zustande, der auf einem verhandelten Kompromiss beruht. Dieser Prozess bedeutet Aufwand, der so hoch ist, dass sich ein Verhandlungspreis im Supermarkt nicht rechnen würde, auch, wenn der Händler zuweilen höhere Preise für einzelne Produkte verhandeln könnte. Beispielsweise haben wir zu Beginn der Corona-Krise 2020 erlebt, dass einzelne Kunden für Toilettenpapier exorbitante Preise zu zahlen bereit gewesen wären. Aber ich habe keinen Supermarkt gesehen, in dem ein Mitarbeiter individuelle Preisverhandlungen über die Restposten an WC-Papier geführt hätte. Die Personalkosten wären im Vergleich zum Mehrgewinn zu hoch gewesen.

Damit haben wir die fünf klassischen Preisfindungsarten zusammen. Darüber hinaus gäbe es noch den *Monopolpreis*, der sich hierzulande aber nur noch selten findet, etwa bei der Müllabfuhr, der städtischen Wasserversorgung oder bei Behördenleistungen (Personalausweis, KfZ-Zulassung usw.), und die regulierten Preise, deren Hauptbestandteil durch den Staat und seine Organe festgelegt ist, wie etwa der Strom- oder der Benzinpreis.

Kommen wir nun zurück zum Wein und zu Julias Entscheidungsproblem. Sie ahnt, dass ein qualitativ besserer Wein auch mehr kostet und abgesehen von ihrer jüngsten Erfahrung mit dem Edelwein geht sie unbewusst auch davon aus, dass Preis und Geschmack korrelieren. Doch je mehr sie darüber nachdenkt, desto mehr Fragen stellen sich ihr: Liegen die Preisunterschiede an den Produktionsverfahren? Sicherlich: Der Wein eines kleinen Winzers ist tendenziell teurer, weil er im Weinberg und in seinem Keller einen geringeren Automatisierungsgrad hat als ein Großwinzer. Doch ist der Wein besser, nur, weil er weitgehend von Hand gemacht ist? Korrelieren die Produktionsverfahren und damit -kosten mit dem Preis? Oder liegen die Preisunterschiede am Markterfolg? Ein guter Winzer wird mehr nachgefragt und nach dem Gesetz von Angebot und Nachfrage kann er für seine Weine einen höheren Preis verlangen. Hier reizt der Gedanke, dass auch der beste Winzer einmal klein angefangen haben muss und seine Weine eine Zeit lang besser als die der anderen waren, aber er noch keinen höheren Preis durchsetzen konnte. Nur so konnte der Winzer den Ruf erlangen, ein überdurchschnittliches Preis-Leistungs-Verhältnis zu bieten. Und so einen Nachwuchsstar möchten wir gerne entdecken! Seine Weine sind exzellent, aber der Preis ist noch niedrig. Mein Tipp: Vergessen Sie es! Die Profieinkäufer der Handelsunternehmen werden uns immer einen Schritt voraus sein. Sie müssten viele Flaschen leeren, um einen Glückstreffer zu landen, und das sollten Sie Ihrer Leber nicht antun.

Ist ein Winzer, respektive sein Wein, erfolgreich, wird er teurer werden. Und erfolgreich wird er ja nur, weil er gut ist. Also gibt es doch eine direkte Verbindung von Preis und Geschmack? Andererseits: Vielleicht gibt es einen Zirkelschluss von Preis und preistreibender Nachfrage, weil der Preis wie ein Qualitätsversprechen wirkt? Teurer Wein gleich guter Wein? Doch warum kosten dann nicht alle Weine 15 € oder mehr?

Um Julia etwas zu helfen hier der Versuch einer Anleitung, wie sie den für sich besten Wein einkaufen sollte:

Die Farbe des Weins ist leicht zu unterscheiden und es gibt nur wenige Ausnahmen (etwa weiß gekelterte Rotweine oder rotstichige Grauburgunder). Ferner gibt es Fachtermini, deren Bedeutung sie im Web nachlesen kann („Feinherb", „Auslese" usw.) und die ihr zumindest bei deutschen Weißweinen eine weitere Eingrenzung hinsichtlich der „Süße" ermöglichen. Auch kann sich Julia ein Preislimit setzen und schon ist die Auswahl weiter eingegrenzt. Ferner könnte sie das Herkunftsland oder die Anbauregion als Auswahlkriterium nutzen, vielleicht auch die Rebsorte, aber ohne Erfahrungswerte nutzt ihr das kaum. Darüber hinaus wird es schwierig und unbefriedigend: Julia muss mit Annahmen arbeiten und Wagnisse eingehen. Dass ein hoher Preis auf einen guten Geschmack hindeutet, ist z. B. eine solche Annahme. Erst, wenn sie eine gewisse Anzahl Weine probiert und sich selbstredend auch gemerkt hat, was ihr schmeckt, hat sie eine Orientierung. Ohne diese Erfahrung darf sie raten, würfeln, eine Münze werfen oder nach dem optischen Eindruck gehen, also nach der Attraktivität der Etikettengestaltung. Und nun muss sie zugreifen und hoffen!

Julia könnte sich nun Notizen machen, wenn sie einen leckeren Wein in der für sie akzeptablen Preiskategorie probiert hat. In ihrem Bekanntenkreis wird sie sicherlich noch andere Weine kennenlernen, und vielleicht findet sie bessere oder günstigere, dann sollte sie sich diese ebenfalls notieren und hoffen, genau jenen Wein im Regal wiederzufinden. So optimiert sie relativ gefahrlos ihr Portfolio. Die alternative Strategie, bei jedem Einkauf einen anderen unbekannten Wein zu kaufen und zu probieren, ist nicht ratsam: Für uns Laien ist im Niedrig- und Mittelpreissegment das Risiko viel zu hoch, eine Niete zu ziehen und sich den Abend mit saurem Zeug zu verderben.

Am Rande: Julia könnte natürlich auch einen Verkäufer fragen. Doch wie nützlich wird dessen Rat sein? Sind die Geschmäcker nicht viel zu verschieden? Der Verkäufer wird kaum als Experte durchgehen, denn er erfüllt die in Kap. 9 beschriebenen Kriterien nur teilweise. Ob er *langjährige Erfahrung* als Sommelier hat, könnte Julia noch erfragen, obgleich es unwahrscheinlich sein dürfte, einen solchen Fachmann als Verkäufer im Supermarkt anzutreffen. Zudem müsste er sich durch das Sortiment des Supermarktes getrunken haben, um zu wissen, wie welcher Wein schmeckt. *Stabilität der Umwelt*, ein weiteres Kriterium, auf dem Herbert Simon bestand, dürfte hingegeben erfüllt sein. Die Weinbranche hat sich in den letzten Jahrzehnten nicht grundlegend verändert und die Massenweine werden so abgestimmt, dass sie jedes Jahr ungefähr gleich schmecken.

Das dritte Kriterium als Prüfstein für die Glaubwürdigkeit des Expertenrats ist hingegen nicht erfüllt: Der Verkäufer ist *nicht frei von Eigeninteressen*. Im Gegenteil, er wird für die Wahrnehmung der Interessen des Supermarktes bezahlt. Damit ist der Fall entschieden: Der Verkäufer ist kein unabhängiger Experte!

Der Vollständigkeit halber erwähne ich noch das vierte Kriterium, nämlich die Bereitschaft des Verkäufers, sich mit *Julias individueller Situation* zu beschäftigen. Dies darf vermutet werden, denn er stellt ihr viele Fragen zum Trinkanlass, ihren Vorlieben, dem Budget usw. Andererseits: Vielleicht plaudert der Verkäufer nicht mit Julia, um ihr den bestmöglichen Rat zu geben, sondern um ihr etwas näher zu kommen. Dann wäre seine Motivation „unpassend". Nun, vermutlich bin ich nur zu misstrauisch und ein wenig eifersüchtig.

Zu guter Letzt könnte Julia noch Testberichte lesen, um ihr Informationsdefizit abzubauen. Aber Testberichte über niedrig- oder mittelpreisige Weine gibt es nur selten. Dieser Informationskanal fällt also aus. Was würde ich Julia raten? Hat sie etwas Gutes gefunden, sollte sie dabei bleiben. Die schiere Menge an Alternativen macht die nomadisierende Wahl zum Glücksspiel. Es gibt genug Markenweine, die über die Jahre so homogen designt werden, dass der Geschmack und die Qualität konstant bleiben. Julia erkauft sich somit Konstanz auf gutem Niveau, schließt Enttäuschungen, aber auch Highlights aus. Alles hat seinen Preis.

Vom Wert gut gepflegter Kundenbeziehung

Darauf hoffen Anbieter: dass die Kunden zu Stammkunden werden. Ist Julia Stammkundin für einen bestimmten Markenwein, haben der Hersteller und der Supermarkt mindestens zwei Ziele erreicht: Sie wird wieder kaufen und sie wird den Wein weiterempfehlen. Darüber hinaus haben Stammkunden noch andere positive Eigenschaften: Sie tolerieren eher Preiserhöhungen und sind geduldig, wenn mal etwas schiefgeht. Es entsteht eine Bindung zwischen Kunde und Produkt und damit auch dem Anbieter. Diese Produkt- oder Markenbindung kann schwach ausgeprägt sein und ist dann nicht von gewohnheitsmäßigem Kaufverhalten zu unterscheiden, aber auch sehr stark, und zwar so stark, dass sie Fan-Charakter annimmt oder in manchen Bereichen fast schon Züge einer Ersatzreligion oder Heilslehre erkennen lässt. Dann werden Kunden zu Promotoren, die das von ihnen gekaufte Produkt bewerben, verteidigen und, ja, in gewisser Weise lieben! Apple, Harley Davidson oder Hollister sind Beispiele solcher Produkte, aber auch „Marken" wie der FC Bayern München oder der Rapper Bushido lösen ein vergleichbares Verhalten bei Ihren zahlenden Anhängern aus.

Wie erreichen Anbieter eine solche Bindung? Versuchen wir es mit einem einfachen Satz: „Am Anfang steht die *Kundenzufriedenheit*, denn eine *Kundenbindung* kann nur entstehen, wenn mit ihr ein positives Gefühl einhergeht."

Das klingt prima, ist jedoch in dieser Vereinfachung nicht korrekt! Erstens ist Zufriedenheit die Voraussetzung für die kognitive Verbindung zum Produkt. Wenn Julia ihren Wein trinkt und er ihr schmeckt, muss sie sich beim nächsten Einkauf auch an genau dieses Produkt erinnern. Julia müsste sich den Produktnamen aufschreiben, denn anderenfalls ist die Gefahr groß, dass sie ihn vergisst. Ein Mittel gegen dieses Vergessen ist die Markierung, wie wir oben bereits gelesen haben, etwa durch ein unverwechselbares Etikett. Julia muss das Produkt memorieren können.

Zweitens muss Julia ihre Emotion der Zufriedenheit dem Produkt zurechnen und nicht anderen Faktoren. Wenn sie beispielsweise den Wein gemeinsam mit einem netten Mann genießt, flirtet und lacht, hat der Name des Weins kaum eine Chance, sich in ihrem Gedächtnis festzusetzen. Die Verbindung von Zufriedenheit (prima Abend) zum Produkt (Wein) wäre unterbrochen.

Drittens ist zu beachten, dass es zwei Formen von (Kunden-)Bindung gibt, die „Gebundenheit" und die „Verbundenheit". Erstere ist nicht unbedingt freiwillig und entsteht, wenn man sich erst einmal auf ein Produkt eingelassen hat. Dann gibt es aus technischen oder juristischen Gründen eine Zwangsbindung, wie wir sie erleben, wenn wir uns für ein Smartphone-Betriebssystem (Apps), einen Drucker (Patronen) oder ein Auto (Service und Wartung) entschieden haben. Wir sind gebunden, auch dann, wenn wir unzufrieden sind, weil der Wechsel zu einem anderen Produkt zu viele Kosten verursachen würde. Bindung wird zum Zwang. Und selten kann hier der Anbieter auf die gewünschten positiven emotionalen Effekte der Kundenbindung hoffen.

Lukrativer ist darum die zweite Form der Bindung, die Verbundenheit; es ist die „emotionale Fürsprache".

> Der Kunde fühlt sich dem Produkt im positiven Sinne verbunden, wenn nicht gar verpflichtet. Verbundenheit entsteht durch bewusste Zufriedenheit, durch positive Erfahrung und auch, wenn der Kunde erlebt, dass er durch die Nutzung des Produkts Anerkennung erfährt.

„Ah, Julia, du trinkst den Soundso-Wein? Alle Achtung, du hast einen guten Geschmack!" und schon wird Julia Stammkundin. Die Verbundenheit ist das Ziel, das es zu erreichen gilt.

Danach folgt viertens die *Kundenloyalität*. Sauber von der Verbundenheit abzugrenzen ist sie nicht. In beiden Fällen geht es um eine freiwillige emotionale Brücke mit all ihren Vorteilen für den Anbieter. Darum investiert er auch in diese Brücke. Produkt- oder Markenloyalität bedeutet dann, dass Kunden Stammkunden werden. Mit ihnen kann gerechnet werden, sie bringen Stabilität in die Verkaufszahlen, sie sorgen für die preiswerteste und lukrativste Form der Werbung: Die Weiterempfehlung. Jetzt ist auch klar, warum die banale Formel „Positives Gefühl bewirkt Kundenzufriedenheit bewirkt Kundenbindung" in dieser Einfachheit verlockend klingt, aber nicht vollständig ist. Es ist – wer hätte es gedacht? – komplizierter.

Verbundenheit und Loyalität – das ist das Ziel langfristigen Marketings. Dann sind Investitionen in die Kundenbeziehung werthaltig und so entsteht ein Kundenwert. Kauft Julia immer das gleiche Waschmittel, ist die Wahrscheinlichkeit groß, dass sie auch in Zukunft zur gleichen Marke greift. Dieser Blick nach vorne ist hier entscheidend, denn der „Kundenwert" gibt an, welche zukünftige finanzielle Bedeutung Julia für den Hersteller des Waschmittels hat.

Da dieser Julia vermutlich nicht kennt, betrachtet er nicht Julia als Person, sondern Julia stellvertretend für ein „*Kundencluster*". So ein Cluster ist eine Gruppe von Konsumenten mit vergleichbaren Merkmalen: Die „Julias dieser Welt" könnte ein Anbieter als jung, weiblich, alleinstehend, konservativ, erwerbstätig und in der Stadt lebend beschreiben. Und nun wirft er die Rechenmaschine an und kalkuliert, welchen Umsatz die Julias dieser Welt in den kommenden Jahren bringen werden und welche Investitionen dafür gerechtfertigt sind. „*Kundenwert*" ist also keine transzendente Größe wie eben noch die Kundenloyalität, hier geht es um nackte Zahlen und Daten.

Ist Julia eine berechenbare Kundin?

Selbstverständlich! Würden wir Julia länger beobachten, böte sie uns kaum Überraschungen. Sie kauft, was sie immer kauft, nutzt meist die immer gleichen Einkaufsstätten und experimentiert selten. Ist sie darum langweilig? Keinesfalls: Sie geht auf Nummer sicher und erspart sich damit Aufwand und Enttäuschungen, die sie erleben würde, wenn sie Neues wagte. Ihr Einkauf ist schnell und effizient, die Lebensführung berechenbar. Was sollte daran falsch sein?

Auch für die Produktanbieter und für den Betreiber der Einkaufsstätte ist sie transparent. Das macht sie keineswegs zu einer einfachen Kundin, denn während der eine den Vorteil von Julias Kundenloyalität einstreicht, grübeln alle anderen darüber nach, Julia als Kundin abzuwerben. Ihre Treue – oder ihre Trägheit, je nach Sichtweise – sind Fluch und Segen zugleich.

12

Eine aufregende Fahrt nach Hause

Schlüsselwörter Selbstwertdienliche Verzeihung • Value-at-risk • Versicherungen • Trade-off • Risikokosten

Genug gekauft. Die Einkaufstaschen sind schwer genug. Sie packt alles in ihren Kofferraum und fährt los. Ab nach Hause! Und zwar flott! Autofahren in der Stadt gehört mit Sicherheit nicht zu Julias Lieblingsbeschäftigungen, sie will den Heimweg so schnell wie möglich hinter sich bringen. Radio an, Sender mit Musik suchen, Radio aus, Smartphone an, es sieht hoffentlich keiner, Streaming-App aufrufen … und dann dieses Hupen! Sie hat vielleicht eine Sekunde zu lange auf ihr Smartphone geschaut und ist dabei auf die zweite Fahrspur gekommen. Zum Glück ist nichts passiert.

Warum Julia sich ihre Fehler leicht verzeiht

„Was soll denn das Hupen, es ist doch gar nicht kritisch gewesen!" Julia schimpft ein wenig vor sich hin. So schlimm war der kleine Schlenker doch nicht. Klar, auf dem Smartphone Musik zu suchen ist nicht erlaubt und sie weiß auch, wie schnell es zu einem Unfall kommen kann. Aber in ihrem Falle war es doch unkritisch. Oder?

> Warum erscheinen uns eigene Verfehlungen klein, die uns bei anderen groß erscheinen? Weil wir für unsere Verfehlung eine Begründung konstruiert haben und diese die Einschätzung relativiert.

Stünde Julia vor einem Gericht, könnte sie mehr oder weniger objektiv beschreiben, was passiert ist: Sie hat ein anderes Fahrzeug behindert, weil sie einen Schlenker mit ihrem Wagen machte, weil sie abgelenkt war, weil sie ihr Smartphone bediente, weil sie Musik suchte, weil im Radio nur gequasselt wurde und sie auf der Fahrt nach Hause unterhalten werden wollte. Aber Julia steht nicht vor Gericht und wird auch nicht gezwungen, den Ablauf objektiv zu beschreiben (und ich lasse hier einiges aus, wohl wissend, dass es mit der „objektiven" Beschreibung von Situationen nicht so weit her ist). Julia wurde angehupt und schlagartig schrumpft ihre Welt auf einen viel einfacheren Mechanismus: Sie wird für das Musiksuchen bestraft! Das erste und spontane Gefühl ist Unverständnis und vielleicht sogar Ärger: Was soll das Gehupe?

Wenn Sie nun glauben, dass dieses Beispiel etwas Julia-Spezifisches ist, liegen Sie falsch. Wir alle tun Dinge, für die wir kritisiert werden, aber die uns aus unserer Sicht unkritisch erscheinen. Wir verzeihen sie uns, weil wir die Gründe unserer Tat kennen. Und diese Gründe sind uns wichtig, sie sind maßgeblich für unsere Einschätzung der Welt, in der wir leben und in der wir uns zurechtfinden müssen. Für diesen Mechanismus gibt es einen sperrigen Ausdruck, den wir bereits in Kap. 5 kennengelernt haben: Die „selbstwertdienliche Verzeihung". Wir alle neigen dazu, unser Tun vor uns selbst zu rechtfertigen. Auf dem Radweg geparkt? Ja, aber nur, weil der Brief schnell eingeworfen werden musste. Bei „dunkelgelb" über die Ampel? Ja, aber nur, weil wir sonst zu spät zur Arbeit gekommen wären. Die Privathaftpflichtversicherung betrogen? Ja, aber nur, weil sie letztes Jahr die Beiträge so unverschämt erhöht hat.

Es scheint wie folgt abzulaufen: Wir kennen unsere Beweggründe und finden diese hinreichend stark, um *unsere Verfehlung* vor uns selbst zu rechtfertigen. Das klingt schlüssig, ist aber genau genommen falsch: Ich habe den Mechanismus verdreht! Tatsächlich ist es andersherum:

> Wir entscheiden uns für eine Verfehlung (oder begehen sie impulsiv) und danach (!) basteln wir uns unsere Begründung zurecht; erst die Tat, dann die Ausrede.

Jetzt wird auch klar, warum diese *selbstwertdienlich* ist. Wir brauchen uns dann nicht mehr für unsere Tat zu schämen, sondern können uns – vor uns selbst – auf einen guten Grund berufen. Aber bei anderen kennen wir diesen Grund nicht. Wir sehen die Tat bzw. die tatsächlichen oder möglichen Folgen und das Urteil ist fertig. Ist das nicht ungerecht?

Welche Bedeutung hat dieser Mechanismus in der Welt der Ökonomie? Wenn wir mit offenen Augen durch die Konsumlandschaft gehen, entdecken wir unzählige Produkte, die wir nach objektiven Maßstäben besser nicht anrühren sollten. Klima- und Umweltzerstörung, Mikroplastik, Feinstaub, Tier(un)wohl, menschenunwürdige Produktionsbedingungen, übermäßiger Verbrauch knapper Ressourcen oder Müllentsorgung sind bekannte Probleme, die Konsum mit sich bringt. Ich setze voraus, dass, wer dieses Buch in der Hand hält, sich dessen bewusst ist. Wir konsumieren trotzdem und abgesehen davon, dass sich vielleicht, aber auch nur vielleicht, das Gewissen ein winziges bisschen zu Wort meldet, konsumieren wir „schädlich": Wir kaufen das billigste vormarinierte Schweinenackensteak, rauchen, buchen eine Kreuzfahrt, kaufen das neueste Smartphone oder greifen zum Drei-Euro-T-Shirt. Wir sind im Wortsinn schizophren: Kritisch im abstrakten Verbraucherbewusstsein, unkritisch beim konkreten Kaufakt.

„Damit lässt sich arbeiten" sagen sich nun die Anbieter solcher Produkte. Eine Rechtfertigung der Kaufentscheidung ist gar nicht nötig oder es reicht aus, den willigen Kunden einen Vorschlag für eine Rechtfertigung – also für eine Ausrede – zu liefern. Mit irgendeiner skurrilen

Kalkulation werden Flugreisen „sauber", weil pro Passagierkilometer weniger Treibhausgase emittiert werden als bei einer Autofahrt; oder „durch die Kinderarbeit werden die Familien in armen Ländern unterstützt". Viel Gehirnschmalz müssen die Anbieter hier nicht investieren, denn es ist Verlass auf den Mechanismus der selbstwertdienlichen Verzeihung der Konsumenten. Sie kaufen billige Formpresswurst und werden eine Ausrede für ihr Verhalten finden.

An dieser Stelle sollten wir alle den erhobenen Finger wieder einziehen, mit dem wir gerade auf andere gezeigt haben. Wir selbst agieren häufig und regelmäßig auf verwerfliche Art und finden doch immer wieder eine gute Ausrede dafür. Erst, wenn wir uns diesen Mechanismus bewusst machen und unsere Ausreden nicht mehr gelten lassen, verändern wir uns.

Manchmal gehen diese Veränderungen nicht schnell genug oder zu viele wirtschaftliche Interessen manifestieren den Status quo. Mehr Tierwohl z. B. wäre auf der abstrakten Ebene schön, konkret hieße es jedoch, höhere Fleischpreise im Supermarkt zu akzeptieren. Tatsächlich wissen wir aber nichts über das Wohl von Tieren, außer, im Fernsehen wird wieder einmal ein überfüllter Stall gezeigt. Wir müssten also freiwillig mehr Geld für das Wohl von Schlachttieren, von denen wir uns emotional längst weit entfernt haben, ausgeben. Aber wer weiß schon, ob der Aufpreis auch beim Tier ankommt? Die selbstwertdienliche Verzeihung bewirkt auch hier, dass wir weiterhin billiges Grillfleisch kaufen und uns dieses Verhalten auch nicht belastet. Wir finden schon eine gute Ausrede, warum wir das billige Zeug kaufen.

Ein beseelter Fleischproduzent, der vorprescht und im Vertrauen auf ein gewandeltes Verbraucherbewusstsein höhere Produktionskosten durch artgerechte Tierhaltung in Kauf nimmt, wird im Kühlregal teurer sein als ein Massentierhalter. Er geht ein hohes Risiko ein und ist auf eine ebenso beseelte Zielgruppe angewiesen, die dem Verpackungsaufdruck, der auf die Art der Tierhaltung hinweist, vertraut und bereit ist, dafür mehr Geld zu bezahlen. Wie sich zeigt, bleibt er ein Nischenanbieter. Erst staatliche Eingriffe, die mehr Tierwohl vorschreiben und damit höhere Produktionskosten für alle Produzenten verursachen, werden hieran etwas verändern. Selbstwertdienliche Verzeihungen spielen dann keine Rolle mehr, weil es keine Massentierhaltung traditioneller Art mehr gibt.

Kunden müssen dann etwas mehr Geld für Fleisch bezahlen und finanzieren, ob sie wollen oder nicht, bessere Aufzuchtbedingungen mit. Vermutlich wird sich dann die Einstellung der Menschen zu diesem Themenkomplex sehr schnell verändern: Tierschutz wird dann als Errungenschaft unserer Gesellschaft gepriesen und behauptet, schon immer den Aufpreis für bessere Tierhaltung gezahlt zu haben. Auch hier wirkt eine Wahrnehmungsverzerrung, nämlich die beschönigende Fehleinschätzung eigenen früheren Verhaltens. Aber die Schweine werden dann hoffentlich vergnügter grunzen.

Wie teuer ist Falschparken?

Julia hat ihre Musik gefunden: „Bed of Roses" von Bon Jovi und ... ja, stimmt, ein Strauß Blumen zu Hause wäre jetzt schön. Warum nicht!? Die Idee erscheint ihr gut und sie hält Ausschau nach einem Blumenladen. Irgendwann findet sie einen, direkt an der Straße, aber ohne Parkplatz. Ein Parkhaus gibt es, und es ist gar nicht so weit weg. Aber zwei Euro für die erste Stunde ist ziemlich teuer für fünf Minuten parken, nur, um einen Blumenstrauß zu kaufen. Viel verlockender ist es, nur ganz kurz in zweiter Reihe zu halten. Genug Platz bleibt doch auf der Straße, findet Julia. So viel Verkehr ist ja nicht. Und es geht ja auch ganz schnell.

Abgesehen davon, dass es sich hier um eine typische selbstwertdienliche Verzeihung handelt, ist es eine durchaus nüchterne und ökonomisch-rationale Berechnung wert, ob es sich lohnen könnte, bewusst und unter *Inkaufnahme des Risikos* eines Strafzettels den Verkehrsverstoß zu begehen. Schauen wir uns die Sachlage an und prüfen Julias Optionen:

- Sie bezahlt zwei Euro für das Parkhaus. Der Betrag ist immer der Gleiche und fällt immer an.
- Sie bezahlt nichts für das Falschparken. Wird sie erwischt, bezahlt sie 15 €. Sie nimmt an, dass sie bei achtmal Parken in zweiter Reihe nur einmal erwischt wird. Das Risikomaß des Falschparkens ist folglich 1,875 €.

Die Empfehlung an Julia wäre, falsch zu parken.

Natürlich habe ich einige Aspekte außen vor gelassen: So gefährdet das Parken in zweiter Reihe andere Menschen, die auf die linke Spur wechseln müssen. Auch steht Julias Auto im Parkhaus sicherer. Andererseits spart sie Zeit, wenn sie in zweiter Reihe hält. Sie muss nicht ins Parkhaus, einen Parkplatz suchen, nicht zu Fuß zum Blumenladen und zurückgehen und auch nicht anschließend am Parkautomaten nach Kleingeld suchen.

Zudem wirken *kognitive Verzerrungen*: Julia kennt bisher niemanden, der für das Parken in zweiter Reihe bestraft wurde. Sie wird das Risiko unterschätzen, erwischt zu werden. Würde sie hingegen jemanden kennen, der gerade letzte Woche ertappt wurde und zahlen musste, wäre ihre Einschätzung anders: Eine Verfügbarkeitsheuristik hätte gewirkt. Und hätte sie just heute Morgen in den Nachrichten gehört, dass eine Mutter und ihr Kind schwer verletzt wurden, weil sie einem in zweiter Reihe parkenden Auto ausweichen mussten, würde sie – ich möchte wetten! – ohne zu zögern ins Parkhaus fahren. Doch so erscheint ihr das Risiko von 15 € Strafe akzeptabel.

Das sehen die anderen Autofahrer naturgemäß anders: Für sie sind die Autos, die in zweiter Reihe stehen, lästig. Bremsen, Spurwechsel, Beschleunigen, all das behindert den Verkehrsfluss, und das nur, weil da jemand Blumen kaufen möchte und zu faul war, ein paar Minuten zu Fuß zu gehen.

Machen wir einen Perspektivwechsel: Parken in zweiter Reihe ist aus Sicht der Verkehrspolizei unerwünscht. Wie kann sie es unterbinden? Dafür gibt es genau zwei Ansätze:

1. *Kontrollfrequenz*: Die Stadt könnte dafür sorgen, dass Falschparker öfter erwischt werden. Dann verändert sich das Risikomaß. Würde Julia z. B. jedes zweite Mal erwischt, würde sie das Falschparken kalkulatorisch 7,50 € kosten und das Parkhaus erschiene dann attraktiver.

Häufigere Kontrollen klingen nach einem guten Konzept, das aber einen Haken hat: Die Stadt müsste mehr Kontrolleure auf die Straße schicken und hätte höhere Kontrollkosten. Dies ließe sich durch einen zweiten Ansatzpunkt vermeiden:

12 Eine aufregende Fahrt nach Hause

2. *Höhe der Strafe*: Was wäre, wenn Julia nicht 15, sondern 80 € drohen würden? Wie hoch wäre dann das Risikomaß? Würde die Stadt genauso oft kontrollieren wie im Ausgangsmodell, wäre die Chance, erwischt zu werden, eins zu acht; das Risikomaß betrüge 10 € und auch hier wäre das Parkhaus die bessere Wahl. Die höhere angedrohte Strafe wirkt abschreckend und die Kontrollkosten wären für die Stadt die gleichen.

Es sind also zwei Variablen, die eine Rolle spielen: Die *Wahrscheinlichkeit, erwischt zu werden*, und die *Höhe der Strafe*. Diese beiden Variablen verhalten sich wie eine Schaukel; diese Konstellation nennen Ökonomien einen „Trade-off". Dieser beschreibt die wechselseitige Beziehung zweier Variablen. Erhöht sich die eine, verringert sich die andere. Die Kunst ist, das individuelle Optimum zu finden und auszubalancieren.

Solche Trade-offs begegnen uns im Alltag ständig und auch in diesem Buch waren sie schon Thema, etwa bei der Ausbalancierung der Nützlichkeit von Werkzeugen (Multitool versus Schraubenzieher) in Kap. 7 oder beim Ausgleich von Fehlerkosten und Kontrollkosten in Kap. 9.

Natürlich wird Julia keine Formel im Sinn haben, wenn sie überlegt, ob das Falschparken ökonomisch akzeptabel ist. Für die Stadt hingegen ist der Algorithmus für die *Ausbalancierung des Risikomaßes* wichtig. Hinzu kommt die Vermutung, dass die beiden Variablen nicht in gleichem Maße abschreckend wirken. Die Höhe der Strafe wirkt mehr! Sie ist ein direktes *Signal*. Die Strafe, ausgedrückt in Geld, ist schnell, intuitiv und in ihrer Höhe eindeutig bewertbar. Aber die Wahrscheinlichkeit, erwischt zu werden, ist abstrakt und kann kaum eingeschätzt werden, schon gar nicht bei einem einmaligen Vergehen. Und auch hier wirkt jene Verfügbarkeitsheuristik, die bereits beim Mutter-und-Kind-Unfall wirkte: Wenn Julia gerade eine Politesse oder eine Polizeistreife gesehen hätte, würde sie die Wahrscheinlichkeit, erwischt zu werden, höher einschätzen.

Nun, Julia hält in zweiter Reihe, kauft ihre Blumen und läuft zu ihrem Auto zurück. Vor ihrem Auto hat noch ein anderes gehalten. „Stadtpolizei" steht in weißer Schrift auf dem blauen Streifen. Und es sind nicht 15, sondern 55 €! Mist! Ein teurer Blumenstrauß.

Die Relativierung des eigenen Leids

Mit Brass im Bauch fährt sie weiter. Mussten die gerade jetzt vorbeifahren? Hat sie heute nicht schon genug erlebt? Kann es noch schlimmer kommen? Natürlich könnte es das. Bewusst wird ihr das, als sie die Bremslichter vor sich sieht. Lang ist die Autoschlange nicht und sie sieht auch den Grund dafür: Die Polizei leitet den Verkehr an einer Unfallstelle vorbei. Zwei Autos haben sich ineinander verkeilt. Ein Krankenwagen steht auch da, aber viel mehr kann Julia im Vorbeifahren nicht erkennen. Trotzdem reicht ihr dieser Eindruck, um ihre eigenen Erlebnisse zu relativieren. Es geht ihr doch gut, der Knoten in ihrer Brust ist ganz sicher harmlos, der Chef hat ihr verziehen und das Strafticket ist sooo schlimm nun auch wieder nicht.

Warum eine Versicherung?

Sie denkt noch eine Weile über den Unfall nach. Was wäre eigentlich, wenn ihr so etwas passieren würde? Es muss ja nicht gleich etwas Dramatisches sein. Ein geschrotteter Wagen wäre schlimm genug. Genug Ersparnisse für einen neuen Wagen besitzt sie nicht. Sie könnte auch keine größeren Schäden bezahlen, die sie möglicherweise bei anderen verursacht hätte. Wäre sie nach einem Unfall zudem arbeitsunfähig, sähe ihre Zukunft katastrophal aus. Selbst für die Miete und die Lebenshaltungskosten würden ihre Ersparnisse nicht lange reichen.

Sehr hoch ist das Risiko, einen Unfall mit solch fatalen Folgen zu erleben, vermutlich nicht. Sie hat keine Zahlen zur Verfügung und sie kennt bisher auch niemandem, dem das passiert ist. Aber möglich bleibt es dennoch. Sie hat Angst vor den finanziellen Folgen und zugleich hat sie keine, denn ... sie ist versichert!

Eine Versicherung ist eine praktische Sache: *Risiken*, die das Leben mit sich bringt, werden von einer „Gesellschaft" übernommen, jedenfalls die finanziellen Risiken. Vermögen wird ersetzt, wenn es vernichtet oder geschmälert wird, etwa durch die Haftpflicht-, Kasko- oder Hausratversicherung. Auch zukünftiges Vermögen und zukünftiges Einkommen kann versichert werden, zum Beispiel durch eine Unfall- oder eine Berufsunfähigkeitsversicherung: Verliert ein Maurer eine Hand, wird er künftig weniger Geld verdienen. Er kann seinem Beruf nicht mehr nachgehen. Die Versicherung bezahlt, sofern der Maurer eine abgeschlossen hatte, einen Teil des ihm in der Zukunft entgehenden Einkommens. Finanziert wird diese Zahlung sowohl durch einen Vermögenssockel, den die Versicherung anspart, als auch durch die Beitragszahlungen der übrigen Versicherungsnehmer (zusammen der „Kapitalstock"). Soweit die recht einfache Ökonomie.

Aus Julias Blickwinkel ist eine Risikoversicherung das beste Mittel, um Zukunftsängsten zu begegnen.

> Je wahrscheinlicher die Eintrittswahrscheinlichkeit eines befürchteten Risikos ist und je drastischer die Folgen sind, desto höher darf der Preis der Versicherung sein.

Aus Sicht des Anbieters der Versicherungsleistung funktioniert die Kalkulation des Preises nach den gleichen Gesetzmäßigkeiten. Auch hier liegt das Value-at-risk-Modell zugrunde (Kap. 9): *Schadenhöhe mal Schadeneintrittswahrscheinlichkeit* plus ein Aufschlag für Organisationskosten und natürlich für den erhofften Gewinn. Allerdings versichert der Anbieter der Police nicht nur Julia, sondern viele Kunden, und kennt darum die Anzahl und die durchschnittliche Höhe von Schadenfällen. Die Risiken verteilen sich auf die Gesamtheit der Kunden. Der Preis einer einzelnen Police, etwa der für Julia, ist vergleichsweise gering, weil sich viele Kunden zugleich gegen das gleiche Risiko versichern. Sie bilden eine Gemeinschaft und ihre Prämien bilden den Kapitalstock, aus dem Schäden für Einzelne kompensiert werden können. So ist auch zu verstehen, dass die ersten Versicherungen Vereinen oder Selbsthilfegruppen nahekamen, z. B. die Bruderschaften der Zünfte, die ihren verunfallten Mitgliedern oder deren Witwen halfen.

Julia hat einen ganzen Haufen an Versicherungen angesammelt. Einige hat sie privat abgeschlossen, etwa die Haftpflicht-, die Kapitallebens- und die Reisegepäckversicherung, andere regelt der Staat, vor allem die Sozialversicherungen (Arbeitslosigkeit, Krankheit, Rente und Pflege) oder bringt ihr Angestelltenverhältnis automatisch mit sich (Arbeitsunfall, Berufskrankheit, Arbeitswege usw.).

> Eine Versicherung kann auch als Wette verstanden werden.

Um das zu verdeutlichen schauen wir auf Julias Vollkaskoversicherung. Den Preis, den sie bezahlen muss, sagen wir 500 € pro Jahr, kann sie aus dem laufenden Einkommen entrichten. Alternativ könnte sie auch eine Rücklage ansparen, um die Reparatur von Unfallschäden an ihrem Auto zu bezahlen, falls es doch einmal knallt. Doch hat die Rücklage zwei Nachteile:

1. Es braucht einige Zeit, damit sie hoch genug ist, um für die Reparatur eines veritablen Schadens auszureichen. In dieser Ansparzeit ist der Schutz nur teilweise gegeben.
2. Es stellt sich die Frage, wie hoch die *Rücklage* sein soll. Immerhin ist es gebundenes Kapital, das nicht für anderes zur Verfügung steht und somit sind die Opportunitätskosten der Rücklage hoch (Sie erinnern sich? Opportunitätskosten sind der entgangene Nutzen einer alternativen Verwendung, hier des Geldes).

Die Versicherungspolice löst beide Probleme: Sie bietet von Beginn an Schutz und zwar gegen Schäden jeder realistischen Höhe. Sogar vor den Folgen eines Totalschadens ist Julia geschützt! Es handelt sich bei der Versicherung also um eine Wette mit vorher festgelegtem Einsatz und dem eigentlich skurrilen Wunsch, sie regelmäßig, Monat für Monat, zu verlieren: Julia setzt 500 € im Jahr, die Versicherung setzt das Versprechen, die Rechnung bei einem Schaden zu bezahlen. Und Julia möchte gerne verlieren.

Es ist interessant, dieses Versicherungsgeschäft. Auch aus philosophischer Sicht kann ihm einiges abgewonnen werden. Was halten Sie von folgender Erkenntnis?

> Jedes *Lebensrisiko*, dessen Eintritt zu einem Vermögensschaden führen kann, trägt ein Preisschild.

Der abgequetschte Daumen, der gestohlene Koffer, der Verlust, weil online bestellte Ware nicht geliefert wurde, all das kann bepreist werden, weil ein Vermögensschaden oder – wie im Falle des Daumens – zukünftig entgehende Erträge als Kalkulationsbasis zugrunde liegen. Schwieriger wird es, wenn eine solche Grundlage nicht existiert. So können wir uns (meines Wissens) nicht gegen den Ausfall einer Hochzeit versichern, sondern nur gegen die Kosten, auf denen wir sitzen bleiben. Wir können uns nicht gegen Arbeitslosigkeit versichern, nur gegen den Verdienstausfall. Und wir können uns nicht gegen den Tod versichern, aber unseren Hinterbliebenen von der Versicherungsgesellschaft einen Geldbetrag auszahlen lassen.

Der Nutzen der Solidargemeinschaft

Sie ist sehr nützlich, diese solidarische, soziale Gemeinschaft, die sich an der Entschädigung individueller Risiken beteiligt. Egal, ob sie von erwerbswirtschaftlich und damit gewinnorientiert organisierten Unternehmen, vom Staat, einem Verein oder der Familie organisiert wird, die Verteilung der individuellen Lasten von Lebensrisiken, die sich realisiert haben, ist eine äußerst praktische Sache. Das Gegenmodell lebt der Einsiedler. Er muss sich zwar nicht an den Kosten der Schäden, die andere erlitten haben, beteiligen, aber er ist auf sich gestellt und es bleibt ihm nichts anderes übrig, als Rücklagen zu bilden, etwa in Form einer Notreserve an Lebensmitteln und Feuerholz, falls er aufgrund einer Verletzung nicht jagen gehen kann. Aber die Ratten fressen ihm vielleicht das Dörrfleisch weg und der Regen durchnässt womöglich das Holz. Julia, und ich auch, fühlen uns in unserer Gemeinschaft gut aufgehoben.

13

Was tun gegen die Einsamkeit?

Schlüsselwörter Liebe • Versorgungsgemeinschaft • Partnerschaftsmotive • Transitivität • Ökonomie der Partnerschaft • Markt für Partner • Online-Dating • Partnerschaftsmanagement • Trennung

Julia kommt nach Hause. Sie parkt, trägt ihre Einkäufe die Treppe hinauf und schließt die Wohnungstüre auf. Ruhig ist es da. Der vertraute Duft, das Licht im Flur, alle Gegenstände stehen dort, wo sie immer stehen. Nichts ist anders. Niemand erwartet sie, begrüßt sie, kommt ihr entgegen. Niemand hat Unordnung gemacht oder für sie gekocht. Sie wohnt allein. Sie ist allein. Doch hat sie es sich nicht ausgesucht. Gerne hätte sie einen Partner, mit dem sie gemeinsam leben und auch eine Familie gründen könnte. Ein Kind, ja, das wäre schön. Oft malt sie sich aus, wie das wäre. Dann wird sie traurig und fürchtet, dass es fast schon zu spät ist. Was soll sie machen? Der Richtige findet sich nicht. Ist sie nicht hübsch genug? Ist sie zu dick, nicht gebildet, zu wählerisch? Was macht sie falsch? Sie hat doch so viel zu geben!

„Man sieht nur mit dem Herzen gut ..."

Nicht, dass sie es nicht schon versucht hätte. Paul: Drei Jahre. Martin: Zwei Jahre. Eike und Tom: jeweils ein Jahr, das sich aber überschnitten hat. Julian: Fünf Jahre! Er hätte es sein sollen, aber dann wollte er in eine andere Stadt, Julia aber nicht. Und eigentlich war die Zeit mit Julian sowieso vorbei. Sie hatte ihn nicht mehr geliebt, jedenfalls nicht mehr genug, um mit ihm wegzuziehen. Ihr Herz war nicht mehr an Bord.

> Das Herz. Die Liebe. Sie ist das heutzutage einzig legitime Bindungsmotiv. „Ich liebe sie/ihn" ist der ultimative Grund, sich an einen Partner oder eine Partnerin zu binden. Sie gilt als das Leitmotiv der Romantik, so, wie wir es täglich im Fernsehen oder im Kino sehen und in Büchern und Zeitschriften lesen.

Die Gesellschaft ist sich einig: Nur die *Liebe* kann uns zum rechten Partner führen. Ist das ein gutes Rezept? Die Antwort ist: Das kommt auf das *Zielsystem* an!

Sie erinnern sich? Heute Morgen, noch im Bett, sinnierte Julia über den bevorstehenden Tag. Was anstand und vor allem, was davon wichtig schien, richtete sich nach Julias Zielsystem. Dieses war und ist ihr ein Kompass, um nicht unnötig Zeit mit Aktivitäten zu vergeuden, die dann doch nicht nützlich sind. Genauso sinnvoll ist das Zielsystem hier. Stellt sich die Frage: Wozu möchte Julia einen Partner?

Sicherlich, unangefochten an der ersten Position der Ziele einer Partnerschaft steht das lebenslange, glückliche Beisammensein, das Teilen der Freuden und Leiden des Lebens, „bis dass der Tod uns scheidet". Soweit, so gut. Aber ein Blick in die Statistiken ist frustrierend:

> Über 60 % aller Paare, die das erste Jahr überstanden haben, trennen sich später doch.

Die Scheidungsquote ist geringer, aber bewusst beziehe ich hier auch unverheiratete Lebensgemeinschaften mit ein. Noch einmal: Über 60 %

der festen Partnerschaften gehen schief, jedenfalls dann, wenn wir sie mit dem üblichen Maß beurteilen: der *lebenslangen Gemeinschaft*.

Sind wir also mehrheitlich unfähig, eine Paarbeziehung zu leben? Nein! Wir interpretieren die Daten falsch! Wir gehen unausgesprochen davon aus, dass Paare ihr gesamtes restliches Leben zusammenbleiben und wenn dies nicht geschieht, verurteilen wir das als Scheitern der Partnerschaft. Dieses *Ideal der Lebenslänglichkeit* als Maßstab für eine gute Beziehung ist der Casus knacksus. Doch das ändert sich. Wahrscheinlich erleben wir diesbezüglich gerade einen schleichenden Wandel. Noch bis nach dem 2. Weltkrieg, vielleicht bis in die 60er-Jahre, waren Versorgungsgemeinschaften mit klarer Teilung der Aufgaben (Mann verdient Geld, Frau kümmert sich um den Haushalt und die Kinder) das Standardmodell. Es entstand eine gegenseitige Abhängigkeit, die eine Trennung schwierig machte, denn sowohl der zurückbleibende Mann als auch die zurückbleibende Frau hätten Schwierigkeiten gehabt, die entstandene Lücke zu schließen. Zudem gab es eine strenge soziale Kontrolle und eine Trennung war insbesondere für die Frau mit dem Statusverlust verbunden. Die Folge waren hohe Trennungskosten, monetäre wie auch nichtmonetäre. Die lebenslange Gemeinschaft war de facto Pflicht, egal, wie gut die Partnerschaft funktionierte. Heute beurteilen wir die „erfolgreiche" Partnerschaft differenzierter:

> Es hat sich die Erkenntnis durchgesetzt, dass es neben der „Stabilität" ein zweites Kriterium braucht, um die Qualität einer Partnerschaft zu bewerten: Die „Zufriedenheit" der Partner mit der Beziehung.

Den Zwang, um jeden Preis in der Paarbeziehung zu bleiben, haben wir weitestgehend hinter uns gelassen. Trennungen gefährden nicht mehr die Existenz und sind sozial akzeptiert. Tatsächlich sind sie in den meisten sozialen Umfeldern unseres Landes „normal" und einfach geworden. Die Begründung ist leicht gefunden: „Wir haben uns auseinandergelebt" oder „Ich liebe ihn/sie nicht mehr" reichen vollkommen aus, damit die Entscheidung im Freundeskreis akzeptiert wird.

Das Entstehen und Vergehen von Liebe ist also die *kommunizierte Beziehungsmotivation*. „Entsteht" Liebe, kommt es zu einer Paarbeziehung, vergeht sie, trennt man sich. Vor diesem Hintergrund erscheint es widersprüchlich, an der Lebenslänglichkeit der Partnerschaft als Ziel festzuhalten.

> Wäre es nicht ehrlicher, als Ziel einer Partnerschaft einen erfüllten Zeitabschnitt im Leben anzustreben, und wenn es nicht mehr passt, sich „sauber" zu trennen? Wären Lebensabschnittspartnerschaften im Kontext niedriger Trennungshürden und unter dem akzeptierten Diktat der Liebe als Bindungsmotiv adäquater?

Vielleicht, doch obwohl die gesellschaftliche Entwicklung die Notwendigkeit der lebenslangen Partnerschaft überwunden hat, spukt sie als Bewertungsmaßstab und Ziel immer noch in den Hinterköpfen herum. Diese Dichotomie wirkt wie eine Bremse. Insbesondere *untypische Beziehungskonstellationen* werden vermieden, wenn statt über einen wunderbaren gemeinsamen Lebensabschnitt darüber nachgedacht wird, wie man gemeinsam alt wird und stirbt. Größere Altersunterschiede sind ein plakatives Beispiel: der junge Mann, der sich in eine 20 Jahre ältere Frau verliebt, aber anstatt sich im inneren Video die nächste Zeit anzuschauen, das, was man gemeinsam erleben und genießen kann, denkt er darüber nach, dass wenn er 50 ist, sie ja bereits 70 sei. Schade.

Lebensabschnittspartnerschaften? Was ist dann mit *Kindern*? Ist es nicht unverantwortlich, mit der Realoption der baldigen Trennung im Sinn Kinder in die Welt zu setzen? Julia wünscht sich Kinder und natürlich möchte sie sie nicht alleine erziehen. Doch schauen wir den nackten Zahlen ins hässliche Antlitz: Kinder verlängern Beziehungen im statistischen Durchschnitt um nicht einmal ein halbes Jahr! Wir fühlen uns offensichtlich nicht allzu sehr verpflichtet, wegen unserer Kinder eine Partnerschaft am Leben zu erhalten (Steinwede und Hess 2019). Das ist ausgesprochen ernüchternd, vor allem für Frauen, die in der Mehrzahl der Trennungsfälle anschließend die Hauptlast der Kindererziehung tragen müssen. Viele Männer kaufen sich raus. Also hat auch bei diesem Aspekt die Realität die romantischen Vorstellungen auf der Innenbahn überholt.

Kommen wir noch einmal auf die Überschrift zu sprechen: „Man sieht nur mit dem Herzen gut ..." ist natürlich der Geschichte „Der kleine Prinz" von Antoine de Saint-Exupéry entnommen (de Saint-Exupéry 1943). Dort gehört das Zitat auch hin und dort sollten wir es auch lassen. In unserem „realen" Leben sollten wir stattdessen unsere Augen öffnen und, so wundervoll die Liebe auch ist, dem einen oder anderen rationalen Gedanken Raum geben.

Wozu brauchen wir einen Partner? Was ist uns wichtig?

Nun denn. Julia träumt von Liebe. Eine Partnerschaft (nur) aus rationalen Motiven kommt für sie nicht in Frage. Dennoch hat auch Julia den üblichen Kriterienkatalog für die Partnerwahl im Hinterkopf, der sich mehr wie ein Wunschzettel liest: Aussehen, Ausstrahlung, Benehmen, Treue, Einkommen, Vermögen, Bildung, Humor, Körperhygiene, Kompromissbereitschaft, Urlaubsvorlieben, Beziehungshistorie oder Freundeskreis sollten innerhalb der von ihr festgelegten Parameter liegen. Sie hat eine Liste von Kriterien im Hinterkopf, so, wie es bei einer Nutzwertanalyse bzw. einem Scoring üblich ist (wir haben das Verfahren in Kap. 6 für Julias Auswahl eines Verkehrsmittels für die Fahrt ins Büro diskutiert). Und natürlich hat sie die Bedeutung dieser Kriterien, ohne sich dessen bewusst zu sein, gewichtet.

So ist ihr das Aussehen wichtiger als der Humor, der Humor ist wichtiger als das Einkommen, aber das Einkommen ist wichtiger als das Aussehen. Stop! Ist Ihnen etwas aufgefallen? Mathematisch geht das nicht. Die Ordnung verletzt das *Gesetz der Transitivität*! Wenn A größer B und B größer C, kann nicht C größer A sein. Bei Julias Bewertung der Kriterien erleben wir genau das. Präferenzordnungen zu erstellen, ist tückisch. Ohne methodische Unterstützung geht das oft durcheinander. Erst wenn sich Julia bewusst mit ihren Präferenzen beschäftigt, wird sie sortieren können, was sie zuvörderst will und was ihr weniger wichtig ist. Ihre Emotionen wirken bei dieser Arbeit zuweilen sogar wie Störgrößen, oder, wie der Therapeut Bert Hellinger es ausdrückte: *„Hoffnung trübt den Blick"* (Hellinger 1996).

Ist so ein „korrektes", methodisch fundiert erstelltes Präferenzprofil überhaupt notwendig? Ja, unbedingt! Zu wissen, was wir tatsächlich erreichen oder haben wollen, hilft, die richtigen Entscheidungen zu treffen. Wenn sich Julia bewusst ist, was sie möchte und was sie sucht, kann sie sich fokussieren. Sie kann selektieren, verliert keine Zeit mit Flirts und Affären, auf die sie sich einlässt, weil die Dynamik der Situation dorthin führte (und es quasi „aus Versehen" passiert ist) und kann sich um den Mann bemühen, der sie berührt und die Eigenschaften aufweist, die Julia präferiert. Mir ist klar, dass das mechanisch klingt, aber lassen Sie die Logik hinter diesen Gedanken zu! Später können Sie es ja anders halten, sind sich dann aber bewusst, den Pfad ökonomisch effizienten und fokussierten Verhaltens zu verlassen. Zudem wird sich sowieso erst später zeigen, ob die „Zielmänner" – respektive die „Zielfrauen" – auch mitspielen.

Kosten und Nutzen einer Partnerschaft

Darf man eine Partnerschaft, den letzten Hort der Liebe und Romantik, in dem gegeben wird, ohne eine Gegenleistung zu verlangen, mit ökonomischen Maßstäben messen? Selbstverständlich! Hierin sind sich Soziologen wie die Bestsellerautorin Eva Illouz (2016) und Hardcore-Ökonomen wie der Wirtschaftsnobelpreisträger Gary Becker (1993) einig. Natürlich benutzen sie ein jeweils unterschiedliches Vokabular und zweifellos ist es gewöhnungsbedürftig, ökonomische Begriffe für die Beschreibung von Aspekten einer Paarbeziehung zu verwenden. Aber es ist ja der Sinn dieses Buches, zu zeigen, dass sich Ökonomie nicht (nur) um Geld dreht, sondern (auch) um das ganze Spektrum von Alltagserlebnissen, -entscheidungen und -vorkommnissen und dass diese stets mit der Ausbalancierung von Kosten und Nutzen zu tun haben. Der Vorteil dieses Vokabulars ist dann auch, zur *Entromantisierung* beizutragen. Denn: Eine Partnerschaft ist eine *Gemeinschaft zu gegenseitigem Nutzen*, die auch etwas kostet („There is no free lunch!"). Schauen wir uns das an:

Den *Nutzen* einer Partnerschaft zu beschreiben, scheint uns auf den ersten Blick einfach. Liebe, Geborgenheit und Nähe sind ab einer gewissen Stufe an Intimität nur bei einem festen Partner zu bekommen. Auch der Zugang zu Sex hat einen Wert. Die *Kosten* sind mit einer Flatrate abgegolten. Zu dieser gehören das Partnerschaftsexklusivitätsversprechen ebenso, wie sich die üblichen Lasten des Haushalts zu teilen (die natürlich überwiegend auch bei einem Single-Haushalt anfallen würden), denn jeder trägt seinen Teil zur Lebensführung bei: Putzen, Einkaufen, Kochen, Aufräumen, zum Wertstoffhof fahren, sich um die Versicherungen kümmern oder mit den Nachbarn klären, dass die Treppe wieder nicht geputzt war.

Ferner sind die *finanziellen Aspekte* zu betrachten: Die Teilung der Einkommen, das gemeinsame Ansparen von Vermögen, Anschaffungen, die alleine nicht möglich gewesen wären oder die Absicherung im Krisenfall, etwa bei Arbeitslosigkeit, all das ist von Nutzen. Die Kosten eines Partners liegen ebenso auf der Hand: Zusätzliche Lebenshaltungskosten, Hobbys, nur jeweils individuell nützliche Anschaffungen und auch der Wohnraum, den der Partner oder die Partnerin in Anspruch nimmt und der darum zusätzlich angemietet werden muss, zählen zu den finanziellen Lasten, die eine Partnerschaft verursacht.

Was als nächstes zu berücksichtigen wäre, ist, dass jede exklusive Partnerschaft auch *Verzicht* bedeutet. Diesen Verzichtskosten sind wir bereits in Kap. 7 begegnet und nannten sie dort Opportunitätskosten. Zur Erinnerung: Opportunitätskosten sind der entgangene Nutzen einer Alternative. Worauf müsste Julia verzichten? Auf alle anderen Männer und natürlich auf die Erlebnisse mit diesen, Erlebnisse, die normalerweise dem festen Partner vorbehalten sind: Flirten, Sex, gemeinsame Urlaube usw. Am Anfang einer Beziehung fallen diese Verzichtskosten nicht ins Gewicht. Eine junge Liebe kann den Verlockungen der Alternativen leicht widerstehen. Aber später, wenn die Liebe nach ein paar Jahren weniger berauscht, ist es schon schwieriger, sein Exklusivitätsversprechen zu halten. Mit Julian hat sie das erleben müssen und, tja, treu war Julia in der Endphase der Beziehung dann auch nicht mehr.

Kommen wir zum letzten Kostenblock: Den *Kompromisskosten*. Es sind streng genommen auch Opportunitätskosten, aber ich habe sie hier separiert, weil sie sich im Beziehungsalltag anders darstellen: Es sind die Kosten all der kleinen, ständigen Kompromisse, die eingegangen werden müssen, all die Einschränkungen, die man erfährt, wenn man Rücksicht nehmen muss. Ausnahmslos alle Lebensbereiche sind davon betroffen: Welche Wohnung, der Umzug in eine andere Stadt, die Gestaltung des Abends, der Kurzurlaub, wer kocht, wer holt den Wein aus der Küche und wer bringt das Paket auf die Post? Stets ist ein Kompromiss erforderlich. Das Limitieren der eigenen Handlungsfreiheiten wirkt wie ein Preis für die Gemeinsamkeit. Auch der Partner wird – an anderer Stelle – einen solchen Preis bezahlen. Aber in Summe entsteht kein direkter Nutzen: Jeder muss auf etwas verzichten, bekommt im Tausch aber unmittelbar nichts. Die Gegenleistung ist abstrakt, nämlich das Weiterbestehen der Beziehung sowie die reziproke Verpflichtung des jeweils anderen, auch einen Kompromiss zu akzeptieren.

Fassen wir zusammen: Das Teilen der Kosten und der gegenseitige Nutzen

- in der praktischen Lebensführung („haushaltsnahe Dienstleistungen"),
- bei emotionalen Erfahrungen,
- auf finanziellem Gebiet, sowie
- die Opportunitätskosten und
- die Kompromisskosten

umreißen die Ökonomie der Partnerschaft.

Hier möchte ich auf eine interessante Feststellung der Bindungsforschung hinweisen: Paare sind dann stabiler, wenn der jeweilige Partner „Fähigkeiten" oder „Dinge" einbringt, die der andere nicht hat, aber vermisst.

> Je besser sich die Partner ergänzen, weil jeder etwas in die Partnerschaft einbringt, dass der jeweils andere nicht „produzieren" kann (oder will), desto stabiler ist die Verbindung. *Die Arbeitsteilung bringt Bindungsstärke.*

Umgekehrt heißt das möglicherweise, dass immer dann, wenn beide Partner können, was der andere auch kann, sich die Partner also weniger nützlich sind, eine Trennung leichter vollziehbar ist, weil keine Produktionslücken drohen. Interessanterweise sind die finanziellen Lücken, die eine Trennung reißt, die kritischeren, denn sie lassen sich nicht einfach schließen. Entfällt ein Einkommen, ist die Wohnung nur noch schwer zu halten. Für die emotionalen Lücken gibt es hingegen Märkte mit kommerziellen Angeboten, die über den Trennungsschmerz hinweghelfen, etwa Dating-Plattformen oder Reisen.

Julia hat genau das erlebt: Nachdem sie sich von ihren früheren Partnern getrennt hatte, lief das Leben weiter wie zuvor, von der vorübergehenden Trauer einmal abgesehen. Ihre Partner waren für Julia wenig nützlich und selbst der Zugang zu körperlicher Nähe und Sex war und ist auch ohne feste Partner verfügbar – wenn vielleicht auch nicht in der gleichen Qualität. Tiefe Spuren oder schmerzliche Lücken hinterließen Paul, Martin, Eike, Tom und Julian jedenfalls nicht.

Der Lebenszyklus einer Partnerschaft

Was wir bisher außer Acht gelassen haben ist die Betrachtung der Dynamik einer Beziehung (Zeitachse). Sie beginnt mit einer *Romanze*, der Phase des Verliebtseins, in der wir eine rosarote Brille tragen und für den jeweils anderen schwärmen. Diese Phase ist wunderbar, sie verzaubert die Welt um uns herum. Sie wirkt ein bisschen wie eine Droge. Und tatsächlich gibt es das Muster der Romanzensucht: die ständige Suche nach diesem Zauber, ohne jemals konkret zu werden und Bindungen – mit all ihren Kosten – einzugehen. Und wie jede Sucht lässt sich auch diese kommerzialisieren und mit Produkten bedienen, die schnelle, unverbindliche Bekanntschaften ermöglichen (z. B. Tinder oder Zoosk).

Verliebtheit macht eine Romanze aus, hat aber auch einen Nachteil: Sie steigert die *Toleranz gegenüber Fehlern* und kritischen Eigenarten des Partners über ein gesundes Maß hinaus. „Liebe macht blind!" Zudem treten die eigenen Präferenzen zurück, um die beginnende Bindung nicht zu gefährden. Beides ist aber nur vorübergehend akzeptabel und die Wirklichkeit rückt diese temporären Einschränkungen auf Dauer wieder gerade – es ist das Erwachen, nachdem die rosarote Brille abgesetzt wurde. Der Übergang von der Verliebtheits – in die Beziehungsphase gelingt dann möglicherweise nicht.

Erst in dieser nächsten Phase, in der über die *Synchronisation der Lebenskonzepte* nachgedacht wird, werden die (erwarteten) Kosten und der (erwartete) Nutzen präsent. Fragen wie jene nach dem Zusammenziehen, den Kinderwünschen oder der Patientenverfügung drängen sich auf. Mit dieser Konkretisierung werden die oben skizzierten fünf Kategorien der Kosten-Nutzen-Beurteilung bewusst: Aspekte der praktischen Lebensführung, der Emotionen, der Finanzen sowie die Opportunitäts- und Kompromisskosten werden ventiliert und letztendlich der vorläufige gemeinsame Weg entschieden. Parallel dazu ändern sich die Emotionen: Aus dem Verliebtsein wird Liebe, aber ich möchte noch einmal darauf verweisen, dass diese gewünschte Parallelität von Lebensgestaltung und emotionaler Bindung dem Zeitgeist geschuldet ist. Auf sie verzichten möchte Julia aber nicht. Und ich möchte es auch nicht.

Natürlich kommt es oft genug vor, dass der Übergang von der Verliebtheits- in die Beziehungsphase nicht gelingt. Ein Partner fühlt sich beispielsweise durch voreilig akzeptierte und eingegangene Kompromisse zu sehr eingeschränkt. Was mit Kompromissen bezahlt wird, ist das Fortbestehen der Beziehung, aber je höher der Preis ausfällt, desto unattraktiver erscheint sie. Auch das kann ein dynamischer Prozess sein: Im Anfang einer Beziehung verzichten wir gerne und erleben diesen Verzicht als Investition. Jede Investition soll sich später auszahlen – die erhoffte Rückzahlung besteht aus dem Nutzen der Partnerschaft sowie der Chance, den Verzicht zu korrigieren.

Ein Beispiel: Wenn der Mann die Frau zum Tanzkurs begleitet, obwohl er keine Lust darauf hat, dann nur, weil er sich eine Gegenleistung von der Frau erhofft oder die Paarbeziehung stabilisieren möchte und er erwartet, nach erfolgreicher Mission nicht mehr in den Kurs zu müssen. Muss er es später dennoch, präsentiert der Kompromiss sein Preisschild.

Als Drittes kommt die *Reifephase* einer Beziehung. Man ist eingespielt. Die Prozesse laufen, die Kompromisse müssen nicht mehr verhandelt werden, man weiß, woran man ist.

Aus ökonomischer Sicht sinken in der Reifephase die Transaktionskosten einer Beziehung. Der Aufwand der Abstimmung der Lebensgestaltung nimmt ab.

Jetzt wäre der Schluss, dass bei gegebenem Nutzen und abnehmenden Kosten die Relation immer besser werden müsste: Je länger ein Paar zusammen ist, desto günstiger sieht die Kosten-Nutzen-Bilanz eines jeden aus. Die Trennungswahrscheinlichkeit müsste – gemessen an der Beziehungsdauer – erst niedrig, dann hoch und später wieder niedrig sein. In einem Koordinatensystem sähe das aus wie ein n. Tatsächlich ist es auch so, wenn das n auch eher aussieht wie das Profil eines Mittelgebirgshügels, das ein Volltrunkener gezeichnet hat.

Doch warum trennen sich Paare überhaupt nach vielen Jahren, wenn angeblich die Beziehungskosten immer weiter sinken? Weil der Beziehungsnutzen nicht konstant bleibt. Mit zunehmender Bindung geht vor allem der *emotionale Reiz* verloren.

> Aus Liebe wird schnell Gewohnheit, die Schmetterlinge fliegen schon lange nicht mehr und die Vorstellung, dass die Welt noch so viele wunderbare Chancen böte, wenn der Partner und mit ihm die lästigen Opportunitäts- und Kompromisskosten nicht wären, nimmt immer mehr Raum ein.

Ob eine Trennung die erhoffte Verschiebung der Kosten-Nutzen-Bilanz bringt, wird die Realität zeigen. Doch dies hier ist kein Beziehungsratgeber, sondern ein Ökonomie-Buch.

Der Markt für Partnerschaften

Bitte stellen Sie sich keinen Viehmarkt vor, auf dem unverheiratete Frauen oder Männer auf einer Bühne präsentiert und ihre Vorzüge (fester Job, gepflegte Zähne, gut genährt) angepriesen werden. So etwas gibt es vielleicht noch im irischen Lisdoonvarna zu bestaunen, wo jedes Jahr im September ein Auftrieb von 60.000 Besuchern, vermeintlich alle Singles, stattfindet. Da wird sich doch der passende Partner finden lassen und im Zweifel helfen „Makler". Nein, normalerweise ist es viel komplizierter. Ein Markt ist es trotzdem, oder vielmehr, es sind mehrere unterschiedliche Märkte!

Julia kennt diese Märkte und wir können nach der Art, wie Angebot und Nachfrage aufeinandertreffen, drei Arten unterscheiden:

1. Als Erstes gibt es den Markt, der auf *direkten und persönlichen Kontakten* basiert. Interessenten begegnen sich am Arbeitsplatz, im Fitnessstudio, beim Joggen, im Club, im Urlaub oder bei einer privaten Feier. Ein paar harmlose Fragen, lange Blicke, das Abchecken des Beziehungsstatus, die Einladung auf einen Kaffee am nächsten Tag. Nach und nach wird geprüft, inwieweit der potenzielle Partner die jeweils eigenen Kriterien erfüllt und irgendwann entschieden, „es zu versuchen". Dann wird es intim und vielleicht entsteht auf diesem Pfad genug Nähe, so dass es zu einer Romanze und vielleicht zu einer Beziehung kommt.
2. Als Zweites gibt es den *Empfehlungsmarkt*. Auf diesem werden Kontakte zwischen den Beziehungswilligen von Freunden bzw. Bekannten arrangiert: „Die Silke solltest Du einmal kennenlernen, die tickt wie Du!" Ist der Kontakt hergestellt, ist der Prozess der gleiche wie bei Erstens, mit der Ausnahme, dass die Kuppler zu Zuschauern werden. Und es gilt: Je mehr Menschen Julia gut kennt, desto mehr Chancen gibt es, dass irgendjemand eine gute Empfehlung hat und ein Treffen arrangiert. Am Rande: Diese Marktform gleicht zunächst dem althergebrachten Modell der arrangierten Ehe, bei dem die Eltern für ihre Kinder einen passenden Partner finden und die Konditionen einer Verbindung verhandeln. Der Unterschied besteht in der Wahlfreiheit der Partner nach einer persönlichen Begegnung: Früher hatten die „Kombattanten" keine Austrittsoption, heute schon.
3. Kommen wir zum dritten Markt: Die *Eigenpräsentation auf organisierten Plattformen*. Früher waren es Kontaktanzeigen in den Tageszeitungen, heute sind es Online-Profile auf webbasierten Partnerschaftsbörsen. Der Mechanismus ist klar: In einer strukturierten Selbstdarstellung werden persönliche Merkmale wie auf einem Viehmarkt angepriesen, aber anschließend findet kein Kauf statt, sondern die potenziellen Interessenten müssen sich ihrerseits erst qualifizieren. Erst, wenn beide Parteien mit den behaupteten Eigenschaften des anderen zufrieden sind, kommt es zu einem persönlichen Kennenlernen. Dann wird das Umfeld der organisierten Plattform verlassen und der

weitere Weg der Beziehungsanbahnung ist der gleiche wie beim Direktkontakt unter Erstens. Im nächsten Unterkapitel schauen wir uns diese Dienste etwas genauer an.

Julia kennt diese Märkte. Erfolgreich war sie mit allen drei Konzepten, sofern man von Erfolg sprechen kann, wenn sie sich verliebt hat und damit ein Los für die Glückslotterie der Liebe erwarb. Doch langfristig betrachtet waren die Ergebnisse immer gleich enttäuschend, wenn Julia auf ihr Zielsystem schaut: Einen Mann hat sie nicht an ihrer Seite und Kinder hat sie auch nicht.

Mittlerweile stellt sich bei ihr auch eine gewisse Müdigkeit ein: Immer wieder herausputzen, die eigenen Vorzüge anpreisen, die Unzulänglichkeiten verbergen, möglichst schnell möglichst viel vom Gegenüber herausbekommen, nur um dann die wirklichen Haken und Ösen doch erst später zu entdecken. Ihr Plan (á la „beim nächsten Mann ist alles anders") ging bisher nicht auf. Sie tappte immer in die gleiche Falle bzw. suchte sich immer wieder Männer mit den gleichen Macken. Die Hoffnung hat sie trotzdem noch nicht aufgegeben. Der Richtige wird kommen! Der Markt ist schließlich gigantisch. So kommt er Julia wenigstens vor. Partnerschaftsanbahnungsshows im Fernsehen haben Hochkonjunktur, Dating-Portale erobern den Beziehungsmarkt und organisierte Single-Treffs gibt es an jedem Wochenende in den Bars und Kneipen der Stadt. Es gibt auch kaum noch Grenzen bei der Partnerwahl: Julia darf mit einem Deutschen oder einem Ausländer anbändeln, mit Angehörigen jeder Herkunft und Hautfarbe, sogar mit einem willigen Verheirateten oder einem Geschiedenen, einem Mann mit oder ohne Kinder, mit einem Älteren oder auch mit einem Jüngeren, mit einem Armen oder einem Reichen. Eine soziale Ächtung größere bzw. existenziellen Ausmaßes wird es nicht geben.

Die Fülle an Angeboten und die Freiheit der Wahl erzeugen ein Gefühl unendlicher Möglichkeiten.

> Doch hat die exorbitante Zunahme echter oder eingebildeter Verfügbarkeit von potenziellen Partnern wie alles im Leben auch einen Preis.

Es gibt gleich mehrere Preisbestandteile: zunächst die erhöhten Transaktionskosten in der Anbahnungsphase. Informationen müssen beschafft, Veranstaltungen besucht, Portalgebühren bezahlt und Zeit für erste Dates investiert werden. Je mehr Optionen Julia testet, desto mehr Aufwand muss sie treiben. Als zweites sind die Opportunitätskosten zu nennen, also der entgangene Nutzen der Alternativen. *Jede Romanze verlangt nach Exklusivität.* Aber warum sich auf Partner A festlegen, wenn B, C oder D auch ganz nett sind? Ab wann wird Exklusivität gewährt? Ist es OK, wenn sich Julia mit mehreren Männern trifft und dann selektiert? Und was ist mit all den ausgelassenen Alternativen? Wären da nicht auch tolle Typen dabei gewesen? Je mehr attraktiv erscheinende Alternativen es gibt, als desto höher werden die Opportunitätskosten der Wahl empfunden.

Und so komme ich zum dritten Preisbestandteil: Jede *Freiheit der Wahl* birgt den *Zwang zur Wahl*. Wenn ich Ihnen einen Obstkorb anböte und Sie fänden darin Äpfel und Birnen, fiele die Wahl leicht. Aber was ist, wenn Sie auch noch Mandarinen, Kirschen, Kiwis, Ananas und was weiß ich noch alles finden? Dann fällt die Auswahl schwerer, sie dauert länger, die Kosten der Prüfung der Alternativen und der Abwägung der Entscheidungsfolgen sind höher und – das sind wieder die Opportunitätskosten – es wird als zunehmend schade empfunden, nicht mehrere Obststücke greifen zu dürfen.

Wir alle entwickeln uns – aber wohin?

Und bei all dem ist zu beachten, dass die Auswahl unter dem aktuellen Eindruck und vor dem Hintergrund der eigenen aktuellen Situation geschieht. Stattdessen geht es bei einer Partnerschaft um die Zukunft, die gemeinsame Zukunft. Dabei wird regelmäßig außer Acht gelassen, dass diese zu Persönlichkeitsveränderungen führen wird. Wir entwickeln uns weiter, ob wir wollen oder nicht. Wie, ist schwer vorherzusagen. Die Kriterien, die uns heute für die Auswahl eines Partners wichtig scheinen, sind es morgen vielleicht nicht mehr. Oder der Partner/die Partnerin erfüllt diese nicht mehr, weil er oder sie Ihr Verhalten, ihre Werte oder sich auch nur äußerlich auf eine Weise verändert hat, die nicht mehr akzeptabel scheint. Was machen wir dann mit unserer Beziehung? Ist es das, was die Leute meinen, wenn sie sagen, man hätte sich auseinandergelebt? Halten wir in einer solchen Lebenssituation am Primat der lebenslangen Partnerschaft fest oder schließen wir die Lebensabschnittspartnerschaft ab und beenden die Beziehung?

Online oder offline? Wie verliebt es sich besser?

In Deutschland sind hunderte *Partnerschaftsbörsen* verfügbar. Und sie sind erfolgreich: Sie haben zusammen über sieben Millionen Nutzer bzw. Kunden, von denen über ein Drittel auch tatsächlich einen Partner findet. Für wie lange, weiß ich nicht. Der Anteil der Ehen, die aus Online-Datingportalen hervorgegangen sind, liegt derzeit – je nach Studie – zwischen 16 und 20 %. Vor allem ist folgender Vergleich interessant: Mehr Paare, die sich online gefunden haben, geben an, mit ihrer Partnerschaft zufrieden zu sein als Paare, die sich klassisch („offline") kennengelernt haben. Webbasierte Partnerschaftsbörsen scheinen gut zu funktionieren. Warum ist das so? Und ist das auch etwas für Julia?

Aber wie genau funktionieren Online-Partnerschaftsbörsen? Der Ausgangspunkt ist ein sogenanntes *Matching-Verfahren*: Jeder Nutzer beantwortet eine Vielzahl von Fragen (und Kontrollfragen), mit denen er Auskunft über sich, seine Einstellungen und seine Werte gibt. Diese Auskünfte werden in einen Algorithmus umgesetzt, der sich nun auf die Suche nach Partnern macht, die möglichst genau passen.

Grundlage ist die Vermutung, dass Menschen dann besonders gut zusammenpassen, wenn sie sich in wesentlichen Aspekten ähnlich sind („Homogamie"). Und tatsächlich sind sich Forscher auf diesem Gebiet einig: „Gleich und gleich gesellt sich gern." Eine Passung sozio- und psychografischer Parameter, der Lebenseinstellung oder der grundsätzlichen Ansichten und Werte ist eine günstige Voraussetzung für eine gelingende Partnerschaft. „Gegensätze ziehen sich an" mag zwar spannender klingen und insbesondere neugierige Menschen, also die Extrovertierten (siehe die „Big Five" der Persönlichkeitsmerkmale in Kap. 9), springen gerne auf Andersartige an, aber eine langfristig stabile Beziehung entwickelt sich daraus selten. Ausnahmen gibt es natürlich immer.

> Nun haben wir die beiden wichtigen Faktoren für eine stabile Beziehung beisammen: Erstens sollten sich Paare bei den Haushaltsgütern, die sie in die Beziehung einbringen, ergänzen (Arbeitsteilung) und sich zweitens in Wesen, Ansichten und Werten ähnlich sein.

Kommen wir zurück zur Funktionsweise der Online-Partnerschaftsbörsen. Nutzern werden „passende" andere Nutzer vorgeschlagen und damit die Grundlage für eine Kontaktaufnahme gelegt. Diese erfolgt zunächst asynchron: Jeder schaut sich das Profil des anderen an. Geprüft werden die Selbstauskünfte, aber auch die eingestellten Fotos. Somit kann jeder eine Reihe von Informationen über andere Mitglieder sammeln. Passt dieser oder passt jene? Es entwickelt sich im Unterbewusstsein ein *Ranking* der ausführlicher zu „testenden" potenziellen Partner. Spätestens an dieser Stelle entwickelt sich aber noch etwas anderes, was ich oben schon herausstellte: Das Gefühl eines großen Angebots. Die Regale im Supermarkt der Liebe scheinen voll und es hat den Anschein, als könnten wir uns das beste Angebot in Ruhe aussuchen.

Weiter geht's: Es kommt zur direkten Kontaktaufnahme, erst unverfänglich mittels Smalltalk, dann konkret mit dem Ziel, ein Date zu vereinbaren. Spätestens hier stellt sich heraus, ob die Kandidaten, die oben auf der Liste stehen, tatsächlich gleichermaßen interessiert sind. Diese erste Kontaktaufnahme erfolgt über Mails, also schriftlich. Was wirkt, ist Text. Nonverbale Kommunikation beschränkt sich auf Andeutungen und Ironie, also das, was „zwischen den Zeilen" steht, aber Mimik, Gestik, Ausstrahlung und Aussehen bleiben außen vor.

Mails (oder WhatsApp-Nachrichten) bringen nun mit sich, dass sich vergleichsweise schnell eine gewisse Intimität aufbaut. Die Nutzer sind enthemmter, selbstsicherer und geben mehr von sich preis, nicht nur die kleinen Geheimnisse des Lebens, sondern im Subtext auch ihren Bildungsstand, ihr Ausdrucksvermögen und ihr Kommunikationsverhalten: Romeo hätte Julia mit einer eilig hingerotzten Mail voller Fehler sicherlich nicht überzeugt. Schriftliche Kommunikation bietet die Möglichkeit, sorgfältig zu formulieren, Korrektur zu lesen, sich Späßchen zu überlegen und den vorhergehenden Text des jeweils anderen zu interpretieren und zu kommentieren. Diese *Asynchronität der Kommunikation* ist allerdings ein Sonderfall der Frühphase einer Beziehung, denn später ist sie weniger wichtig als der synchrone Kontakt. Nähe, Zärtlichkeit und Einfühlsamkeit entstehen nur im synchronen Kontakt. Mediale Kommunikation markiert ein Zwischenstadium und fungiert später dann als Ergänzung. Daran ändert auch der Trend nichts, dass der asynchrone Dialog immer beliebter wird: Statt zu telefonieren, schicken wir einander WhatsApp-Nachrichten und statt miteinander zu sprechen, schicken wir uns Mails.

Und weiter, der nächste Schritt steht an:

Läuft die Kommunikation zufriedenstellend, wird es schließlich zu einer ersten persönlichen Begegnung kommen. Die *mediale Beziehungsanbahnungsphase* ist abgeschlossen, jetzt nimmt alles seinen Lauf. Oder auch nicht.

> Web-Partnerschaftsbörsen fördern das Kennenlernen „von innen nach außen". Merkmale werden abgeklopft, die Checkliste wird durchgegangen, dann Kontakt aufgenommen und intensiviert.

Das ist bei Offline-Partnerschaften umgekehrt: Dort wird der potenzielle Partner erst von Angesicht zu Angesicht kennengelernt und die Selbstauskunft kommt später. Hier wirken erst Aussehen, Ausstrahlung, Benehmen, Gestik und das Verhalten in der direkten Kontaktsituation und erst später können Einstellungen zu wichtigen Themen usw. erfragt werden. Nun ließe sich stundenlang darüber streiten, welche Herangehensweise sinnvoller, erfolgversprechender oder „natürlicher" ist. Im Endeffekt entwickelt sich eine Romanze sowieso erst, nachdem sowohl die Merkmale abgeklopft als auch erste Begegnungen stattgefunden haben. Vielleicht ist es also egal, in welcher Reihenfolge dies geschieht.

Was heißt das alles für Julia? Es heißt, dass sie sich Optionen schaffen sollte, egal, auf welchem Weg. Ein Dating-Profil anzulegen kostet Geld, aber vielleicht ist dieses gut investiert. Und gleichzeitig Freundschaften zu pflegen, auszugehen und im Fitnesscenter zu lächeln kann auch nicht schaden.

Management der Partnerschaft

Julias bisherige Partnerschaften liefen immer nach dem gleichen Muster ab: Nach einer wunderschönen Phase des Verliebtseins, die vielleicht ein, zwei Monate dauerte, stellte sich Vertrautheit ein. „Ich liebe Dich" wurde zu einem häufig gesagten Satz. Dann breitete sich eine destruktive Form des Alltags aus, der dann wie der schwere, dunkle Nebel an einem düsteren Herbstmorgen auf der Beziehung lastete. Kleinigkeiten fingen an zu stören, dann ließ die Toleranz nach, dann kam die Gleichgültigkeit, dann kam die Trennung. Mal dauerte dieser Prozess Monate, mal Jahre. Nie war der Trennungsgrund ein *disruptives Ereignis*. Sie ist auch nie bei ihrem Fremdgehen erwischt worden. Julia erlebte ihre Trennungen eher wie eine temporale Gesetzmäßigkeit: „Liebe vertreibt die Zeit und Zeit vertreibt die Liebe" (Aphorismus von W. Wanderer).

Jede Beziehung hat einen Lebenszyklus, wir haben es gerade gelesen. Dieser ist in seinem Verlauf mit einem Produktlebenszyklus vergleichbar. Er startet mit der *Einführungsphase*, dem Verliebtsein, der Romanze, die von Unsicherheit und Hoffnung geprägt ist. Oft endet der Zyklus bereits hier, doch wenn es weitergeht, kommt die *Wachstumsphase*. Es geht bergauf, jede Woche bringt mehr Nähe. Die Liebe wächst. Die Lebensbereiche verzahnen sich. Irgendwann ist aber jedes Wachstum zu Ende, mal früher, mal später, und dann ist die Reifephase erreicht. Das ist keineswegs negativ zu werten, denn in dieser Phase ist das größtmögliche Maß an Gemeinsamkeit möglich. Sowohl die Gefühle der Vertrautheit und die Liebe als auch die gegenseitige Unterstützung und Ergänzung sind auf dem Höhepunkt. Die Transaktionskosten der Beziehungs- und Lebensführung sind gering. Die Partnerschaft hat ihre größtmögliche Produktivität erreicht. Diesen Zustand zu erhalten sollte nun das Ziel sein. Aber manchmal, und bei Julia bisher immer, kommt nach der *Reife-* allzu schnell die *Degenerationsphase*. Die Beziehung verliert mehr und mehr Bindungskraft. Sie bröckelt und irgendwann kollabiert sie. Dann steht die Aufgabe der Beziehung an.

Ist so ein Zyklus naturgesetzlich? Nein, natürlich nicht. So, wie er schon in einer Frühphase sein Ende finden kann, so kann eine Beziehung in der Degenerationsphase auch wiederbelebt werden. Das ist zweifellos schwierig, genauso, wie es aufwändig ist, ein Produkt am Ende seines Lebenszyklus wiederzubeleben. Leichter fällt es, bereits in der Reifephase mit Pflegemaßnahmen zu beginnen und zu versuchen, diese so lange wie möglich auszudehnen. Hier sind verhältnismäßig kleine Eingriffe notwendig und die Korrekturkosten sind gering.

So einleuchtend dies klingt, so schwer ist es auch. Der Blick auf das Konsumgütermarketing zeigt das Konzept: Es gibt Markenprodukte, die seit Jahrzehnten oder zum Teil auch schon über 100 Jahre lang erfolgreich sind, beispielsweise Persil, Coca Cola oder Marlboro, und zugleich Wettbewerbsprodukte, die einst genauso erfolgreich und bekannt waren, dann aber in der Versenkung verschwanden (Weißer Riese, Sunkist oder Camel). Mal haben die Korrekturen in der Reifephase funktioniert, mal nicht. Ob das immer am Genius der verantwortlichen Marketiers lag oder sie einfach nur Glück hatten, weiß ich nicht.

Ganz sicher ist kluges Lebenszyklusmanagement ein Schlüsselfaktor für langfristigen Erfolg.

Also bedarf es einer *„Bewirtschaftung" der Beziehung*, ständiger Korrekturmaßnahmen, kleiner Eingriffe und Veränderungen, um die Phase größter Produktivität und damit des höchstmöglichen beiderseitigen Partnerschaftsgewinns langfristig zu stabilisieren. Julia hat das nie gemacht. Sie genoss die Partnerschaft, aber irgendwann fühlte sie sich wie eine Zuschauerin, die den Verfall sieht, ohne in die Handlung einzugreifen. Sie wusste nicht, wie um sie geschah und fühlte sich als Opfer des Schicksals.

Wie gelingt so ein Partnerschaftsmanagement? Die Überlegungen beginnen wie immer mit dem Zielsystem. Hier sind es zwei, denn es geht ja um zwei Menschen. Was wollen sie mit der Partnerschaft erreichen? Was motiviert sie? Spaß? Kinder? Einen Gefährten an der Seite haben? Die Stärke der Motivation wird auch das „Involvement", also die Bereitschaft, sich einzulassen, bestimmen. Diese Begriffe kommen aus der Paartherapie und bedeuten übersetzt in das Vokabular der Ökonomie die *Verflechtung von Produktivvermögen* mit zunehmender Wahrnehmung möglicher *Trennungskosten*.

> Je mehr wir uns auf unseren Partner einlassen, desto größer ist der Beziehungsnutzen, aber desto schwieriger und teurer wird eine Trennung.

Sind das Verständnis von und die Bereitschaft zum Involvement beider Partner gleich? Sind die Erwartungen dieselben? Die Operationalisierung zeigt sich im Alltag: Zusammenziehen oder nicht, ein gemeinsames Konto oder die Einwilligung, dass der Partner jederzeit das eigene Smartphone benutzen darf, sind solche äußeren Zeichen für Involvement. Die Voraussetzung ist, dass sich jeder der Partner seiner Bedürfnisse bewusst ist. Es ist eine Übung in konstruktivem Egoismus. Nur, wer seine Wünsche und Ängste kennt, kann für sich ein Umfeld schaffen, in dem er sich wohlfühlt. Diese Bedürfnisse sind die *Controllingobjekte*.

> Controlling bedeutet das Planen, Steuern, Koordinieren und Kontrollieren aller Aktivitäten und Entscheidungen, ausgerichtet am Ziel. Die immer knappe Zeit, aber auch alle anderen Ressourcen, sind so zu verteilen, dass der größtmögliche Gesamtnutzen entsteht.

Und wenn eine lebendige, erfüllende Partnerschaft nützlich erscheint, wird jeder darauf achten, genug Ressourcen der Beziehungspflege zu widmen. Wenn irgendwann der Nutzen der Partnerschaft abnimmt, müssen die Ressourcen umgewidmet werden, um der Beziehungsdegeneration entgegen zu wirken, also weniger Fußballschauen und mehr mit dem Partner reden.

Aber ich bin zu schnell. Klar ist: Der Prozess des Partnerschaftsmanagements verlangt ein Bewusstsein hinsichtlich der *Ziele*, die mit der Beziehung verfolgt werden. Aus diesen Zielen werden individuelle Bedürfnisse und diese rechtfertigen den Einsatz von Ressourcen. Dies ist eine egozentrische Controlling- und Managementaufgabe. Doch entschuldigt sie keinen Egoismus. Vielmehr sind die individuellen Ziele, und hier komme ich zum nächsten Schritt, offenzulegen, damit der Partner weiß, worauf er sich einlässt. Das klingt nach einer typischen Verhandlungssituation in der Geschäftswelt – und der Vergleich ist legitim.

Doch diese Offenheit und Selbstehrlichkeit gelingt vielen in der *Romanzenphase* nicht. Wie oben beschrieben vernachlässigen wir in dieser Phase unsere eigenen Bedürfnisse, um dem neuen Partner zu gefallen und das angestrebte Ziel – die feste Partnerschaft – zu erreichen. Meist sind beide Partner nicht ehrlich, wobei es hier weniger um bewusste (Selbst)Täuschung geht, sondern oft wird ihnen das noch nicht einmal ausreichend bewusst: Im Überschwang der Gefühle schätzen sie sich selbst und die eigene Kompromissbereitschaft falsch ein. Zudem kann eine lang gehegte Sehnsucht zunächst andere Bedürfnisse überlagern und klein erscheinen lassen. Erst später, in der Wachstumsphase, ändert sich die Perspektive und schließlich trauen wir uns, die Karten offen auf den Tisch zu legen. Wir sind auch erst dann in der Lage, den Partner einzuschätzen und die eigenen Ziele zu überprüfen. Merke: Traue niemals einem schwer Verliebten!

Hier drängt sich als Analogie die Gründungsphase von Start-up-Unternehmen auf. Mit einem Strauß von kognitiven Verzerrungen im Kopf wird die eigene Geschäftsidee verklärt. Die Chancen werden überbetont, die Risiken kleingeredet, und das alles nur, weil die Gründer in ihre Idee verliebt sind und schnell das Kapital beschaffen wollen, das sie benötigen, um die nächste Phase einzuläuten und die Idee wachsen zu lassen. Die schlechten Nachrichten kommen auch hier erst in der Wachstumsphase. Merke: Traue niemals einem „übereuphorischen" Gründer, wenn er nicht gut in der Realität verwurzelt ist!

Kommen wir also zu dieser *Reifephase*. Methodisch kommt nichts Neues hinzu, außer, dass die eigenen Ziele und Bedürfnisse wieder zunehmend wichtiger werden und die Bereitschaft, die Opportunitäts- und Kompromisskosten der Beziehung zu tragen, abnimmt. Viele leben dann mit diffusen Gefühlen wachsender Unzufriedenheit, ohne präzisieren zu können, woran es eigentlich mangelt. Ohne eine Selbstanalyse offenbaren sich keine Ansatzpunkte für reifephasenerhaltende Korrekturmaßnahmen. Nur, wer sich der eigenen Ziele und Bedürfnisse und etwaiger Missstände bewusst ist, kann korrigierend eingreifen. Und es gibt Hilfe: Individual- und Paartherapien setzen bei Zielen, Bedürfnissen, Nutzen und Kosten an.

So dargestellt erscheint eine Partnerschaft wie eine ständige Verhandlung. Und genau das ist sie auch. Sie „läuft" nicht einfach so, es gibt keinen

Automatismus. Es bedarf ständiger Nach- und Neujustierung. Und je niedriger die Trennungskosten sind, z. B., weil die Kinder aus dem Haus sind oder das Vermögen groß genug ist, desto einfacher ist es, die Beziehung zu verlassen und die Nächste oder den Nächsten auszuprobieren. Ein schwacher Gegenwind reicht dann aus, um auszusteigen.

Trennung oder nicht?

Oft genug gelingt Partnerschaft nicht. Dann trennen sich die Paare wieder. Vielleicht ist das der bessere Weg, vielleicht war das Ziel beider auch nur eine abwechslungsreiche, spannende und energiegeladene Lebensabschnittspartnerschaft. Dann verabschieden sich beide einvernehmlich voneinander. Oft kommt das vermutlich nicht vor. Die meisten Trennungen werden einseitig eingeleitet. Mal kommt die Trennung für den anderen überraschend, mal kündigt sie sich lange vorher an. Mal empfindet der Verlassene Erleichterung, mal ist er entsetzt. Mal bleiben Opfer zurück, also Kinder oder Freunde, mal ist lediglich über die Teilung des gemeinsam erwirtschafteten Vermögens zu verhandeln.

Eine Trennung erfolgt, weil sich derjenige, der die Partnerschaft verlässt, von der Situation nach der Trennung einen größeren zukünftigen Nutzen verspricht, als er mit der Aufrechterhaltung der bestehenden Partnerschaft realisieren zu können glaubt. Davon sind die *Trennungskosten* abzuziehen. Zu diesen zählen monetäre (Umzugskosten, neuer Hausstand usw.) und nicht-monetäre Kosten. Vor allem die zu erwartende Trauer, die Reue, die soziale Ächtung und die Unsicherheit, ob das Single-Leben schmeckt oder eine neue Beziehung gelingt, zählen dazu. Diese Trennungskosten schmälern den Nutzen der Trennung. Wenn das Geld knapp ist oder die Angst vor der Einsamkeit groß ist, kann dann auch die Entscheidung fallen, die Beziehung trotz aller Mängel beizubehalten. Gerade Ältere neigen dazu, bei ihrem oft schon als lästig empfundenen Partner zu bleiben, denn ihnen fällt es nach Jahrzehnten der Gemeinsamkeit schwer, sich ein Leben nach der Trennung vorzustellen. Man arrangiert sich in der Unzufriedenheit.

Um den richtigen Zeitpunkt für eine Trennung zu erkennen, gibt es kein Rezept. Aus ökonomischer Sicht ist er erreicht, wenn die addierten

Kosten der zukünftigen Beziehung größer sind als der addierte zukünftige Nutzen, der *Kapitalwert der Beziehung* also negativ wird. Aber wann ist das?

Doch das alles sind Julias Probleme nicht. Von wem sollte sie sich auch trennen? Sie hat ja niemanden. Doch sie träumt von einem Mann an ihrer Seite, schickt Wünsche an das Universum und weil sie weiß, dass sie handeln muss, meldet sie sich (nicht zum ersten Mal) bei einer Partnerbörse an. Sie möchte sich nicht alle elf Minuten verlieben, nein, ein einziges Mal würde ihr schon reichen; in den Richtigen. Toi, toi, toi, liebe Julia!

Literatur

Becker, Gary S., 1993. Der ökonomische Ansatz zur Erklärung menschlichen Verhaltens. 2. Auflage. Heidelberg: Mohr Siebec.
de Saint-Exupéry, Antoine, 1943. Der kleine Prinz. Diverse Nachdrucke.
Hellinger, Bert, 1996. Ordnungen der Liebe. Heidelberg: Carl-Auer.
Illouz, Eva, 2016. Warum Liebe weh tut – Eine soziologische Erklärung. Frankfurt: Suhrkamp.
Steinwede, Jacob & Hess, Doris, 2019. Das Vermächtnis – Die Welt, die wir erleben wollen. Studie von Die Zeit, infas und WZB.

14

Und was macht Julia am Abend?

Schlüsselwörter Unsichere Zukunft • Zufall • Zukunftssicherheit • Prognosen für Entscheidungen • Prognosefehler • Korrelation • Kausalität • Muster • intuitive Prognose • kognitive Verzerrungen • bewusste Prognosen

Der Abend ist noch jung. Julia hat sich für heute noch nichts vorgenommen und auch keine Verabredung. Sie wollte es von ihrem Untersuchungsergebnis abhängig machen, auf das sie nun aber noch warten muss. Nun fühlt sie sich unternehmungslustig. Im Fernsehen läuft nichts Interessantes und lesen mag sie auch nicht. Sie will raus, unter Menschen.

Ihre erste Idee ist, ins Fitnessstudio zu gehen. Da war sie die ganze Woche über noch nicht. Heute werden zwar keine Kurse angeboten, aber sie könnte an die Geräte. Eine gute Idee. Oder sie trifft sich mit Ines und Jenny, die eine WhatsApp mit der Frage geschickt hatten, ob sie auch ins „Ciao Ciao" kommen wolle. Auch eine gute Idee. Ein wenig Quatschen und wie sich der Abend weiterentwickelt, wird man dann sehen. Ihre dritte Idee ist, endlich in diesen Film zu gehen: „Der Geschmack von Rost und Knochen". Ein französisches Melodram. Mitkommen wollte

eh keiner aus ihrem Freundeskreis. Die meisten stehen auf Popkornkino: James Bond, Marvel oder irgendein Science-Fiction-Blockbuster. Aber Programmkino? Heute wäre die Gelegenheit.
  Drei gute Ideen. Fitnessstudio, Freundinnen treffen oder Kino. Was soll sie tun?

Jede Entscheidung verlangt nach einer Prognose

Prognosen – und „Vorhersagen" sind nur ein anderes Wort dafür – sind wahre Alltagsbegleiter. Wir schauen ständig in die Zukunft und versuchen, uns ein Bild von morgen zu machen. Das ist eine zwingende Notwendigkeit.

> Für jede Entscheidung benötigen wir eine bewusste oder unbewusste Prognose. Ohne einen Blick in die Zukunft und auf die wahrscheinlichen Folgen unserer möglichen Handlungen sind Entscheidungen sinnlos.

Auch Julia versucht, ihre Entscheidung zu optimieren, wenn sie sich die drei Situationen vorstellt, die sie heute Abend erleben könnte. Sie gleicht diese Vorstellungen gegeneinander ab: Welche gefällt ihr besser (Ziel), welche ist nützlicher (Nutzen) und welche erfordert von ihr mehr Einsatz (Kosten)? Vielleicht denkt sie nicht so bewusst darüber nach, wie diese Fragen suggerieren, aber zumindest ihr „Bauch" wird ihr eine Entscheidung empfehlen.
  Schauen wir uns an, wie *Prognostik* funktioniert:
  Den Ausgangspunkt einer jeden Prognose bildet wenig überraschend das *individuelle Zielsystem*. Hier allerdings geht es nicht um Präferenzen und Ziele im klassischen Sinne, sondern um die Frage, was mit dem Blick in die Zukunft (nichts anderes ist eine Prognose) erreicht werden soll: Warum prognostizieren wir? Auf welchen Aspekt richten wir den Blick? Welchen Ausschnitt der Zukunft möchten wir vorhersehen? Ein Unternehmen wird beispielsweise bei einer Vertriebsprognose die Umsätze oder verkauften Stückzahlen des nächsten Quartals einschätzen wollen.

14 Und was macht Julia am Abend? 181

Ein Patient wird vom Arzt den Verlauf und die Dauer einer Erkrankung erfahren wollen. Wenn Sie Ihren Urlaub buchen, werden Sie vom Reisebüroangestellten wissen wollen, ob Sie am empfohlenen Ort gut unterhalten werden, lecker essen können und die Zimmer sauber sind. Und Julia möchte wissen, auf welche Weise sie heute Abend die gewünschte Zerstreuung findet.

Es geht somit sowohl um das zukünftige Ergebnis einer Aktivität (oder Unterlassung) als auch den dafür erforderlichen Mitteleinsatz.

> Nur, wenn beide Seiten, der Nutzen wie die Kosten, betrachtet und prognostiziert werden, ist der Blick in die Zukunft vollständig.

Das wird oft vergessen und nur der Nutzen einer Entscheidung prognostiziert. Aber das führt zu einem unvollständigen Bild. Wenn beispielsweise ein Unternehmen den Umsatz des nächsten Quartals abschätzen möchte, muss es für diese Prognose entscheiden, ob mit der gleichen Vertriebsmannschaft wie bisher gearbeitet wird. Stehen weniger oder mehr Verkäufer zur Verfügung, wird sich der Umsatz anders darstellen, die Kosten des Vertriebs aber auch. Ähnlich bei einem Krankheitsverlauf: Diesen kann der Patient möglicherweise durch eigenes Engagement beeinflussen. Ohne Gymnastik dauert der Heilungsprozess acht Wochen, mit Heilgymnastik vielleicht nur vier. Auch hier wäre eine Prognose ohne die Betrachtung der Kosten (der Aufwand für die Gymnastik) nicht aussagekräftig. Zurück zu Julia: Die drei Möglichkeiten der Abendgestaltung bieten ihren jeweiligen Nutzen, unterscheiden sich aber auch hinsichtlich der entstehenden Kosten. Wird nur der Nutzen prognostiziert, wird gegebenenfalls das beste Ergebnis teuer erkauft.

Es ist also immer der Grad der Zielerreichung (der Nutzen) mit den Kosten in Relation zu setzen. Leider begegnen wir auch hier dem in der Ökonomie allgegenwärtigen Problem der gut kalkulierbaren Kosten und des schlecht prognostizierbaren Nutzens, das in Kap. 2 beschrieben wurde. Diese unterschiedliche Sicherheit in der Abschätzung und der daraus resultierenden *unscharfen Prognose* bewirkt, dass zukünftige Ereignisse mal mehr, mal weniger sicher eintreten werden. Und das heißt:

> Die *Eintrittswahrscheinlichkeit* des zukünftigen Nutzens ist geringer als die Eintrittswahrscheinlichkeit der dafür zu investierenden Kosten.

Es ist wie beim Lottospiel: Was der Lottoschein kostet, ist zu 100 % bekannt, aber der Gewinn hat eine geringere Eintrittswahrscheinlichkeit. Eine sehr viel geringere. Und da das Budget, das wir verplanen können, immer begrenzt ist, müssen wir haushalten, wobei es egal ist, ob wir dieses Budget in Geld, Zeit, Aufmerksamkeit oder Lebensfreude bemessen. All unsere Ressourcen in einen Nutzen mit geringer Eintrittswahrscheinlichkeit zu investieren, wäre ein Vabanquespiel, das den meisten unakzeptabel erscheint. Doch wagen einige Wenige selbst das: Der eine gibt seinen Job auf, verkauft sein Hab und Gut, lebt im Wohnwagen und sucht an der Ems nach Gold, die andere investiert all ihre Zeit und ihr Geld, um Justin Bieber nachzureisen und ihn nach Möglichkeit zu heiraten. Auf uns wirken solche Menschen wunderlich, wenn nicht sogar krank. Wir sehen ihren hohen Einsatz und prognostizieren für ihr Vorhaben minimale Erfolgsaussichten. Es sind meist Exzentriker und ganz gewiss sind sie in der Regel schlechte Ökonomen.

Im Regelfall des Alltags sind wir nicht so risikofreudig. Je mehr Ressourcen wir investieren müssen (und noch einmal: es geht vor allem um unsere begrenzte Lebenszeit!), desto weniger Risiko wollen wir eingehen und desto höher soll die Eintrittswahrscheinlichkeit der angestrebten Zukunft sein. Es verhält sich also wie eine Schaukel. Es ist ein *Trade-off* (siehe Kap. 9) zwischen dem Risiko des Ressourceneinsatzes und der Gewissheit, welchen Nutzen dieser bringt. Genau mit diesem Problem sind Unternehmen täglich konfrontiert, denn es umreißt die Problematik von Investitionsentscheidungen jeglicher Art.

Handlungsfolgen, Risiken, Eintrittswahrscheinlichkeiten und der Einsatz sind Zutaten, die es bei Entscheidungen zu berücksichtigen gilt und darum werden sie in die Rezeptur von Prognosen eingearbeitet. So auch von Julia: Nur, wenn sie weiß, welche Ziele sie mit der Abendgestaltung verfolgt (Zerstreuung, Menschen kennenlernen, sich ihre Sorgen von der Seele reden o. ä.) und sie die Folgen ihrer Handlungen (vor allem den vermuteten Zielerreichungsgrad) kennt, weiß sie, was sie investieren muss und kann abschätzen, welche Option welchen resultierenden Bruttonutzen bringen wird. Dann kann sie bewusst entscheiden.

Was Julias Entscheidung etwas vereinfacht, ist, dass die Auswirkungen einer Fehlentscheidung nicht dramatisch wären. Das macht tolerant, aber auch nachlässig bei der Prognose. Die Gefahr ist, dass sich Julia treiben lässt und beispielsweise mit ihren Freundinnen ausgeht, nur, weil sich diese gemeldet haben. Dann agiert sie fremdbestimmt und geht nicht achtsam mit ihren Ressourcen um, vor allem ihrer Zeit. Schlimm wäre das freilich nicht, solange es die Ausnahme bleibt. Aber kennen Sie nicht auch Menschen in Ihrem Umfeld, die sich viel zu oft von außen steuern lassen, anstatt ihr Leben aktiv selbst zu gestalten?

Die Zukunft liegt in Finsternis

Um Prognostik zu verstehen, sollten wir uns noch etwas näher mit der Zukunft befassen. Natürlich ist diese ungewiss. Aber warum ist sie das? Ist sie nicht bloß eine Kausalkette? Ist das Wetter morgen nicht zu 100 % durch die heutige Konstellation der wetterbestimmenden Faktoren bestimmt? Oder ist es tatsächlich so „zufällig", wie die Chaostheoretiker postulieren, wenn sie wieder einmal den Schmetterling zitieren, der in China mit den Flügeln schlägt und damit einen Sturm über Marburg auslöst? Lassen sich überhaupt Parameter finden, welche die Zukunft determinieren? Ja!

> Vier Faktoren bestimmen die Zukunft: *Regeln, Einflussfaktoren, Informationsasymmetrien* und die *Handlungsabsichten* der Akteure. Wenn diese vier Faktoren bekannt sind, wissen wir, wie die Zukunft sein wird. Jedenfalls kennen wir dann den Ausschnitt der Zukunft, den wir betrachten wollen.

Gibt es solche Fälle, in denen alle vier Faktoren bekannt sind? Ja, aber nur in der Naturwissenschaft. Dort können wir die Planetenkonstellation unseres Sonnensystems für den 23. März 2376 berechnen. Die Zukunft ist sicher, wenn unser Ziel z. B. eine Aussage zur relativen Position von Uranus, Saturn und Mars an diesem Tag ist. Die Bewegungen der Planeten können wir in Form von Regeln ausdrücken, die Einflussfaktoren, welche die Laufbahnen bestimmen, sind vollends bekannt, und es gibt keine Informationsasymmetrien und Handlungsmotive, da Planeten keinen eigenen Willen besitzen. Eine sichere Zukunft!

Am Rande: Mir ist klar, dass selbst naturwissenschaftlich fundierte Regeln Unsicherheiten bergen. Wir wissen nicht, ob vielleicht im 23. Jahrhundert ein gewaltiger Asteroid den Mars aus seiner Bahn und damit unsere Prognose der Planetenkonstellation über den Haufen wirft. Die Regeln stimmen dann zwar immer noch, auch liegen immer noch keine Informationsasymmetrien oder Handlungsabsichten vor, aber unser Fehler war dann, dass wir einen Einflussfaktor (den Asteroiden) übersehen haben. Insofern lasse ich den Einwand gelten, dass es für uns Menschen mit unserem begrenzten Wissen überhaupt keine „sichere Zukunft" gibt.

Lassen wir also die Ausnahme der vermeintlich sicheren Zukunft beiseite und schauen uns nach Realistischerem um. Wir machen nun gedanklich unsere Zukunft immer unsicherer, indem wir Schritt für Schritt jeweils einen der oben beschriebenen vier Faktoren auflösen.

Als erstes nehmen wir an, dass zwar die Regeln und die Einflussfaktoren bekannt sind und jeder die gleichen Informationen über das System besitzt, dessen Zukunft wir in Erfahrung bringen wollen, aber die *Handlungsabsichten* eines jeden Systemteilnehmers den jeweils anderen unbekannt sind. Ein typisches Beispiel für diese Konstellation ist das Schachspiel: Jeder weiß, wie die Figuren zu bewegen sind, weiß, was das Spiel beeinflusst und sieht die Position der Figuren auf dem Brett. Es gibt keine versteckten Informationen, weil die Regeln ausschließen, dass z. B. der Läufer urplötzlich Superkräfte entwickeln und mehrere Züge nacheinander machen darf. Was unklar ist, sind die Handlungsabsichten des jeweiligen Gegenspielers. Was hat er vor? Stellt er eine Falle? Warum opfert er seinen Turm? Hat er einen Fehler gemacht? Hier liegt eine „unsichere Zukunft 1. Grades" vor und mindestens diese ist der Normalfall, wenn Menschen Teil des Zukunftssystems sind.

Gehen wir einen Schritt weiter und machen die Zukunft noch unsicherer: Was ist, wenn zwar die Regeln und die Einflussfaktoren auf die Zukunft bekannt sind, aber nicht nur die Handlungsabsichten der Mitspieler unbekannt sind, sondern wir auch nicht wissen, was diese wissen?

14 Und was macht Julia am Abend?

Es gibt *Informationsasymmetrie*. Siebzehnundvier, Poker oder Skat sind hierfür Beispiele. Wir kennen die Karten unserer Gegner nicht und wissen nicht, welche Spielstrategie sie wählen. Wir erkennen erst Schritt für Schritt, wenn die Karten abgelegt werden, was die anderen wissen und vorhaben. Die Zukunft wird unsicherer (2. Grad), sie ist aber keineswegs zufällig, denn Know-how und Erfahrung helfen, die Gegner einzuschätzen. Auch beim Skat und beim Poker gibt es Seriensieger. Die Prognose ist immer noch vergleichsweise einfach, denn das System folgt bekannten Regeln und wir wissen, welche Faktoren die Zukunft determinieren.

Letzteres geben wir im dritten Schritt auch auf. Das Paradebeispiel hierfür ist der Aktienmarkt. Die Regeln sind festgelegt, viele sogar gesetzlich, aber die Handlungsmotive der Marktteilnehmer, ihr Informationsstand und auch die *Einflussfaktoren* sind unbekannt. Unzählige Forschungsarbeiten und Bücher beschäftigen sich mit der Frage, welche Faktoren Käufe und Verkäufe auslösen. Allein: Ein Muster ist nicht zu erkennen und viele Nobelpreisträger (z. B. Akerlof und Shiller) haben immer neue Einflussfaktoren vorgeschlagen, etwa den Herdentrieb. Doch auch ihnen gelingt es nicht, die immer wiederkehrenden Über- und Untertreibungen der Aktienpreise zu erklären oder gar vorauszusagen. Es ist eine „unsichere Zukunft 3. Grades", ausgezeichnet dadurch, dass die Eintrittswahrscheinlichkeiten bestimmter zukünftiger Ereignisse meist nur gering sind.

Zuletzt rauben wir unserem Zukunftssystem auch noch die *Regeln*. Diese kennen wir bei einer „unsicheren Zukunft 4. Grades" nicht. Das System erscheint chaotisch. Eine Prognose ist nicht möglich und wenn sie dennoch versucht wird, hat sie eine sehr geringe Eintrittswahrscheinlichkeit, denn die Prognose ist nicht viel mehr als Raten. Ein gutes Beispiel zur Illustration ist hier das Wetter. Vermutlich haben Menschen schon immer versucht, das Wetter der Zukunft zu kennen. Es war sogar lebenswichtig, um sich vorzubereiten. Und wie gut sind wir darin? Nach Jahrtausenden der Übung, nach all der wissenschaftlichen Forschung, unter Einsatz der stärksten Computer der Welt, tausender von Messstationen auf der Erde und hunderter Wettersatelliten im All, gelingt es uns kaum, eine verlässliche Prognose über einen Zweiwochenzeitraum hinaus zu erstellen. Ist das nicht ein geradezu beschämendes Ergebnis?

Was die Zukunft so unsicher macht, ist nicht, dass das Wetter eigene Handlungsmotive hat (was aber eine spaßige Vorstellung wäre und vermutlich dem naiven Kinderglauben von Petrus als Wettermacher nahekommt). Es gibt auch keine Informationsasymmetrien, denn das Wetter ist ein Naturphänomen und hält keine Informationen zurück. Auch glauben wir, alle Einflussfaktoren zu kennen, die das Wettergeschehen bestimmen. Doch die Regeln, nach denen diese Faktoren zusammenwirken, sind unglaublich komplex. Trotz der Unmenge an Daten und Berechnungen erreichen wir nur eine vage Vorstellung vom zukünftigen Wettergeschehen. Es ist de facto eine unsichere Zukunft 4. Grades.

Wie unsicher ist die Zukunft nun im Kontext von Julias Optionen? Mithilfe einer tabellarischen Übersicht der Parameter und Optionen käme sie zu vielleicht zur besten Entscheidung.

	Fitnessstudio	Freundinnen treffen	Kino
Regeln			
Einflussfaktoren			
Informationsasymmetrie			
Handlungsmotive			

Aber sie darf natürlich nicht vergessen, die zu erwartenden Kosten zu berücksichtigen. Das Ergebnis wäre, dass das Fitnessstudio und das Kino sichere Zukünfte (ja, den Plural gibt es) sind. Die Kosten sind mit recht hoher Wahrscheinlichkeit vorher bekannt, das Ergebnis auch, beim Fitnessstudio sogar noch berechenbarer als beim Kino, denn der Film könnte besonders mies oder unerwartet gut sein. Das Ergebnis des Treffens mit den Freundinnen ist unsicherer. Dies liegt an gleich mehreren Gründen: Die Kosten sind kaum bekannt, denn je nach Verlauf bleibt es bei einem Wein oder Julia und ihre Freundinnen gehen feudal essen und anschließend in eine noble Cocktailbar, die soziale Interaktion ist immer mit Risiken behaftet (Streit) und schließlich ist die Wahrscheinlichkeit höher, dass Julia vom Mann ihrer Träume angesprochen wird. Eine Analyse der Faktoren – hier durch die Tabelle versinnbildlicht – kann also zu einer Einschätzung der Kalkulierbarkeit der Kosten-Nutzen-Relation einer jeden Option, den Abend zu gestalten, führen.

Oder: Julia macht, worauf sie spontan Lust hat. Das geht natürlich auch.

Zufall oder nicht?

Zurück zum Wetter: Dieses erscheint uns mehr oder weniger zufällig, weil wir zu wenig darüber wissen. Wir ahnen, wie Wetter entsteht und sind doch immer wieder überrascht, wenn es anders kommt. Dann bemühen wir einen anderen Begriff und bezeichnen die unerwartete Koinzidenz von Ergebnissen als *Zufall*: „Mist. Zwei Wochen Regen auf Mallorca. Und das genau zu der Zeit, in der wir auf der Insel waren. So ein blöder Zufall!" Aber es ist kein Zufall.

Stellen Sie sich vor, Sie gehen heute einkaufen und treffen auf eine alte Bekannte, über die Sie just gestern gesprochen haben. Zufall? Nein, sondern lediglich eine unwahrscheinliche Koinzidenz zweier Ereignisse. Wir nennen es „Zufall", weil wir keine *kausale Erklärung* für das Zusammentreffen dieser beiden Ereignisse haben.

> Egal, ob unergründlich komplexe naturwissenschaftliche Phänomene oder nicht vorhersehbares menschliches Verhalten die Ursachen sind: Wenn wir nicht wissen, warum etwas passiert, erscheint es uns zufällig.

Aber das ist es nicht. Alles, was passiert, kann in Kausalketten aufgeschlüsselt werden. Die limitierenden Faktoren sind die Möglichkeit, die Kettenglieder zu kennen und unsere Fähigkeit, die Zusammenhänge zu verstehen. Wenn wir den Defekt eines Automotors finden wollen, grübeln wir über dessen Wirkungsweise nach, darüber, dass der Motor Sprit, Luft und einen Zündfunken braucht und analysieren deduktiv, also immer spezieller werdend, den technischen Mechanismus, bis wir den Fehler finden. Das könnten wir auch tun, wenn wir das Zusammentreffen von Ereignissen, die auf menschlichem Verhalten und menschlichen Entscheidungen basieren, untersuchen. Das kann dann ungemein kompliziert werden, auch, weil Menschen ihr Verhalten oft selbst nicht begründen können (oder es fehlerhaft begründen).

Diese Komplexität haben wir bereits in Kap. 11 erlebt, als es um Marketing, Markenprodukte und Werbung ging. Wir wissen nicht genau, wie und wann Werbung wirkt und wann welche Kaufentscheidung getroffen wird. Auch hierfür gibt es Kausalketten, aber wir können sie nur unzureichend auflösen. Zu viele Kettenglieder bleiben Vermutungen, Annahmen oder Unterstellungen. Die Prognose einer Kaufentscheidung oder die Prognose einer Werbewirkung ist mit ausgesprochen viel Unsicherheit behaftet. Anbieter wissen das und kalkulieren, soweit das möglich ist, Fehler mit ein.

> Die höhere *Komplexität* ist also das, was aus einer Zukunft mit niedriger Eintrittswahrscheinlichkeit Zufall werden lässt. Hätten wir mehr Informationen und mehr Grips zur Verfügung, um die Zusammenhänge zu verstehen, würden wir weniger Zufälle erleben, oder besser, weniger Ereignisse als zufällig empfinden.

Für viele Lebensbereiche und sicherlich für wirtschaftliches Handeln wäre das wünschenswert. Doch seien wir ehrlich: Wir wollen zwar auf die „negativen" Zufälle verzichten, aber so manch schöne Überraschung des Alltags darf genau das bleiben – eine angenehme Überraschung.

Gibt es Wege in eine sichere Zukunft?

Die Antwort ist: Nein! Nie ist die Zukunft sicher. Selbst einfache deterministische Systeme mit klar erkennbaren Kausalbeziehungen sind nicht vor Störeinflüssen gefeit. Es ist immer eine Frage der Wahrscheinlichkeit, mit der eine erwartete, erhoffte oder befürchtete Zukunft und damit auch ihre Prognose eintrifft. Aber diese Wahrscheinlichkeit lässt sich beeinflussen.

> Es gibt Techniken, die die Eintrittswahrscheinlichkeit einer Zukunft erhöhen. Damit können wir beruhigter Entscheidungen treffen, vor allem solche, die unsere Ressourcen in nennenswertem Maße binden.

Die bekannteste Technik einer Zukunftssicherung ist, *langfristige Verträge* abzuschließen. „Pacta sunt servanda" – „Verträge sind einzuhalten", so lautet ein Grundsatz unseres römisch geprägten Rechts. Wenn wir einen Vertrag schließen, haben wir für die Vertragsdauer Sicherheit. Julius

Arbeitsvertrag sichert ihr auf unbestimmte Zeit ein Einkommen, mindestens für die Dauer der Kündigungsfrist. Ihr Mietvertrag sichert ihr Wohnraum und ihr Vertrag mit dem Fitnesscenter sichert ihr das Recht auf Nutzung des Studios und seiner Einrichtungen. Verträge helfen uns, die Zukunft graduell abzusichern. Sie sind ungemein nützlich. Sie helfen uns viel mehr dabei, unser zukünftiges Leben zu organisieren, als uns bewusst ist. Sie erleichtern und vereinfachen Prognosen. Ein Beispiel: Als abhängig Beschäftigte haben wir einen Vertrag mit dem Staat. Wir als Arbeitnehmer und unser Arbeitgeber bezahlen eine monatliche Versicherungsprämie in die Rentenkasse ein und spätestens ab einem exakt vorher festgelegten Alter, oft schon früher, erhalten wir eine Prämie (die Rente) ausbezahlt, die vorherberechnet werden kann. Die Prognose, wie wir unser erwerbsloses Leben finanzieren, ist recht sicher und dann geht es nur noch um die Frage, welchen Konsumlevel wir uns noch leisten können. Ein sehr nützliches Kulturgut, diese Verträge!

Eine zweite Möglichkeit, die Zukunft zu sichern und damit Prognosen treffsicherer zu machen, ist, sich abzuschotten und *Eremit* zu werden. Fremdeinflüsse, die als Störgrößen wirken, werden eliminiert. Die Einflussfaktoren und auch die Regeln können immer besser eingeschätzt werden. Verstehen Sie mich nicht falsch: Es geht nicht darum, in den Wald zu ziehen, sich einen langen Bart wachsen zu lassen und Würmer zu essen. Jeder kann auf allen möglichen Gebieten durch partielles Eremitentum Komplexität verringern. Das Ziel ist, durch Verzicht auf Verflechtung Ordnung und Übersicht zu gewinnen, sich bei der Geldanlage nicht zu verzetteln, nicht mit hunderten von „Freunden" auf Instagram oder Facebook zu chatten und nicht 45, sondern nur 10 T-Shirts im Schrank zu haben. Das Ziel ist es, die Anzahl möglicher Zukünfte zu reduzieren und die verbleibenden möglichen Entwicklungen jeweils wahrscheinlicher zu machen. Wir sind diesem Phänomen schon mehrfach begegnet, z. B. im vorherigen Kap. 13 bei der Frage, wie viele potenzielle Partner auf dem Markt verfügbar sind. Partnerschaftsbörsen und andere Marktplätze für Partnerschaften mögen die Anzahl der Optionen erhöhen, aber damit steigen auch die Kosten der Selektion und erschweren eine Prognose, wann wer wie wen „auserwählt" und ob dann überhaupt eine Partnerschaft zustande kommt. In einem mittelalterlichen Weiler bei nur drei heiratsfähigen Männern hätte Julia treffsicherer vorhersagen können, wen sie heiraten wird.

Kommen wir zur dritten Möglichkeit, die dem Eremitentum ähnelt: *Vermeiden Sie Entwicklungen und Veränderungen!* Bleiben Sie bei dem, was sich bewährt hat. Der Stromvertrag, das Risotto-Rezept, die Wohnung, die Arbeitsstelle, der Tagesablauf und die Waschmittelmarke: Verträge, Rituale, Kontakte, alles bleibt möglichst konstant. Auch das macht die Zukunft berechenbarer. Vielleicht gibt es ein besseres Waschmittel, aber dies herauszufinden, verkompliziert Ihre Welt. Am Bewährten festzuhalten schützt vor Enttäuschungen. Der Preis („There's no free lunch!") ist das Auslassen von Chancen zur Verbesserung.

Hier ist ein Kompromiss zwischen Stagnation und übereilter Veränderung gefragt. Das ist der vierte Weg, um die Zukunft berechenbarer zu machen: Das *Konzept des „inkrementellen Fortschritts"*. Wir verändern den betrachteten Lebensbereich immer nur um den kleinsten möglichen Schritt. Wir vermeiden große Sprünge, große Veränderungen. Wenn wir unsere Versicherungsverträge zum Jahresende durchforsten, kündigen wir nicht alle, sondern die kleinste Menge – also nur einen jedes Jahr. Wenn wir das Risotto-Rezept verbessern wollen, verändern wir es nicht grundsätzlich, sondern ändern nur eine Zutat um eine geringe Menge. Wenn wir unseren alten Urlaubsort nicht mehr mögen, fahren wir nicht „ganz woanders hin", sondern buchen im gleichen Land, zur gleichen Zeit, aber im Nachbarort. Der Vorteil ist: Zeigt sich der kleine Schritt als Schritt in die falsche Richtung, lässt sich leicht wieder umkehren. Kleine Schritte wirken weniger konsequent, sind aber sicherer. Große Sprünge sind mutig, ein „zurück auf Los" ist aber oft nicht möglich oder teuer. Radikalität sieht attraktiv aus, ist es aber nur, wenn sie zum Erfolg führt. Scheitert die Radikalität, ist das Ergebnis oft verheerend. Wir erleben das Konzept des inkrementellen Fortschritts nicht nur im Alltag, sondern natürlich auch in Unternehmen. Zum Beispiel werden Diversifikationen oder bahnbrechende Produktinnovationen selten riskiert. Lieber entwickeln Unternehmen ihre Produkte schrittweise und schauen, was die Veränderung bewirkt.

Diese vier Wege, die Zukunft abzusichern, sind uns vertraut. Wir nutzen sie, wenn auch unbewusst, ständig. Sie machen unsere Prognosen treffsicherer und reduzieren das Risiko von Entscheidungen, die zu einer

Fehlverteilung (und damit zu einer Verschwendung) unserer knappen Ressourcen führen.

Für Julia ist die Option, den Abend mit Ihren Freundinnen zu verbringen, zwar die unsicherste, jedenfalls, wenn sie unter Berücksichtigung der Kosten den Entertainmentfaktor als Maßstab nimmt, aber sie kann diese Unsicherheit reduzieren: Sie geht in das Stammlokal (Vermeiden von Veränderung), sie weiß, welchen Tisch sie vorbestellt (Verträge), nämlich den in der Nische, wo sie keiner belästigt (Eremitentum), sie kennt das Publikum und sie wird vermutlich bestellen, was sie immer bestellt – oder vielleicht diesen in Mode gekommenen „Buddha-Bowl" probieren (inkrementeller Fortschritt).

Das „Best of" der Prognosefehler

Prognosefehler entstehen durch die fehlerhafte Anwendung von Prognosemodellen. Rechenfehler, Nichtberücksichtigung von Einflussfaktoren, unvollständige Inputdaten und die falsche Einschätzung der Eintrittswahrscheinlichkeit sind die wichtigsten Ursachen. Aber auf diese Art Fehler möchte ich hier nicht weiter eingehen, denn dazu müsste ich erst Prognosemodelle erläutern. Das wäre (und ist!) ein anderes Buch (Kühnapfel 2019).

Hier geht es vielmehr um die Fehler, die dazu führen, dass wir etwas für eine Prognose halten, es aber keine ist. Es geht um Vorhersagen, die so tun, als wären sie solide, denen wir Glauben schenken und auf deren Grundlage wir Entscheidungen treffen. In Wahrheit sind es aber Täuschungen oder zumindest Verzerrungen wie z. B. der bereits beschriebene *Nirvana-Irrtum*. Sie erinnern sich? Das war der Fehler, einen realen an einem idealen Zustand zu messen (siehe Kap. 7).

Die hinterhältigsten Täuschungen sind wohl die *Selbsttäuschungen*. Sie wurzeln oft in Glaubenssätzen. Es sind verführerische Aussagen, die wir uns selbst immer wieder erzählen, solange, bis sie für uns selbstverständlich sind und wir sie nicht mehr hinterfragen.

Glaubenssätze können unglaublich hartnäckig sein. 2000 Jahre lang war klar, dass alle Krankheiten durch ein Missverhältnis von vier Körpersäften ausgelöst würden. Fast genauso lange galt es als unumstrittene Tatsache, dass die Frau die Sünde in die Welt brachte. Es folgten viele andere Irrungen, an die die Allgemeinheit für felsenfeste Tatsachen hielt: „Die Partei hat immer Recht." „Die Juden sind schuld." „Asylanten wollen nur unser Geld." „Männer betrügen ihre Frauen, umgekehrt kommt selten vor." Glaubenssätze sind kritisch, weil der gesellschaftliche Konsens, dass sie „wahr" sind, ihnen prognostische Relevanz verleihen. Sie prägen unser persönliches Bild von der Realität und bestimmen unseren Blick in die Zukunft – „So ist es, so wird es sein!". Sie vereinfachen Urteile und Entscheidungen und spielen in jedem Lebensbereich und somit durchaus auch im unternehmerischen Umfeld eine große Rolle.

Jetzt würde ich gerne schreiben, dass solche Glaubenssätze hinterfragt werden müssen. Ich würde gerne schreiben, dass wir sie mit kontraintuitivem Denken entlarven können („Könnte es auch umgekehrt sein?"). Und ich würde gerne schreiben, dass Bewusstheit und Aufmerksamkeit davor schützen, Glaubenssätze unreflektiert zu übernehmen. Aber leider wären das selbst wieder Glaubenssätze, die an der Realität scheitern. Zudem dürfen wir Glaubenssätze nicht pauschal verurteilen. Sie sind auch nützlich: Sie beschleunigen Urteile und Entscheidungen. Wir haben unzählig viele „Wahrheiten" gespeichert, von „der Apfel fällt nach unten" bis „wenn ich hier auf diesen Knopf drücke, schalte ich ins zweite Programm", die alle unser Leben effizient organisieren helfen. Glaubenssätze fallen auch nicht immer auf. Oft genug sind sie von bewährten Annahmen nicht zu unterscheiden. Sicherlich haben Sie schon Geschichten gehört, in denen es um einen schmuddelig gekleideten Mann geht, der im Nobelautohaus nicht bedient wird und dann bei der Konkurrenz ein teures Auto erwirbt. „Beurteile niemals einen Menschen nach seinem Äußeren!" ist die Lehre. Aber für einen Autoverkäufer ist der Glaubenssatz, dass ein schlecht Angezogener keine 150.000 € für ein Auto ausgeben wird, ein Stück Alltagserfahrung, eine Heuristik, die ihm hilft, seine Zeit sinnvoll einzusetzen. Und tatsächlich ist er gut damit beraten, denn auf einen Käufer in unangemessener Kleidung kommen bestimmt zwanzig Schmarotzer, die nur eine Probefahrt im Nobelauto ergattern wollen, es sich aber niemals leisten können. Glaubenssätze sind also „Regeln", die helfen, Entscheidungen aufwandsarm zu treffen, und damit von Heuristiken kaum zu unterscheiden. Dass dabei auch Fehler passieren, ist menschlich. Kritisch wird es erst dann, wenn weitreichende Entscheidungen, also solche, die hohe Kosten bzw. unumkehrbare Ergebnisse mit sich bringen, auf Basis von Automatismen getroffen werden. Was ist also zu tun, um bewusst vorherzusagen?

> Wenn wir eine Prognose versuchen, benötigen wir ein Bild von den Einflussfaktoren auf die Zukunft, ein Prognosemodell, in dem diese Einflussfaktoren berücksichtigt werden und so viele sinnvolle Daten wie möglich.

Mit ein wenig Übung lernen wir, nur das zu berücksichtigen, was valide ist. Unsichere Daten lassen wir außen vor. Wir suchen nach allen erkennbaren Einflussfaktoren und wählen mindestens ein Modell, das sich durch unsere Meinung, Vorliebe oder Tendenz nicht verändert. Das sind auch die Grundregeln guter Prognostik im unternehmerischen Umfeld: Sichere Daten, vollständige Sammlung der Einflussfaktoren und unabhängige Modelle. Das schützt nicht grundsätzlich vor Verzerrungen durch unangebrachte Glaubenssätze, entlarvt sie aber recht zuverlässig.

Eine typische Quelle solcher meinungsbestimmenden Annahmen sind „Herden". Wir haben es in Kap. 4 gelesen: Jede Herde ist eine in sich geschlossene soziale Gemeinschaft, die ein bestimmtes Ziel verfolgt. Die Abgrenzung zur Außenwelt kann scharf oder unscharf, das Ziel konkret oder abstrakt sein. Eine Familie ist so eine Herde. Die Grenze nach außen ist scharf, kann aber z. B. durch Einheirat überwunden werden. Die Ziele sind in der Regel abstrakter Natur: Gemeinschaftsgefühl, Geborgenheit, Zugehörigkeit. In einigen Kulturkreisen gibt es aber durchaus auch konkrete Ziele, wie die Verpflichtung zu gegenseitiger Hilfe in Notlagen. Manche Herden sind stringent und die Mitgliedschaft ist existenziell bindend, etwa die Mitgliedschaft in einem kriminellen Clan, andere Herden bringen eine lose und jederzeit auflösbare Bindung mit sich (Sportverein) oder nutzen rechtlich bindende Verträge, um das Verhältnis untereinander zu klären (Fitnessclub).

Es gibt also viele Arten von Herden und wir sind in mehreren gleichzeitig Mitglied. Julia ist Mitglied in der Kolleginnen- und Kollegenherde an ihrem Arbeitsplatz, sie ist Mitglied der Freundinnen-Clique, im Fitnessclub und sie hat eine Familie. Jede dieser Herden ist in sich geschlossen und verfolgt Ziele. Jede dieser Herden ist eine Brutstätte für Glaubenssätze, die mal nützlich sein können, dann sprechen wir gerne von *„Schwarmintelligenz"*, oder die sich als fatal herausstellen, dann sprechen wir von *„Lemminge-Effekt"*, *„Blase"* oder *„Nibelungentreue"*.

Herden im Umfeld von Börsen sind eine solche Brutstätte für Parolen. Alle wollen gierig an Gewinnen partizipieren und glauben den Versprechungen weniger. Wie dramatisch ihre Eigendynamik sein kann, hat der Wirtschaftsnobelpreisträger Shiller eindrucksvoll herausgearbeitet (Shiller 2015). Die von ihm als sektiererisch beschriebenen Herden entwickeln eine gefährliche Eigendynamik, in der Widerspruch und Mahnungen zum Ausschluss führen können. Es droht die Eskalation bis zur Selbstaufgabe der Eigenständigkeit. Religionen sind prädestiniert für solche Dynamiken. Aber auch die Scientologen, Hooligans oder Rockerclubs fallen in diese Kategorie: enge, geschlossene Herden, in denen Glaubenssätze etabliert sind, die jedem Einzelnen eine allzu klare *Richtig-falsch-Orientierung* in einem geschlossenen Weltbild bzw. Gedankensystem bieten und so Prognosen und damit zusammenhängende Entscheidungen vorgeben oder deutlich erleichtern, aber damit auch die selbstbestimmte Lebensführung gelinde gesagt stark eingrenzen.

Werden Herden von außen betrachtet, sehen wir ihre Mitglieder. Wir identifizieren *stereotype Verhaltensmuster*, repräsentative Signale und die oben beschriebenen Glaubenssätze, auf die wir hier zurückkommen. Eine typische Umgebung, in der sie wirken, sind Unternehmen. Ich meine hier nicht die typischen Plattitüden, die gerne nachgeplappert werden, etwa die Mären vom kontrollsüchtigen Controller mit dem Rechenschieber, vom prestigegeilen Vertriebler mit der Protzkarre oder vom detailverliebten Techniker ohne Blick auf die Kundenbedürfnisse. Ich meine Glaubenssätze von Subgruppen, die den Blick auf die Zukunft wirkungsvoll verzerren können und damit schädlich sind. Es wird gefährlich, wenn sich die Verkäufer darauf verständigen, dass das neue Produkt nichts taugt, ohne den Vertrieb ernsthaft versucht zu haben, oder wenn die für das Cash-Management verantwortlichen Kaufleute Rücklagen zu risikoreich anlegen, weil sich der Glaube an die Unverwüstlichkeit der Finanzmärkte etabliert hat. Am anfälligsten scheinen mir die Werber zu sein: Wie oft schon wurden Werbekampagnen in Meeting-Räumen schöngeredet und der zukünftige Unternehmenserfolg für unausweichlich gehalten, nur, weil der Chef das Kreativkonzept genial fand und alle ihm nach dem Mund redeten?

Manchmal brauchen wir nicht einmal ein soziales Umfeld, um unseren Blick auf die Wirklichkeit zu verzerren. Es reichen statistische Effekte! Mit etwas Know-how und Aufmerksamkeit können wir sie erkennen. Ein Beispiel? Gerne fallen wir auf das *Trugbild der Linearität* herein: Wir stellen im Rückblick eine stabile Entwicklung fest und glauben, dass dies auch in der Zukunft so sein wird. Wir haben auch keinen Anlass, etwas anderes anzunehmen, denn unsere einzige Erfahrung ist eben diese lineare Entwicklung. Ohne bewusstes Hinterfragen erkennen wir dann das drohende Ende nicht oder beginnen, mögliche zukünftige Schwankungen auszuschließen. Wir verlassen uns auf die gelernte Entwicklung. Aber Kinder hören auf zu wachsen, die enorme Leistungssteigerung eines Sportlers endet und auch die Liebe nimmt mit der Beziehungsdauer nicht linear zu. Was bisher galt, gilt in Zukunft nicht unbedingt. Störereignisse, natürliche Grenzen und nachlassende Bemühungen brechen den Trend.

So wie der Glaube an die Linearität von Entwicklungen verzerren noch andere Effekte den Blick in die Zukunft. Die *Regression zum Mittelwert* etwa, die bei der Prognose von Aktiendepots oder Sportwetten eine Rolle spielt, der *Hawthorne-Effekt*, der die Verhaltensänderung von Menschen beschreibt, nur, weil die Menschen wissen, dass sie beobachtet werden, oder der *Selektions-Effekt*, der auftritt, wenn Fragen in einer nicht repräsentativen Gruppe gestellt werden.

Korrelation oder Kausalität?

Ein Fehler, der im Kontext von Prognosen oft gemacht wird, verdient es, besonders hervorgehoben zu werden: Es ist die Verwechslung von *Korrelation* und *Kausalität*. Das ist leicht erklärt: Eine Korrelation beschreibt den Zusammenhang zweier Variablen. „Je mehr Julia arbeitet, desto schlanker wird sie". Eine Variable ist die Arbeitszeit, die zweite ist ihr Körpergewicht. Wir können diesen Zusammenhang gut messen, indem wir täglich die Arbeitszeit stoppen und Julia morgens auf die Waage stellen. Und siehe da: Es stimmt! Je mehr sie arbeitet, desto weniger wiegt sie.

Was haben wir damit festgestellt? Doch nur den Zusammenhang dieser Variablen, aber nicht, ob die Arbeitszeit das Gewicht bestimmt! Unweigerlich und intuitiv fangen wir aber an, Ursachen zu postulieren, z. B., dass Julia keine Zeit zum Essen mehr hat oder der Stress ihr zusetzt. Wir geben uns mit dem festgestellten *Variablenzusammenhang* (der Korrelation) nicht zufrieden, wir wollen Ursachen erkennen! Wir wollen „Kausalitäten", denn nur diese sind für Vorhersagen wirklich nützlich. So reicht es nicht, den Zusammenhang (Korrelation) von Arbeitszeit und Gewicht festgestellt zu haben, wir wollen auch sicher sein, dass die Arbeitszeit das Gewicht bestimmt (Kausalität). Dann könnten wir die Prognose mit recht hoher Eintrittswahrscheinlichkeit erstellen, dass wir abnehmen werden, wenn wir länger arbeiten.

Aber das wissen wir bisher nicht. Vielleicht hat Julia im Testzeitraum eine Diät gemacht oder besonders viel Sport getrieben. Vielleicht war sie aus Sorge um ihre Gesundheit appetitlos oder sie war frisch verliebt. All das wären gute Gründe für eine Gewichtsreduktion, die nichts mit der Arbeitszeit zu tun haben. Wir kennen bisher nur die Korrelation, aber nicht die Kausalität.

Es lassen sich viele Beispiele für Korrelationen finden, die keine Kausalitäten darstellen. Schuhgröße und Einkommen, Storchenaufkommen und Geburtenrate, Promotionen in Sozialwissenschaft und kommerzielle Raketenstarts (das ist tatsächlich wahr, allerdings wurde es nur für die USA festgestellt) oder Preishöhe und Absatzmenge. Korrelationen finden sich viele, aber es ist ausgesprochen kompliziert, den Nachweis für eine Kausalbeziehung zu erbringen. Die statistische Methode dafür heißt *Regressionsanalyse* (Ursache-Wirkungs-Beziehung). Ergebnisse wären beispielsweise im Marketing sehr nützlich, zeigten sie doch den Zusammenhang einer abhängigen Variable von einer oder mehreren unabhängigen Variablen auf: „Weil wir das Produkt in Rot anbieten, verkauft es sich doppelt so oft wie zuvor." Den Erfolg auf die Farbe Rot zurückführen zu können, wäre für einen Produktmanager mehr als nur „hilfreich". Die Farbe wäre dann ein nachgewiesener Erfolgsfaktor und hätte Vorhersagekraft: „Wenn wir weitere Produkte in Rot anbieten, werden sich diese künftig besser verkaufen." Aber Regressionsanalysen sind komplexe Projekte und nur mit hohen Kosten durchführbar. Auch bleiben die Ergebnisse meist vage. Und so müssen wir uns in der Regel damit begnügen,

Korrelationen festzustellen, und mit der Unsicherheit leben, dass in Wirklichkeit kein Kausalzusammenhang besteht oder dieser zumindest unsicher ist.

Die „Veredelung" der Korrelation: Muster

Die Gefahr ist, uns dieser Unsicherheit nicht bewusst zu sein. Dann freuen wir uns, wenn wir Korrelationen entdecken und suchen intuitiv nach Erklärungen, wo keine sind.

> Wenn wir Erklärungen finden, die Korrelationen hinreichend schlüssig erklären, erwarten wir ein zugrunde liegendes *Muster*. Wir unterstellen dann stabile, regelmäßige Zusammenhänge, die eine Vorhersage ersetzen.

Wenn Julia mit ihren Freundinnen ausgeht und dabei ihr kleines Schwarzes trägt, wird sie von Männern angesprochen. Das ist ihr schon zwei- oder dreimal passiert und ihr hat sich diese Konstellation als Muster eingeprägt, auch, weil eine ihrer Freundinnen sie darauf hinwies: „Hey, Julia, wenn wir zusammen unterwegs sind und du dein supersüßes schwarzes Kleidchen trägst, machen wir keinen Stich mehr!" Das Muster ist geboren und mit ihm die Prognose.

Aber wie belastbar sind solche Muster? Hat es prognostische Relevanz, nur, weil es schon zwei- oder dreimal stimmte? Wenn Julia das Kleid auch erst zwei- oder dreimal trug, ist die Erfolgsquote zwar 100 %, aber die Stichprobe ist zu klein. Die prognostische Relevanz bzw. der *„Bewährungsgrad"* ist gering, wird aber größer, wenn die Fallzahl steigt. Wenn Julia an 20 Abenden, an denen sie das Kleid trug, vielleicht 17 mal angesprochen wird, dann darf sie von einem bewährten Muster mit prognostischer Relevanz sprechen.

Aber sie darf bei der Bewertung die Anzahl der Fehlversuche nicht vergessen. Was wäre es schon wert, wenn sie sich daran erinnern kann, bereits 17 mal angesprochen worden zu sein, wenn sie das Kleid trug, aber verdrängt hat, wie oft sie es insgesamt schon getragen hat? Vielleicht trägt sie es seit zwei Jahren jeden Abend (Ok, ich weiß, dass es albern wird, aber bitte folgen Sie dem Gedanken!) und dann ist die Quote wieder schlecht: Kein Muster! Fehlversuche werden gerne verdrängt.

Und es gibt noch eine Gegenprobe, die den Bewährungsgrad des Musters auf die Probe stellt: Was passiert, wenn Julia etwas anderes trägt? Wird sie ebenso oft angesprochen, wenn sie das blaue Kleid oder eine Jeans mit Bluse trägt? Dann wäre das kleine Schwarze gar nicht der Erfolgsfaktor, obwohl die Korrelation noch immer da wäre.

Es ist aufwändig, Muster durch *empirische Forschung* zu bestätigen. Julia müsste dutzende Male ausgehen, die Kleidung variieren und sicherstellen, dass die sonstigen Bedingungen – Stimmung, Wetter, Begleitung, Location usw. – immer die gleichen sind (Ökonomen nennen das „ceteris paribus" – unter sonst gleichen Bedingungen). Solange sie das nicht tut, bleibt das Muster eine Hypothese, also eine Vermutung, mit schwacher Evidenz.

Verzerrungseffekte bei intuitiver Prognose

Julia vertraut ihren Mustern. Sie ersetzen bewusste Prognosen, die Aufmerksamkeit und Zeit brauchen, und sind Entscheidungshilfen in vielen Lebenslagen. Was sie anzieht, wie sie sich frisiert, wohin sie geht, all das überlässt sie ihrem Bauch, denn dort ist unser „Muster-Gedächtnis" zu verorten, wohl wissend, dass unter „Bauch" der Teil unseres Gehirns gemeint ist, in dem Intuition „erzeugt" wird. Sie handelt intuitiv, „aus dem Bauch heraus" oder, wenn Sie so möchten, „Julia folgt ihrem Herzen".

Das ist auch kein Problem, solange mit der Entscheidung ein geringes Risiko verbunden ist oder wenn auch mit mehr Mühe und Aufmerksamkeit keine Daten für eine fundiertere Entscheidung beschafft werden können. Das sind zwei vollkommen unterschiedliche Entscheidungssituationen und sie dürfen nicht verwechselt werden:

- Im ersten Fall ist sehr wohl eine fundierte Prognose mit hoher Eintrittswahrscheinlichkeit einer bestimmten Zukunft möglich, aber der Aufwand lohnt nicht. Eine Fehlentscheidung lässt sich ohne hohe Kosten korrigieren beziehungsweise kompensieren.

- Im zweiten Fall ist das Fehlschlagrisiko hoch, eine gute Vorhersage wäre wertvoll, aber sie ist nicht möglich, weil es kein Prognosemodell bzw. keine Daten gibt oder die Einflussfaktoren unbekannt sind. Dann bleibt eine Entscheidung unter hohem Risiko übrig und die muss – weil alternativlos – intuitiv getroffen werden. Julia könnte auch eine Münze werfen.

Somit gibt es zum einen Lebensbereiche, in denen intuitive Entscheidungen unangemessen sind. Die Berufswahl, der Stellenwechsel, der Wohnungskauf, der Umzug oder der Kauf eines Autos sind Entscheidungssituationen, denen eine bewusste Prognose vorangehen sollte:

- Was ist wichtig (Einflussfaktoren)?
- Welche Informationen sind erhältlich (Daten)?
- Wie kann ich mir ein möglichst klares Bild von der Zukunft verschaffen (Modell)?

Und es gibt Lebensbereiche, in denen intuitive Entscheidungen unvermeidlich sind und den Normalfall darstellen. Intuitive Prognosen und Entscheidungen sind dann nicht faktengestützt. Es gibt auch keine Erfahrungen mit der Situation und wenn, sind diese eher unbewusst, und damit bleibt unklar, wie belastbar sie sind. Doch eines will ich unmissverständlich klarstellen:

> Bauchentscheidungen sind bei wichtigen Entscheidungen grundsätzlich kritisch!

Es ist mir vollkommen unklar, wieso sie zuweilen mystifiziert werden. Wenn lebensbeeinflussende Entscheidungen aus dem Bauch heraus getroffen werden, kann ich nur mit dem Kopf schütteln. „Ich habe dieses Haus spontan aus dem Bauch heraus gekauft!" „Ich musste einfach kündigen und nach Schweden ziehen; ich bin meinem Herzen gefolgt!" Solche Sätze, und hier handelt es sich um zwei reale Beispiele, fallen entweder, weil die Person ihre erfolgreich verlaufende Entscheidung und damit sich selbst rückwirkend adeln möchte, denn zweifellos sind Herz-

Entscheidungen sozial akzeptiert und in Partygesprächen mit dem Cocktailglas in der Hand „schick", oder aber, weil die Person nicht merkt, wie leichtsinnig sie mit ihrem Leben umgeht.

> Leichtsinnig sind Bauchentscheidungen auch, weil sie einfach manipulierbar sind. Dabei müssen wir nicht einmal bewusste Manipulationen unterstellen. Oft sind es unbeabsichtigte Verzerrungen oder kognitive Automatismen.

Ich möchte Ihnen einige wenige erläutern, um das Problem zu illustrieren.

Eine häufige Verzerrung ist der *„induktive Schluss"*. Diesen haben wir in Kap. 8 bereits kennengelernt: Es ist die mentale Falle, aus einem einzelnen Beispiel auf eine Gesetzmäßigkeit zu schließen: Nur, weil der letzte französische Spielfilm, den Julia gesehen hat, ein elend langweiliges Melodram war, heißt das nicht, dass es nicht auch gute französische Spielfilme gibt. Und am Rande: Der Schluss vom Einzelfall auf die Grundsätzlichkeit ist mit der *„voreiligen Mustererkennung"* (Kap. 6) verwandt. Auch sie verzerrt die Wahrnehmung, und beide Verzerrungen manipulieren Prognosen und damit Entscheidungen.

Eine andere Verzerrung beschert uns unsere *Hybris*: Wir überschätzen uns selbst. Genau genommen überschätzen wir unseren *Einfluss auf die Zukunft*. Diese Form der Automanipulation wird sehr gerne an Managern erforscht und demonstriert. Diese neigen dazu, Erfolge des von ihnen geführten Unternehmens sich selbst, Misserfolge aber den Umständen zuzuschreiben. Selten hat ein erfolgreicher Gründer zugegeben, schlichtweg Glück gehabt zu haben. Stets lässt er sich für sein unternehmerisches Geschick feiern: Er hat's gestemmt, er hat's geschafft! Den Einfluss des Faktors „Glück" verniedlicht er, dabei zeigen Forschungen immer wieder, wie bedeutend das Quäntchen Glück ist (Van den Steen 2004). Den eigenen Einfluss auf die Zukunft richtig zu deuten ist aber wichtig. So braucht Julia vielleicht gar nicht in ein teures Cocktailkleid, eine aufwändige Frisur und sorgfältiges Make-up zu investieren, weil die Wahrscheinlichkeit, von attraktiven Männern angesprochen zu werden, gar nicht von ihr abhängt, sondern davon, wie unattraktiv ihre Begleiterinnen sind. (Und wenn Sie als Leserin oder Leser innerlich aufstöhnen, weil ich allzu flache Klischees verwende, dann haben Sie Recht und ich bitte um Entschuldigung.)

Der *Selbstüberschätzung* verwandt ist der *Überoptimismus*, auch eine Form der Automanipulation. Es ist eine weitere Verzerrung unserer Intuition bzw. unserer Wahrnehmung generell. Wir überschätzen die Wahrscheinlichkeit eines günstigen Ausgangs, je mehr wir ihn herbeisehnen.

Nüchtern bleiben, distanziert die Situation betrachten und andere um Rat fragen wären nun empfohlene Hilfsmittel, um solchen Fallen zu entgehen. Aber wie schon zuvor im Kontext der Glaubenssätze erläutert, ist das Problem, dass uns Verzerrungen dieser Art nicht bewusst sind. Sie passieren vollautomatisch und es ist ein langer Lernprozess, im entscheidenden Augenblick daran zu denken und sich und die benötigte Prognose einer Prüfung zu unterziehen.

Methoden bewusster Prognosen

Wie funktioniert eine gute Vorhersage? Im unternehmerischen Umfeld, wenn auf ausgebildete Fachleute zurückgegriffen werden kann, findet sich eine Antwort im Zusammenspiel von akzeptablem Aufwand, Fähigkeiten der Prognostiker (meist die Controller) und Risiko der anstehenden Entscheidung. Die Frage, ob die Verschmelzung des eigenen Unternehmens mit einem Wettbewerber für die Shareholder sinnvoll ist oder nicht, bedarf einer aufwändigeren Prognose als die Frage, welche Werbekampagne beauftragt werden oder welches Kopierpapier gekauft werden soll.

Bei der Auswahl der Methode bzw. des *Prognosemodells* steht die Frage am Anfang, ob es sich um eine quantitative oder eine qualitative Fragestellung handelt. *Quantitativ* ist immer einfacher, denn dann kann ein Algorithmus generiert werden. Die Einflussfaktoren werden zu Variablen und die Menge und Qualität der Daten, die in den Algorithmus einfließen, bestimmen die Treffgenauigkeit der Prognose, also deren Eintrittswahrscheinlichkeit. Und wenn keine Daten vorliegen, können wir Annahmen treffen. Dann errechnen wir zwar streng genommen keine

Vorhersage, sondern bedingte Szenarien, die die Ergebnisse bestimmter (angenommener) Entwicklungen aufzeigen; auch das ist nützlich.

Die meisten bekannten Prognosemodelle basieren auf diesem *quantitativen Konzept*. Mit allem, was wir messen, zählen und wiegen können, können wir leicht umgehen. Nicht immer finden wir ein eindeutiges Ergebnis, oft ist die Eintrittswahrscheinlichkeit einer prognostizierten Zukunft sehr gering, aber das ist Ausdruck großer Zukunftsunsicherheit und heißt im Rückschluss, dass die Entscheidung risikoreich ist. Auch das ist eine wertvolle Information für den Entscheider und er kann sich vorbereiten (Rücklagen bilden, Testmärkte nutzen, einen Probebetrieb einrichten usw.).

Besonders nützlich sind bei der quantitativen Prognose Vergangenheitsdaten, die in die Zukunft fortgeschrieben werden können. Geprüft wird zunächst, inwieweit diese Vergangenheit repräsentativ für die Zukunft ist. Gab es Ausreißer oder abnormale Schwankungen? Sind in der Zukunft Störungen zu erwarten, die ein Fortschreiben der Vergangenheit sinnlos machen? Kann nun davon ausgegangen werden, dass Vergangenheit und Zukunft ein Kontinuum bilden, wird die Zeitreihe fortgeschrieben. Dazu wird ein mathematischer Algorithmus ausgewählt. Dies sollte man Experten überlassen, denn je nach Formel können Trends übertrieben oder eine scheinbar mathematisch fundierte Prognose gezeigt werden, die vollkommen unrealistisch ist. Sie wissen ja: „Traue keiner Statistik, die du nicht selbst gefälscht hast!"

Soviel zur quantitativen Prognose. Für Julia hat sie eine grundsätzlich geringe Bedeutung, wird aber wichtig, wenn sie sich über ihre Altersversorgung oder einen Kredit Gedanken macht. Häufiger muss sie *qualitativ* prognostizieren. Das ist viel schwieriger. Auch hier helfen Modelle respektive Methoden. Schwierig – aber unabdingbar – ist auch hier, die Einflussfaktoren auf die Zukunft zu erkennen, auch, wenn nur in seltenen Fällen Daten für diese gesammelt werden können. Trotzdem müssen wir bestmöglich wissen, was die Zukunft determiniert!

Mit diesem Vorwissen wird eine Methode ausgewählt. Eine der gängigsten haben wir bereits kennengelernt, als Julia entscheiden musste, mit welchem Verkehrsmittel sie ins Büro fährt (Kap. 6). Es war die *Nutzwertanalyse*, auch *Scoring* genannt. Für diese Methode werden die Einflussfaktoren auf die Nützlichkeit einer Entscheidung, dort „Kriterien" genannt, gesammelt und bewertet. Einige Kriterien waren qualitativer Natur und die Methode verlangt, dass diese qualitativen Kriterien in quantitative übersetzt werden. Das funktioniert! Ein Beispiel: Im alten Filmklassiker „10 – die Traumfrau" mit der unsterblichen Bo Derek in der Titelrolle soll der Protagonist das Aussehen einer Frau auf der Skala von 1 bis 10 bewerten. Genau das ist der Mechanismus, wie der Übergang von qualitativ zu quantitativ gelingt: Es wird eine Bewertungsskala kreiert. Schulnoten im Kunstunterricht, die Punktwertung für das Design in einem Autovergleichstest oder die Wertungsnote für eine Eiskunstdarbietung sind Beispiele dafür.

Doch es gibt andere Prognosetechniken, die sowohl ohne die oft verzerrte und verzerrende Intuition als auch ohne das Grundmuster der quantitativen Vorhersage „Einflussfaktoren plus Daten" auskommen. Die *Delphi-Befragung* ist so ein Beispiel, ein anderes die *Szenariotechnik*. Auch *Analogiebildung* ist ein brauchbares Verfahren, sofern sich vergleichbare Situationen, deren Entwicklung zeitlich voraus sind, finden (Kühnapfel 2017). Und dann gibt es noch Verfahren, die weniger Prognosen als vielmehr Entscheidungshilfen sind. Sie richten den Blick nach vorne, ohne dabei konkret zu werden und lassen sich als „prädiktive Kreativitätstechniken" zusammenfassen. Bekannt sind die *Pro-mortem-Technik* von Gary Klein, die *sechs Denkhüte* von De Bono, das japanische *Ikigai*-Denkkonzept oder das in Kap. 9 schon beschriebene „*kontraintuitive Denken*".

Jetzt mal Tacheles: Was sollte Julia am Abend machen?

Nach all den Ausführungen über die Zukunft, die Chancen, sie schon heute kennenzulernen und die Fallen, die sich uns dabei in den Weg stellen, ist die Ausgangsfrage immer noch nicht beantwortet: Was soll Julia tun? Fitnessstudio, Kino oder mit den Freundinnen ausgehen?

Ohne sich dessen bewusst zu sein, wird Julia eine bruchstückhafte Version einer *Nutzwertanalyse* vornehmen und unsystematisch Kriterien ventilieren. Ja, Sport, der Pfunde auf den Hüften wegen, ja, Kino, das lenkt ab, ja, Freundinnen, um über den Anschiss des Chefs zu sprechen und so weiter. Alle Aktivitäten sind verlockend, alle Aktivitäten erzeugen *Opportunitätskosten* (der entgangene Nutzen der jeweils ausgelassenen Aktivitäten) und erfordern Aufwand (Zeit und Geld). Eine *Prognose des Nutzens* ist kaum möglich, zumal der Abend eine unerwartete Entwicklung nehmen kann, vor allem, wenn sie mit ihren Freundinnen ausgeht. Was soll sie nur tun?

Wenn Julia tatsächlich indifferent ist, wäre meine Empfehlung, eine Münze zu werfen, aber da die Münze nur zwei Seiten hat und hier eine von drei Optionen auszuwählen ist, einen Würfel. Eins oder Zwei: Studio, Drei oder Vier: Kino, Fünf oder Sechs: Freundinnen. Die Delegation der Entscheidung an Gevatter Zufall ist also auch eine Option. Und ein interessanter Nebeneffekt ist, dass Julia das Ergebnis des Würfels emotional bewerten kann. Würfelt sie eine Vier (gleich Kino) und denkt sich spontan, „ach schade, ich wäre gerne mit meinen Freundinnen ausgegangen", weiß sie, was sie wirklich möchte. Auch dieses Phänomen (Hervorholen versteckter Wünsche durch Münzwurf) ist empirisch erforscht. Probieren Sie es aus!

Literatur

Kühnapfel, Jörg B., 2017. Vertriebscontolling. Methoden im praktischen Einsatz. 2. Auflage. Wiesbaden: Springer.

Kühnapfel, Jörg B., 2019. Die Macht der Vorhersage. Smarter leben durch bessere Prognosen. Wiesbaden: Springer.

Shiller, Robert J., 2015. Irrationaler Überschwang. 3. Auflage. Kulmbach: Plassen.

Van den Steen, Eric, 2004. Rational Overoptimism (an Other Biases). American Economic Review, Ausgabe September, Seite 1141–1151.

15

Zeit fürs Bett – doch die Gedanken kreisen noch

Schlüsselwörter Soziale Medien • Denken in Szenarien • Lebensmanagement als Controllingaufgabe • Zufriedenheit • Glück

Es war ein toller Abend! Julia war schließlich doch mit ihren Freundinnen aus. Zu der Entscheidung wurde sie schlussendlich sanft genötigt und sie hat sich gerne bitten lassen. Es tut gut, wenn Freunde sich um uns bemühen. Kein „Komm halt oder komm auch nicht, uns ist's gleich", sondern ein „Es ist viel schöner, wenn Du dabei bist". Wertschätzung! Sie ist wie Liebe, Freundschaft und Trauer ein Gut, das man nicht kaufen kann. Nun aber ist Julia wieder daheim, schließt die Wohnungstür auf, hängt ihre Jacke an die Garderobe, zieht die Pumps und schicken Klamotten aus, schlüpft in ihren Haustigerdress (den aus dem kuscheligen Nicki-Stoff) und wuselt noch ein wenig durch die Wohnung. Hier räumt sie etwas weg, dort etwas hin, packt ihre Tasche für morgen, dann kommt sie zur Ruhe und setzt sich auf ihren Lieblingssessel. Zeit für das Smartphone. Zeit für Social Media.

Soziale Medien und was sie uns bedeuten

Ursprünglich wurden als „Soziale Medien" Web-basierte Dienste bezeichnet, in denen Nutzer Inhalte („Content") für andere Nutzer bereitstellten. YouTube, Instagram, Facebook, Snapchat, TikTok, LinkedIn und all die abertausenden Blogs und Nutzerforen sind typische Vertreter dieses Genres. Heute wird der Begriff weiter gefasst und es werden auch Chat- bzw. Instant-Massaging-Dienste wie WhatsApp oder Threema dazugezählt. Auch steht nicht mehr der Computer, sondern das Smartphone als Endgerät im Mittelpunkt. Es hat sich als praktischer erwiesen, ist mobiler und obwohl die Tastatur fummelig und der Bildschirm lächerlich klein ist, reicht es aus, um die Dienste zu nutzen. Das Smartphone als Endgerät mit den Sozialen Medien als Diensten bildet heute die Schaltzentrale sozialer, nicht-physischer Interaktion. Neu ist die Entwicklung natürlich nicht. Mit der flächendeckenden Verbreitung von Telefonen in Privathaushalten nahm es seinen Anfang, dass ein zeitlich synchroner persönlicher Kontakt nicht mehr hieß, sich auch physisch begegnen zu müssen. Und das Smartphone ist ganz gewiss auch nicht das Ende dieser Entwicklung. Es ist eine Zwischentechnologie auf dem Weg zu ... zu ... ich weiß es nicht.

Julia ist kein „Digital Native". Sie kennt noch gut die Zeit vor den Smartphones, deren Ära in Deutschland mit dem ersten iPhone im November 2007 begann (Nerds werden hier auf Vorgänger wie den Nokia Communicator verweisen, aber diese Geräte waren nicht sehr verbreitet). Julia ist ein Vielnutzer. Sie organisiert alle Lebensbereiche mit „Johnny", wie sie ihr Smartphone gerne nennt (Ob das etwas mit dem von ihr angehimmelten Johnny Depp zu tun hat?). Johnny verwaltet ihre Termine, Johnny erinnert sie an Geburtstage, mit Johnny liest und schreibt sie Mails, führt eine Einkaufsliste und die Checkliste für den Reisekoffer, macht sie ihre Bankgeschäfte und vertreibt sich die Wartezeit beim Arzt. Johnny ist vor allem aber ihr Portal, durch das sie mit ihren Freundinnen, Bekannten, Sportfreunden und Kollegen in Kontakt tritt. Sie macht das gerne, es ist so praktisch, aber es ist auch alternativlos. Ohne WhatsApp wäre sie aus vielen Gruppen ausgeschlossen, zumindest aber den anderen Gruppenteilnehmern kommunikatorisch ein Klotz am Bein. Kein Wunder, dass Menschen aus Julias Generation über drei Stunden am Tag und über 80 Mal täglich ihr Smartphone nutzen. Solche Schätzungen variieren stark, je nach Alter und vor allem je nach Studie, aber diese Zahlen sind die niedrigsten Durchschnittswerte, die ich gefunden habe. Andere Forscher postulieren häufigere und längere Nutzungszeiten.

Sind sie kritisch? Ist es ein Vorbote des Untergangs des Abendlandes, wenn wir auf der Straße, an der Bushaltestelle, im Taxi oder bei einem Rockkonzert massenhaft Menschen in ihre „Johnnys" starren sehen?

Es gibt viele mögliche Gründe, warum wir Geräte wie ein Smartphone nutzen. Es kann zum Beispiel beruflich erforderlich sein, es kann Spaß machen, es kann nützlich oder es kann zwanghaft sein. Selten hat sich ein Gerät in so kurzer Zeit derart deutlich durchgesetzt. Die Penetrationsrate in der Julia-Generation nähert sich der theoretischen Sättigungsmenge: Alle haben eines! Weder das Telefon noch das Radio- oder das Fernsehgerät haben sich so schnell in den Haushalten eingenistet und sind so schnell zu einer unentbehrlichen Eintrittskarte in die Welt der Sozialkontakte geworden. Dabei sind durch das Smartphone gar nicht so viele neue Dienste entstanden. Mails, Massaging, Online-Banking, Facebook, Youtube, Amazon ... das alles gab es schon vor dem iPhone! Aber das Smartphone hat dies alles mobil verfügbar gemacht. Und die Mobilität all dieser Lebensorganisationshilfen und Unterhaltungsmöglichkeiten waren der Schlüssel für den Siegeszug.

Smartphones sind praktisch! Sie liefern einen Nutzen, der höher ist als die Kosten. Die direkten Kosten sind klar: Sie bestehen aus dem Anschaffungspreis der Hardware sowie die monatlichen Kosten für die jeweiligen Dienste. Hinzu kommen die Opportunitätskosten der Zeit, denn in all den Stunden, die wir uns mit unserem Johnny beschäftigen, hätten wir auch etwas anderes erledigen können. Der Nutzen hingegen ist schwieriger zu beschreiben, wie immer in der Ökonomie, aber ich will es trotzdem versuchen:

- Erstens werden *Kosten der Nutzung konservativer Produkte* eingespart. Es werden keine CDs mehr gekauft, man muss nicht mehr zur Bankfiliale oder ins Reisebüro fahren und wir brauchen keine Kochbücher mehr zu erwerben.

- Zweitens werden als *neuer Nutzen* Dienste hinzugewonnen, die es so vorher nicht gab, z. B. auf dem Gebiet der Unterhaltung, der Mediennutzung, der Navigation, der Sprachübersetzung oder der Vermittlung von Angebot und Nachfrage.
- Drittens ist bei Diensten, die es in ähnlicher Form auch schon vorher gab, der *Komfort- und Geschwindigkeitsgewinn* nützlich, von der Spontaneität über die Mobilität bis hin zur Einfachheit. Ein Hotelzimmer in Wittenberg buchen? Einem Freund 30 € schicken? Checken, ob das Paket angekommen ist? Per Smartphone ein Klacks.

Wie so oft in der Ökonomie sind auch hier viele Nutzenkomponenten nicht oder nur unzureichend monetarisierbar. Wie viel ist ein YouTube-Video wert, das uns die Busfahrt verkürzt? Wie viel die Familien-WhatsApp-Gruppe? Wie viel die Möglichkeit, immer und überall Lady Gaga zu hören oder fast live an den neuesten Urlaubserlebnissen des Freundes teilzunehmen? Zuweilen gelingt eine Bepreisung, und zwar immer dann, wenn Kunden einen Preisanker im Kopf haben. Hier möchte ich bei dem CD-Beispiel bleiben. Die vielleicht 10 € Abonnementpreis für einen Musik-Streamingdienst referenzieren wir implizit, also ohne darüber nachzudenken, mit den Kosten, die wir bisher für Musik aufgewendet haben. Und der Monatspreis liegt unter dem gelernten Preis einer CD. Auch für ein Online-Zeitungsabonnement haben wir einen Ankerpreis. Aber für die meisten Dienste – und erst recht für die neu entstandenen – ist keine solche „*Wertbemessungsrichtlinie*" verfügbar. Dann greifen Anbieter oft auf die Finanzierung des Dienstes durch Werbung zurück, was bei den Big Shots des Internets (Google, Facebook oder TikTok) hervorragend funktioniert und zu Milliardengewinnen führt. Doch zuweilen reichen die Werbeeinnahmen nicht aus. Dann wird eine zweite Erlösquelle immer wichtiger, nämlich die Erstellung und der Verkauf individueller Nutzungsprofile. Kontaktprofile, Kontaktmuster, psycho-, sozio- und demografische Daten werden kombiniert. Das haben wir den Anbietern erlaubt! Wer mit wem kommuniziert und was dabei inhaltlich ausgetauscht wird, dürfen die Anbieter auswerten und nutzen. Das Ergebnis sind Persönlichkeits- und Konsumanalysen, die in ihrer Qualität eine erstaunliche Treffgenauigkeit aufweisen – eine wertvolle Basis für zielgerechte Werbung, deren Erfolg auch gleich gemessen werden kann.

15 Zeit fürs Bett – doch die Gedanken kreisen noch

Nutzerinnen und Nutzer, denen mehr und mehr bewusst wird, dass sie immer transparenter („öffentlicher") werden, rechnen diese Entwicklung möglicherweise den Kosten der Nutzung von Smartphone und Sozialen Medien zu. Ich jedenfalls tue es. „There is no free lunch!" Und es ist alternativlos: Ohne WhatsApp fiele ich 'raus aus meinen Gruppen, die Transaktionskosten für die Organisation der nächsten Radtour wären viel höher und ich könnte auf der nächsten Party nicht über die Eskapaden von Angelina und Brad lästern, weil ich davon nichts mitbekommen hätte.

Zuweilen bezahlen Nutzer auch dafür, dass Werbung in der Anwendung nicht erscheint, weil sie nervt. Der Preis orientiert sich am ersparten Ärger und ist stark von der Motivation des Nutzers abhängig, genau diesen Dienst ohne Werbung nutzen zu dürfen. So richtig lukrativ sind solche Modelle allerdings nicht, denn die Logik ist Kunden schwer zu vermitteln und widerspricht der Intuition: Der Nutzer erhält für Geld keine Leistung, sondern wird von Störendem entlastet. Das ist so, als würde der Taxifahrer jedes Schlagloch ansteuern und fürchterlich schief singen und erst für einen Aufpreis den Fahrgast komfortabel – und still – befördern.

Könnten wir uns diesem Sog entziehen? Könnte Julia auf ihr Smartphone bzw. auf soziale Medien verzichten? Wie sähe die Welt ohne sie aus? Würde Julia vereinsamen, wäre ihr Leben „teurer", weil all die Aktivitäten schwieriger zu organisieren wären? Hätte sie vielleicht sogar Probleme auf dem Arbeitsmarkt, weil die Smartphone-Nutzung vom Chef mehr oder weniger offen vorausgesetzt wird? Das sind philosophische Fragen, die sich natürlich auch Ökonomen stellen. Um nur ein Beispiel zu umreißen: Uns interessiert der Zwang zur Mediennutzung, der aus dem Herdenverhalten resultiert, denn Herden sind wertvolle *Multiplikatoren für Werbebotschaften*! Wenn sich die sozialen Gruppen, in denen sich Julia bewegt (Kollegen, Freundinnen, Sportfreunde usw.), über soziale Medien organisieren, ist ein Verbleib in der jeweiligen Herde an die Nutzung dieser Medien gebunden. Aber dass die Herden überhaupt soziale Medien nutzen, ist eine schiere Frage der Ökonomie! Die Herde lässt sich leichter organisieren. Sie steht – kommunikativ – enger zueinander und tritt geschlossener auf. Die *Transaktionskosten* der Gruppe und der Aufwand der Gruppenorganisation sinken auf ein niedriges Niveau. Die einleuchtende Folge ist, dass auch Gruppen entstehen, die vorher „den Aufwand nicht lohnten". Temporäre Gruppen zur Abstimmung des

Wochenendausflugs oder Gruppen mit niedrigem Bindungsgrad wie eine lose Nachbarschaftsgruppe sind nur möglich, weil der Organisationsaufwand durch Nutzung sozialer Medien gering geworden ist. Die Folge: Es gibt eine Inflation von Gruppen, Chats und Blogs. Aber auch dies balanciert sich aus, spätestens dann, wenn uns die Zeit ausgeht, an allen Angeboten teilzunehmen und wir uns beschränken müssen. Die Zeit ist dann die Währung, mit der wir Wichtiges bezahlen und Unwichtiges nicht.

Aber zurück zum Thema und meinem Versuch, zu erläutern, warum aus ökonomischer Sicht der Siegeszug des Smartphones nachvollziehbar ist: Smartphones helfen, unser Leben zu organisieren, erweitern unsere Möglichkeiten, sie unterhalten uns und sie helfen uns, mit anderen Menschen in Kontakt zu treten. Der Nutzen abzüglich der monetären, der Opportunitäts- sowie der empfundenen Kosten ist positiv. Die Johnnys dieser Welt haben einen *gefühlten Nettonutzen*!

So sitzt Julia auf ihrem Lieblingsplatz und chattet mit den Freundinnen, mit denen eben noch zusammensaß. Ihr gehen einige Gedanken durch den Kopf, die sie im Gespräch nicht sortiert bekam, hat hierzu und dazu noch einen Kommentar und bestätigt den Termin für die nächste Verabredung. Sie checkt noch einmal ihren Kalender für morgen, aber es steht nichts Besonderes an. Ein letzter Blick auf ihren Instagram-Account, aber sie hat seit drei Wochen nichts gepostet. Also gab es auch keine Kommentare oder „Likes" und eine Freundschaftsanfrage hat sie auch nicht bekommen. Sie stellt noch den Wecker, stöpselt Johnny ans Ladegerät und geht ins Bad. Zeit fürs Bett!

Wie soll ich das alles unter einen Hut bekommen?

Kaum hat sich Julia in ihr Bett gekuschelt, kreisen ihre Gedanken um das, was ansteht. Sie ist keine dieser Grüblerinnen, die vor Sorge keinen Schlaf finden, aber sie hat viel vor. Einen Urlaub will sie planen, weiß aber noch nicht, wie, wo, wann und mit wem. Und das mit einem neuen Job, das muss sie endlich konkret machen oder den Gedanken verwerfen.

An einem neuen Job hinge auch Anderes: Vielleicht ein Umzug, und, ach ja, die Probezeit, in der kein Urlaub möglich ist. Das muss sie koordinieren. Und dann gibt es noch all die kleinen Projekte, die sie vorhat: Das Wohnzimmer soll einen neuen Anstrich bekommen und sie möchte die Flurgarderobe bauen, deren Bauanleitung sie aus einer Zeitschrift im Wartezimmer des Arztes abfotografiert hat. Beides wäre aber sinnlos, wenn sie umziehen müsste. Alles hängt irgendwie voneinander ab. Hier ist das in den Kap. 6 und 14 vorgestellte *Denken in Szenarien* gefragt.

> Ein Szenario repräsentiert eine mögliche Zukunft mit einer gewissen Eintrittswahrscheinlichkeit. Je nach Ausprägung zukünftiger Entscheidungen und Ereignisse entstehen mehrere optionale Szenarien, also mögliche Zukünfte.

Diese möglichen Zukünfte werden Julia mal mehr und mal weniger gefallen. Betrachtet werden müssen dennoch alle. Idealerweise deckt die Summe der Szenarien alle realistisch möglichen Zukünfte ab, von den kaum kalkulierbaren seltenen, dann aber disruptiven Störereignissen einmal abgesehen (Pandemie, Krieg, Unfall usw.). Auf die kann sich Julia sowieso kaum vorbereiten.

Julia kann sich um einen neuen Job bewerben oder nicht, wird angenommen oder nicht, muss dann während der Probezeit pendeln oder nicht, kann danach umziehen oder nicht und davon ist abhängig, ob sie das Wohnzimmer streicht und/oder die Flurgarderobe baut. Sollen alle Konstellationen berücksichtigt werden, ergeben sich je nach Anzahl der möglichen Entscheidungen und/oder Ereignisse schnell Dutzende oder Hunderte von Szenarien. Die im vorigen Absatz formulierte Forderung, dass die Summe der Szenarien alle möglichen Zukünfte abdecken soll, ist also gar nicht umsetzbar. Jedenfalls nicht für Julia. Doch in Unternehmen und mit Unterstützung professioneller Software wird das tatsächlich versucht. Dort ist die *Szenarioanalyse* eine etablierte Methode, mit der sich Unternehmen auf die Zukunft vorbereiten. Julia hingegen wird sich auf die Betrachtung weniger Szenarien, die sie als besonders realistisch einschätzt (hohe Eintrittswahrscheinlichkeit), beschränken müssen.

Jedes Szenario bedingt bestimmte Entscheidungen, damit es eintreten oder damit es vermieden werden kann. Die Szenarien und die damit verbundene Vorstellung von der Zukunft erscheinen auch unterschiedlich attraktiv: Keine Bewerbung, Wohnzimmer streichen und Garderobe bauen wäre OK. Ortsnahe Bewerbung, Jobzusage, überstandene Probezeit, in der Wohnung bleiben und so weiter klingt besser, aber Bewerbung, Pendeln und dann eine Kündigung in der Probezeit wäre ein weit weniger attraktives Szenario.

Julia muss sich also überlegen, was zu tun und was zu unterlassen ist, um das bestmögliche Szenario zu realisieren bzw. ungünstige Szenarien zu vermeiden. Leider ist die Wahrscheinlichkeit, mit der Szenarien eintreten, nicht gleichverteilt. Extreme Szenarien sind relativ unwahrscheinlich. Das gilt auch für das Attraktivste! Julia könnte sich z. B. eines ausdenken, bei dem ein reicher Prinz auf einem Schimmel die Straße heruntergeritten kommt, sich unsterblich in sie verliebt und mitnimmt in sein Märchenland. Leider ist das ausgesprochen unwahrscheinlich.

Nun, wie wir Julia bisher kennengelernt haben, ist sie doch eher pragmatisch. Sie wird nur „realistische" Szenarien im Blick haben, die dann jeweils wahrscheinlicher sind. Aber berechnen lässt sich das für Julia nicht. Es ist eher eine Frage der intuitiven Einschätzung und damit anfällig für die Verzerrungen, die wir bereits kennengelernt haben. So wird sie das Szenario, das sie sich von Herzen wünscht oder das sie sich am besten vorstellen kann, auch für das Wahrscheinlichste halten.

Im Management ist das *Denken in Szenarien* Alltag. Wenn Entscheidungen anstehen oder Ereignisse eintreten, die eine Reaktion verlangen, gibt es ein typisches Denkmuster:

- Es beginnt mit der Frage nach der Zielsetzung bzw. dem *Zielsystem*. Welche Zukunft wird angestrebt?
- Dann ist zu ergründen, welche *Faktoren* diese Zielsetzung beeinflussen. Es ist die Suche nach den Stellschrauben, die geeignet sind, die Zukunft zu beeinflussen. Sie zu kennen ist wichtig, reicht aber noch nicht aus.
- Denn der dritte Schritt ist, sie zu *priorisieren*. Welche Stellschraube hat welchen Einfluss und mit welchen Kosten ist das verbunden? Das Management kann nicht alle im Blick haben, sondern wird sich auf

die Wichtigen, Wirkungsvollen und die mit dem höchsten Nettonutzen konzentrieren.
- Damit ist der vierte Schritt klar: Es gilt, *Maßnahmen* zu ergreifen, um an den Stellschrauben zu drehen.
- Dafür werden *Ressourcen* benötigt: Zeit, Geld, Aufmerksamkeit usw., die freigegeben werden müssen und damit nicht mehr für andere Aktivitäten zur Verfügung stehen.
- Und zu guter Letzt folgt der sechste Schritt: die *Kontrolle der Ergebnisse* im Zeitverlauf. Ist das Unternehmen auf dem Weg zur angestrebten Zukunft? Stimmt die Richtung? Wirken die Maßnahmen?

Wenn ja, dann weiter so, wenn nein, muss alles hinterfragt werden: Wurden die richtigen Schrauben gedreht, dafür die richtigen Maßnahmen ergriffen und für diese die richtigen Mittel bereitgestellt? Oder gab es „externe Effekte", haben Wettbewerber dazwischengefunkt, sich die Kunden unberechenbar verhalten, hat der Staat eine Vorschrift erlassen, mit der die angestrebte Zukunft nicht erreichbar ist? Auch dann muss nachjustiert werden.

Dieser stark strukturierte Managementprozess und Julias eher unstrukturierte Gedanken sind so unterschiedlich nicht: Julia „managt" ihr Leben ähnlich, wie Führungskräfte ein Unternehmen managen! Beide haben Ziele, formulieren Strategien und setzen Zeit und Geld für Maßnahmen ein, um diese Ziele zu erreichen. Das ist effizient, wenn wir uns vorher über die Kosten und Wirkung von Stellschrauben zur Beeinflussung der Zukunft Gedanken gemacht haben; aber es ist ineffizient, wenn ohne nachzudenken mal dieses und mal jenes unternommen wird. Dann werden die Ergebnisse überraschen und es wird über die „verlorene Zeit" gejammert.

Was hat Controlling mit dem alltäglichen Leben zu tun?

Für so manchen ist es ein verwirrender Gedanke, dass es so etwas wie ein *„Lebens-Controlling"* geben soll. Ist Controlling nicht das mit den Kennzahlen, Excel-Tabellen und Zahlenkolonnen? Sind Controller nicht diese muffeligen Erbsenzähler, die den Spaß aus dem Unternehmen saugen wie die Dementoren der Harry-Potter-Romane den Spaß aus Menschen und Muggeln?

Natürlich hat Controlling etwas mit Kontrollieren zu tun, aber die korrekte Übersetzung ist „steuern".

> Das Aufgabengebiet des Controllings ist umfassend: Es beinhaltet das *Planen, Steuern, Koordinieren und Kontrollieren* aller Maßnahmen, die vom Management entschieden werden oder wurden.

Im Wesentlichen geht es darum, im Blick zu haben,

- so wenige Ressourcen wie notwendig einzusetzen, um die Ziele zu erreichen, das ist die *Effizienz*, oder
- mit den gegebenen Ressourcen einen höchstmöglichen Output zu erzielen. Das ist die *Effektivität* (siehe hierzu auch die Ausführungen in Kap. 3).

Somit unterstützt Controlling das Management, ist also Dienstleister in allem, was gemessen, gewogen oder gezählt werden kann. Und das Management tut gut daran, sich vom Controlling helfen zu lassen, allein schon, um zu erfahren, was es alles nicht weiß.

> Die Differenz zwischen dem, was idealerweise für eine sichere Entscheidung gewusst werden sollte und dem, was tatsächlich gewusst wird, ist ein *Maß für das Risiko* einer Entscheidung.

Und jetzt übertragen wir diese Dienstleistungsfunktion des Controllings auf Julias Alltag: Auch sie hat über den Einsatz ihrer *limitierten Ressourcen* (vor allem Zeit und Geld) zu entscheiden. Auch sie möchte wissen, wie sie diese effizient und effektiv einsetzen kann. Auch sie hat unzählige – oder doch zumindest sehr viele – Handlungsoptionen. Auch sie möchte wissen, was sie für eine Entscheidung weiß und was sie nicht weiß, um die Risiken abschätzen zu können.

Natürlich hat sie keinen Controller unter ihrem Küchentisch sitzen. Sie wird das Controlling ihrer Entscheidungen selbst in die Hand nehmen. Sie wird es auch gewiss nicht „Controlling" nennen. Letztlich ist sie ihr eigenes kleines Unternehmen und sie ist alles in einem: Manager, Controller und Shareholder, also Nutznießer. Diese Analogie mag zwar ein wenig bemüht klingen, aber sie soll verdeutlichen, dass Controlling die Aufgabe hat, dabei zu helfen, unsere knappen Ressourcen bestmöglich auf die Maßnahmen zu verteilen, die wir umsetzen wollen. Das Ziel ist, den „*Output*" in Form von *Lebensglück* zu optimieren. Nur ein Dummkopf lebt in den Tag hinein und wundert sich (und beschwert sich womöglich), dass das Leben so kompliziert ist. Schuld sind dann der Partner, der Chef oder die Regierung, wie es gerade passt.

Doch Julia ist kein Dummkopf und denkt nach.

Ist Julia zufrieden? Ist Julia glücklich?

Julias Gedanken ziehen weiter. Eben war sie noch mit all den anstehenden Aufgaben beschäftigt und mit der Frage, wie sie all die Dinge meistern soll. Sie sortiert, gewichtet, priorisiert, aber das alles geht nicht, wenn sie kein Ziel hat. Jedes Sortieren gelingt nur, wenn es Kriterien gibt, nach denen sortiert wird, und die leiten sich vom Ziel her ab.

Darum ging es in diesem Buch schon mehrfach; z. B. heißt es in Kap. 2, in dem Julia am Morgen, während sie sich noch gemütlich im Bett räkelt, über ihr Zielsystem sinniert:

> Das Wissen um den eigenen Weg macht zufrieden. Es hilft, sich zu fokussieren und hilft, Kosten einer Tätigkeit zu akzeptieren, weil bewusst wird, welchen Nutzen sie hat.

Das persönliche Lebensglück wurde dort als das Oberste aller Ziele ausgelobt. Etwas weniger pathetisch sprechen wir hier auch von der Lebenszufriedenheit und letztlich ist es dasselbe, wenn wir akzeptieren, dass Glück nichts anderes als „die innere Zufriedenheit mit sich selbst und dem eigenen Leben" ist. Julia ist das schon lange klar. Die Freude über neue Dinge, die Ablenkung auf einer Urlaubsreise, der Kick einer Achterbahnfahrt oder das Kribbeln bei einer neuen Romanze, all das ist nur von kurzer Dauer. Falsch dosiert kann es süchtig machen oder eine Leere hinterlassen. Schon zu oft ist ihr genau das passiert. Sie stolperte von einer Romanze in die nächste und es fühlte sich bei jedem neuen Mann richtig an, ohne dass das Versprechen einer dauerhaften Liebe eingehalten wurde. Oder sie kaufte Dinge, Anschaffungen, die ihr wichtig erschienen, die sie ablenkten, ihr vorübergehend Anerkennung in ihrer Herde verschafften, deren Besitz aber schneller alltäglich und langweilig wurde, als sie das Loch in ihrer Kasse wieder schließen konnte.

Julia sehnt sich nach mehr. Sie sehnt sich nach Zufriedenheit, nach der Sicherheit, sich auf dem richtigen Weg zu befinden und hofft darauf, dass ihr diese Gelassenheit die Kraft gibt, zu ertragen, was zu ertragen ist. Doch lässt sich diese Form des Glücks kaum greifen. Wann ist es erreicht? Kann man es sich erarbeiten und durch zielgerichteten Ressourceneinsatz mehr Glück „produzieren"? Gibt es eine „Produktionsfunktion", gilt das Gesetz des abnehmenden Grenznutzens und hat Glück einen Preis? Darf man überhaupt versuchen, *Lebensglück* in *ökonomische Begriffe* zu fassen?

Julia zweifelt daran – und das tun die meisten Menschen. Glück als Primärziel eines jeden humanistischen Zielsystems wird stattdessen mit Begriffen wie „Herz", „Bauch", „Liebe" oder „Gefühl" assoziiert. Vokabeln wie „Kosten" oder „Nutzen" erscheinen in diesem Kontext als Sakrileg. Aber das ist eine Sperre in unserem Kopf und hat sehr viel mit der zeitgeistkonformen *Romantisierung unserer Lebenswirklichkeit* zu tun. Wir haben die *Dichotomie von Herz und Verstand* so verinnerlicht, dass wir sogar Wörter nur in dem einen oder dem anderen Kontext verorten. Versuchen Sie es und fragen Sie in Ihrem Freundeskreis, was Liebe kostet? Fragen Sie nach dem „Preis der Liebe"! Ich wette, dass bei den meisten Angesprochenen allein schon der Ausdruck innerliche Störgefühle hervorruft.

Lassen Sie sich nicht von falsch verstandener semantischer Romantisierung einengen. Vielleicht akzeptieren Sie, zumindest jetzt und während Sie das lesen, dass Glück nicht vom Himmel fällt, sondern dass man etwas dafür tun und dass es erarbeitet werden muss:

> Wenn wir das Richtige tun und das Falsche lassen, werden wir glücklicher, ob allein, in der Partnerschaft, in der Familie oder in der sozialen Gruppe.

So lautet die einfache Formel. Und „das Richtige" bzw. „das Falsche" meint nichts anderes als Tätigkeiten oder Unterlassungen. Und schon sind wir bei Maßnahmen, den dafür erforderlichen Ressourcen, Nutzen und Kosten. Voilà: Glück ist also doch eine Frage zielgerichteten Handelns und guten Managements.

Damit ist aber das oben umrissene Problem noch nicht gelöst: Wie lässt sich der Grad der Zielerreichung messen? Wann ist Julia „wirklich" glücklich? Ich möchte ehrlich sein: Ich weiß es nicht. Dieses Problem kann ich nicht lösen und hier befinde ich mich in bester Gesellschaft: Es gibt viele Forscher verschiedener Fachrichtungen, die versuchen, das *Glücksniveau* zu messen, aber alle Ansätze haben gravierende Mängel. Also versuchen Forscher meiner Lieblingsfachrichtung, nämlich die Ökonomen, wenigstens die *Umstände zu messen, die persönliches Lebensglück befördern oder verhindern*. Diesen Weg geht sogar die Organisation für wirtschaftliche Zusammenarbeit OECD, die regelmäßig einen länderspezifischen „*Better Life Index*" ermitteln lässt. Dieser misst, wie die jeweiligen glückbeeinflussenden Lebensumstände sind, etwa Einkommen, Bildung, Gesundheitssystem, soziale Einbindung oder das ökologische Umfeld. Das sind natürlich nur die Hygienefaktoren, also jene, deren Erfüllungsgrad bestimmt, wie einfach es Menschen fallen könnte, glücklich zu sein. Der Rest ist eine individuelle Aufgabe. Und tatsächlich ist es so, dass Menschen in Ländern mit komfortablen Lebensbedingungen und somit einer positiven Disposition der Hygienefaktoren glücklicher sind als Menschen in z. B. armen Ländern. Schweden, Dänen, Österreicher und Deutsche sind glücklicher als Tunesier, Iraner oder Chilenen, so die OECD.

Gehen wir wieder zurück auf die individuelle Ebene. Welche *Faktoren* sind für Julia wichtig, um glücklich zu sein? Sie grübelt ein wenig und erst fallen ihr nur wenige ein. Dann aber traut sie sich, weiter zu gehen, und kommt zu einem eigenen kleinen Katalog von Faktoren. So ist ihr klar, dass „Einkommen" einen der Topplätze auf ihrer Liste bekommt. „Geld macht nicht glücklich", hat ihre Oma immer gesagt, aber das stimmt nicht. *Mit Geld lassen sich Optionen kaufen* und bedeutet „Freiheit" nicht, Optionen zu haben? Geld ist ein wesentlicher Glücksfaktor und tatsächlich steigt unser Glücksniveau mit zunehmendem Einkommen, jedenfalls solange, bis eine gewisse Sättigung eintritt. Auch hier begegnen wir wieder dem *Gesetz des abnehmenden Grenznutzens*.

Auch die Gesundheit ist ihr wichtig. Sie ist fit, noch, aber die Mammografie hat ihr einmal mehr vor Augen geführt, wie wenig selbstverständlich ein gesunder Körper ist. Aber kann sie Gesundheit kaufen? Ja, in gewissen Grenzen: Der Preis ist die Zeit für Sport und der Verzicht auf fetten Kuchen ... Sie wissen schon, was ich meine.

Partnerschaft. Ja, auch die ist ihr wichtig. Eine eigene Familie wäre schön. Ein gepflegtes Zuhause, ein sicherer, befriedigender Job, der ihr genug Freizeit lässt und auch eine sichere Umgebung sind ihr wichtig. So sammelt sie Ihre persönlichen Glücksfaktoren und bringt sie in eine Reihenfolge. Sie weiß nun, was ihr am wichtigsten ist, um glücklich zu sein, was weniger wichtig ist und was im Grunde genommen unwichtig ist. Das ist schon mehr, als die meisten Menschen über sich und ihren Weg wissen. Ich behaupte sogar, ohne dafür Zahlen zu kennen, dass die meisten Menschen auch in einem gesegneten Land wie Deutschland in jeden neuen Tag hineingleiten, ohne zu wissen, was für sie wirklich wichtig ist. Getrieben von den Ansprüchen, die andere an sie stellen, von Notwendigkeiten und von Verpflichtungen wandeln sie fremdbestimmt wie Marionetten durch den Alltag, solange, bis das System versagt, sie krank werden, ausreißen, weglaufen oder kapitulieren. Schade um die knappe Zeit, die ihnen vergönnt ist, und die sie verschwenden.

Julia ist sich ihrer *glücksstiftenden Faktoren* bewusst. Diese kann sie nun leichter bewerten, in ihrer Entwicklung beobachten und sie „managen" als nur mit dem subtilen Bauchgefühl „Glück als Zielgröße" im Blick. Julia wird nun für jeden Faktor Maßnahmen (Tätigkeiten oder Unterlassungen) zusammentragen, die helfen, diesen zu entwickeln. Wenn sie

z. B. mehr Einkommen erzielen möchte, ohne dabei allzu viel Überstunden zu machen oder einen Zweitjob annehmen zu müssen, braucht sie eine Strategie. Sie könnte um eine Beförderung bitten und statt Teamassistentin zu bleiben in die Beratung wechseln, sofern das möglich ist. Sie könnte den Job wechseln, aber vielleicht muss sie erst noch eine Fort- oder Weiterbildung machen. Sie könnte ihr Abitur nachholen und ein berufsintegrierendes Studium beginnen. Mit 35 ist das eine realistische Option. Natürlich könnte sie auch eine gänzlich andere Strategie verfolgen: Sie könnte Lotto spielen, einen reichen Mann heiraten oder eine Bank überfallen. All dies sind Handlungsoptionen und es ist eine Frage der Bewertung von Kosten, Nutzen und Eintrittswahrscheinlichkeiten, welche davon sinnvoll ist. Und am Rande: Selbstverständlich könnte Julia auch ihren jetzigen Status akzeptieren und sich mit ihrem Einkommen abfinden. Auch das ist ein Weg.

Weiter im Text: Wenn Julia für jeden einzelnen glücksstiftenden Faktor ein Paket von Maßnahmen zusammenstellt, wird sie unweigerlich in die Bredouille kommen, dass nicht „alles" machbar ist. Zu viel streitet sich um zu wenig. Also wird sie Schwerpunkte setzen müssen. Hier hilft dann ihr Ranking der glücksstiftenden Faktoren und sie wird ihre Ressourcen entsprechend zuordnen. So einfach ist das.

Ist das tatsächlich so einfach? Nein, natürlich nicht. Das Ganze ist kompliziert. Nicht nur, dass die vielen Faktoren und die sie beeinflussenden Maßnahmen schwierig zu ermitteln und zu sortieren sind, nicht nur, dass diese vielen Maßnahmen um die wenigen Ressourcen konkurrieren, nicht nur, dass viele Maßnahmen voneinander abhängen wie Zutaten für ein Backrezept und eben nicht isoliert wie einzelne Konservendosen im Regal stehen, es kommt noch hinzu, dass alles fließt. „Panta rhei": Das Leben ist dynamisch! Was heute gilt, ist morgen schon überholt. Die Prioritäten verschieben sich, äußere Umstände verändern sich und auch die persönliche Einschätzung ist dem Wandel unterzogen. Erreichen wir Teilziele, sind sie vielleicht doch nicht mehr so prickelnd, wie sie ursprünglich erschienen. Ständig müssen wir neu bewerten: die Bedeutung der glücksstiftenden Faktoren, den Erfolgsbeitrag jeder einzelnen Maßnahme und die Bereitschaft, Ressourcen zu investieren.

Oft spielt uns unsere eigene Wahrnehmung auf diesem Weg einen Streich. Wir lassen uns von Herden beeinflussen, unterliegen kognitiven

Verzerrungen, lassen uns auf Hoffnungen ein, die letztlich den Blick trüben, sind überoptimistisch, risikoavers, überschätzen unseren Einfluss auf Entwicklungen und bewerten die Bedeutung der Faktoren „Glück" und „Pech" falsch. Wir können nicht einmal unser eigenes zukünftiges Verhalten hinreichend gut bewerten. Ja, tatsächlich:

> Freunde und Bekannte sind besser als wir selbst in der Lage, unser zukünftiges Verhalten und unsere künftige (!) Einstellung zu Sachverhalten zu bewerten.

Das ist nicht etwa meine persönliche Meinung, sondern der etablierte und mehrfach überprüfte Forschungsstand (Epley und Dunning 2006). Ob wir das Cabrio, dass wir uns so sehnlich wünschen, weil wir in unserer Vorstellung mit flatterndem Haar an einem Frühsommertag cool durch die Auen fahren, später auch wirklich benutzen und langfristig Spaß daran haben, können uns Freunde zuverlässiger sagen als unsere eigenen Begehrlichkeiten. Also hören wir am besten hin, fragen wir um Rat, bitten um Einschätzungen und lassen uns beraten!

Aber ich schweife ab. Was wir gemeinsam mit Julia erleben, wenn sie über

- Lebenszufriedenheit,
- das, was für sie Glück ausmacht,
- das, was sie tun kann, um glücklich zu sein und
- das, was sie dafür investieren muss,

nachdenkt, unterscheidet sich strukturell kaum von dem, was Unternehmen tun, wenn sie zielgerichtet handeln. Das Lebensziel ist dann natürlich analog zum Unternehmensziel, und das besteht in aller Regel aus dem, was man *„Shareholder Value"* nennt und das ist nichts anderes, als eine jährliche Rendite für die Gesellschafter und eine Steigerung des Unternehmenswertes (also des Vermögens, an dem die Gesellschafter beteiligt sind). Die glückstiftenden Faktoren sind die Märkte, auf denen Unternehmen tätig sind und zu „Maßnahmen" und „Ressourcen" brauche ich keine Analogie zu bemühen. Im Privaten und im Unternehmerischen bleiben sie das, was sie sind.

Julia wird diese Parallele nicht auffallen. Es bedarf einiger gedanklicher Klimmzüge und vor allem etwas Mut, die oben beschriebenen verbalen Grenzen zu überschreiten und die Sprache der Ökonomie auf einem durchromantisierten Gebiet zuzulassen, um sie zu entdecken. Doch dann fällt Vieles leichter: Entscheidungen erscheinen einfacher, wenn die Implikationen und Folgen analysiert werden können. Der Nebel der Gefühle lichtet sich. Wir sehen klarer. Wir beginnen zu begreifen und zu wissen, was wir wissen können und was wir nur vermuten, wir beginnen, Eintrittswahrscheinlichkeiten zu bewerten und in Szenarien zu denken und das Wichtigste für Julia und einen Manager: Wir erkennen, was wir nicht wissen. Diese Lücken sind es dann, die Mut erfordern. Hier dürfen wir dem Herzen folgen (Julia) und unternehmerische Risiken eingehen (Manager), aber wenn wir aus Faulheit oder Unwissenheit zu früh aufhören, nachzudenken, vergrößern wir ohne Not den Bereich der Unsicherheit. Dann macht das Leben mit uns, was es will und wir fühlen uns allzu oft als Opfer (Julia) oder suchen nach Ausreden, warum „der Markt" gegen uns war (Manager).

War der Tag heute gut?

Es ist für Julia zu einem Ritual geworden: Abends fragt sie sich, ob sie diesen Tag, der zu Ende geht, gut genutzt hat. „Achte gut auf diesen Tag, denn er ist das Leben ..." steht auf einem Spruch, der neben ihrem Badezimmerspiegel hängt.

Der Tag ist gelaufen. Er ist vorbei. Dinge sind geschehen, sie hat über vieles nachgedacht, vieles getan oder unterlassen, und nun steht die Bewertung an. Damit diese gelingen kann, braucht Julia einen Maßstab. Woran soll sie das Ergebnis des Tages messen? Natürlich an ihren Zielen. Das oberste, Lebensglück, bildet das Dach. Darunter kommen die Teilziele, die mit ihren glücksstiftenden Faktoren korrespondieren, und darunter kommen die Maßnahmen- und Ressourceneinsatzziele. Natürlich wird Julia nicht derart strukturiert bewerten, aber intuitiv folgt sie diesem Muster. Sie bewertet ihren Arbeitsfehler im Kontext ihrer beruflichen Entwicklung und damit dem Ziel, mehr Einkommen zu erzielen, sie bewertet die Untersuchung beim Radiologen im Kontext ihres Ziels, gesund zu bleiben und sie bewertet den Abend mit ihren Freundinnen im Kontext ihres Ziels, eine positive soziale Umgebung zu pflegen.

Julia findet, dass sie einiges gut gemacht hat. Das möchte sie beibehalten und fördern. Sie hat aber auch Fehler gemacht, die möchte sie abstellen. Und sie hat erfahren, dass sie auf manches keinen direkten Einfluss zu haben scheint, das möchte sie bewusster in ihre Szenarien einbauen.

> Somit schließt Julia den Regelkreis aus Prognose, Entscheidung, Maßnahme und Ergebnis. Mit der Ergebniskontrolle untrennbar verbunden ist die Iteration, also das Einspeisen des Kontrollergebnisses in die nächste Entscheidung. Nur so verbessert sie sich und vermeidet das Wiederholen von Fehlern.

Was so einfach klingt, ist oftmals schwer. Es gibt viele Ursachen, die „schuld" daran sind, dass aus Erfolgen und Fehlern nicht gelernt wird. Z. B. verkennen wir oft, warum etwas so ausgegangen ist, wie es ausgegangen ist. Dass wir „Glück" und „Pech" nicht korrekt würdigen, habe ich bereits erwähnt, ebenso, dass wir unseren eigenen Einfluss auf ein Geschehen nicht immer korrekt beurteilen. Hier ließen sich noch viele weitere Effekte aufzählen. Es ist jedoch ungleich wichtiger, zu verstehen, wie wir bewerten müssen. Es geht nämlich nicht darum, Handlungen und Unterlassungen in die Schubladen „gut gelaufen", „Nullnummer" und „da konnte ich nichts für" zu stecken. Das ist zu abstrakt und bringt keinen Lerneffekt. Es geht darum, sachlich und nach alltagsökonomischen Maßstäben zu bewerten, ob der Ressourceneinsatz im Verhältnis zum Ergebnis korrekt dimensioniert wurde.

Julia kommt zu dem Schluss, dass der Tag gut zu ihr war und sie sorgsam mit ihm und den Möglichkeiten, die er bot, umgegangen ist. Gute Nacht, liebe Julia!

Literatur

Epley, N. & Dunning, D., 2006. The Mixed Blessings of Self-Knowledge in Behavioral Prediction: Enhanced Discrimination but Exacerbated Bias. Personality and Social Psychology Bulletin, Juni, Seite 641–655.

16

Und? Ist das Leben pure Ökonomie?

Während Julia schon schläft, können wir uns zurücklehnen und Revue passieren lassen, was heute so alles passiert ist. Im Grunde genommen ist es eine unendliche Geschichte von Handlungen, Unterlassungen und ihren Ergebnissen. Aber wir sind keine Mikroben, die willenlos durch den Äther schweben, wir sind selbstbewusste, empfindungsfähige Menschen und bewegen uns in einem komplexen sozialen System. Je nachdem, wie geschickt wir das anstellen, erreichen wir unsere Ziele – oder eben auch nicht. Diese Ziele sind vielschichtig, es gibt eine Hierarchie, Abhängigkeiten und Ausschlüsse. Aber immer laufen sie zu einem Spitzenziel zusammen: Dem Lebensglück. Ob sie mit Geld oder mit Emotionen zu tun haben, ob sie egoistisch oder altruistisch sind oder ob sie ausschließlich von uns oder auch von anderen abhängen, stets haben sie einen ökonomischen Bezug: Es sind die Kosten und der Nutzen, die unser Handeln bestimmen, denn alles hat einen Preis. Diese fundamentale Weisheit zu akzeptieren hilft, das knappste aller Güter, unsere Lebenszeit, zielgerichtet einzusetzen. Nur dann kommen wir ans Ziel, nur dann schlafen wir in dem Bewusstsein ein, sorgsam mit unserem Tag umgegangen zu sein und nur dann können wir Mußestunden am Baggersee genießen, weil wir sie „wert"schätzen.

An vielen Stellen in diesem Buch habe ich über den Bezug von Tagesgeschehnissen und Ökonomie hinaus versucht, Parallelen zum unternehmerischen Handeln zu ziehen. Dies hätte ich noch weitertreiben können und wäre dann zu dem Ergebnis gelangt, dass wir alle Unternehmen und Unternehmer sind. Wir versuchen, einen Shareholder Value zu generieren, agieren auf Märkten (Arbeitsmarkt, Konsumgütermarkt, Partnerschaftsmarkt, Unterhaltungsmarkt usw.) und setzen Ressourcen ein, um Dinge zu erwerben, die unserer Zielerreichung dienen. Wir kontrollieren unser Handeln und versuchen, uns zu verbessern. Wir sind durch und durch ökonomische Imperialisten, was zwar wie ein Schimpfwort klingt und dabei doch nur eine Vokabel für eine Selbstverständlichkeit ist.

Ein Gepard jedenfalls zweifelt keine Sekunde daran, dass er nach ökonomischen Kriterien denken und handeln muss. Er wird nur dann auf die Jagd gehen, wenn es sich für ihn lohnt. Wir Menschen vergessen das zuweilen. Wir verschwenden unsere Lebenszeit und womöglich die unserer Mitmenschen gleich mit, weil der Zeitgeist die ökonomische Sicht auf menschliches Verhalten verachtet. Dann wird „dem Herzen folgen" zur Maxime, wo vernünftiges Nachdenken und eine emotionale Abkühlung für ein glücklicheres Leben gesorgt hätten.

Wie so oft liegt auch hier die Wahrheit in der Mitte: Suchen wir nach der rechten Balance!

Stichwortverzeichnis

A

Abkürzung, mentale 87
Aktienmarkt 185
Analogiebildung 203
Angebot und Nachfrage 71
Arbeit 10
Arbeitskraft 70
Arbeitsleistung 70
Arbeitsteilung 162
Arbeitsvertrag 70, 189
Assessment-Center 103
Aufschieberitis 86
Automatismus 59
Awareness Set 125, 131

B

Bauchentscheidung 199
Bedürfnispyramide 77
Bekanntheit, ungestützte 125

Bestätigungsverzerrung 106
Better Life Index 217
Bewährungsgrad 197
Bewerbungsgespräch 37
Beziehungskonstellation,
   untypische 158
Beziehungsnutzen 174
Bias 62
Big Five 102
Bindung 156
Bindungsmotiv 158
Blog 206

C

ceteris paribus 198
Checkliste 95
Controlling 174
   Lebenscontrolling 214
Convenience Goods 122

Stichwortverzeichnis

D

Daumenregel 87
Default Option 59
Delphi-Befragung 203
Denken, kontraintuitives 106, 203
Dienstleistung 112, 117
 Immaterialität 117
Digital Native 206
Dissonanz, kognitive 52

E

Effekt, externer 213
Effektivität 31
Effizienz 31
Ehe 156
Eigeninteresse 108
Einflussfaktor 183, 193
Einkaufsverhalten
 extensives 132
 habituelles 132
 impulsives 132
 limitiertes 133
 spontanes 132
Einkommen 159
Eintrittswahrscheinlichkeit 151, 182, 188
Entscheidung 180
 Auswahlentscheidung 58
 Automatismus 59
 bewusste 59
 intuitive 199
 Standardentscheidung 59
Eremitentum 189
Evoked Set 125, 131, 133
Experte 107, 137
Extroversion 102

F

Fast Moving Consumer Goods 60, 122, 132
Fehlerkosten 94
Fixkosten 114
Forschung, empirische 198
Fortschritt, inkrementeller 190
Führungskraft 99

G

Gebundenheit 139
Gehalt 70
Geld 7
Gewissenhaftigkeit 103
Glaubenssatz 191
Globalisierung 51
Glück 216, 222
Glücksfaktor 218
Grenzkosten 114
Grenznutzen 21, 218
Güter
 des täglichen Bedarfs 122
 immaterielle 7
 materielle 7

H

Hand, unsichtbare 72
Hawthorne-Effekt 195
Herde 40, 53, 104, 122, 193
Herdenverhalten 209
Herz 156
Heuristik 87, 192
Hierarchie 98
Hybris 200
Hygienefaktor 76, 217
Hypothese 198

I

Ikigai 203
Illusion der kognitiven
  Leichtigkeit 62, 63
Inept Set 125
Inert Set 125
Informationsasymmetrie 183, 186
Input 29
Insider-Outsider-Qualifizierung 122
Iteration 222

K

Kapitalwert 8
Kaufverhalten, habituelles 123
Kausalität 196
Kind 157
Kommunikationspolitik 131
Kompromisskosten 161
Konsum 51
  Verzicht 52
Konsumgut 122
Kontrollaufwand 94
Kontrolle 94
Korrelation 195
Kosten 6
  variable 114
Kosten-Nutzen-Verhältnis 9
Kundenbindung 139
Kundenloyalität 140
Kundenwert 140
Kundenzufriedenheit 139

L

Labilität, emotionale 103
Lebensabschnittspartnerschaft 158, 169, 176

Lebensgemeinschaft 156
Lebensglück 13
Lebenszyklusmanagement 173
Liebe 156
Linearität 195
Luxus 48

M

Management 24
  Glücksmanagement 25
  Lebensmanagement 24
  Unternehmensmanagement 24
Manipulation 200
Markenpolitik 128
Markenprodukt 131
Marketingmix 72
Maßnahme 19
Matching 169
Medizinstatistik 89
Mind Set 124
Monopolpreis 135
Moral Hazard 82
Motivation 75, 76
  extrinsische 77
  intrinsische 77
Motivator 76
Mund-zu-Mund-Propaganda 125
Muster 64, 197
Mustererkennung, voreilige
  62, 64, 200

N

Nettonutzen 210
Neurotizismus 103
Nirvana-Fehlschluss 79
Nirvana-Irrtum 191

Nonkonformismus 41
Nutzen 6, 112
Nutzenstiftung 118
Nutzerforum 206
Nutzwertanalyse 65, 202, 203

O

Offenheit 103
Opportunismus 43
Opportunitätskosten 6, 81, 152, 161, 204
Organisation 33
Output 29

P

Paarbeziehung 157
Partnerschaft 157, 159, 218
   Kosten 161
   Lebenszyklus 163, 172
   Management 172, 173
   Markt 166
   Nutzen 160
   Romanzensucht 163
Partnerschaftsbörse 166, 169
Pech 222
Persönlichkeitsmerkmal 102
Persönlichkeitsveränderung 168
Plan 11
Point of Sale 131
Präferenzordnung 126, 159
Preis 71
Preis-Absatz-Funktion 116
Preiselastizität der Nachfrage 116
Preisfindung 134
   kostenorientierte 113
   nachfrageorientierte 113
   wettbewerbsorientierte 113
Produktivität 32
Prognose 180, 197
   intuitive 199
   qualitative 202
   quantitative 202
Prognosefehler 191
Prognosemodell 201
Prognostik 180
Prokrastination 86
Pro-mortem-Technik 203
Prozess 28

R

Rationalismus, kritischer 62
Regressionsanalyse 196
Regression zum Mittelwert 195
Resilienz 100
Ressource 7
Return on Investment 8
Risiko 182
Risikomaß 149, 214
Ritual 30
Romantik 156

S

Sanktion 95
Scheidungsquote 156
Schluss, induktiver 88, 200
Scoring 65, 202
Sechs Denkhüte 203
Selbstselektion 38
Selbstüberschätzung 201
Selektions-Effekt 195
Self Selection 38
Shareholder Value 99, 220

Stichwortverzeichnis 231

Signal 36
Signalling 37
Smartphone 206
Snob-Produkt 115
Solidargemeinschaft 153
Soziale Medien 206
Spieltheorie 37
Stammkunde 138
Stammkundschaft 130
Start-up 101, 175
Status-quo-Verzerrung 63
Stereotyp 64
Strafe 95
Strategie 16
Suchmaschine 127
Szenarioanalyse 211
Szenariotechnik 203

T

Throughput 29
Top of Mind 126
Trade-off 94, 149, 182
Transaktionskosten 164, 209
Transitivität 159
Trennung 158, 176
Trennungskosten 176

U

Überoptimismus 201
Umwelt 108
Unbekannte, unbekannte 17

V

Value-at-risk 96
Verbundenheit 139

Verfügbarkeitsheuristik 87
Verhalten
   Bewertung 220
Verhaltensmuster 194
Verhaltensökonomie 62, 106
Verhandlungspreise 135
Versicherung 150
Versteigerung 134
Versuchung, moralische 82
Verträglichkeit 102
Vertrag 188
Verzeihung, selbstwertdienliche 54, 144, 147
Verzerrung
   kognitive 148, 175
   narrative 63
Vier-Augen-Prinzip 94
Vorhersage 180

W

Wahrnehmungsverzerrung 62
Werbung 126
   zielgruppenspezifische 127
Wette 152
Wissen 74
   generelles 74
   spezifisches 74
Word-of-mouth-Kampagne 125

Z

Zeit 20
Ziel 7, 11
   Ereignisziel 12
   Lebensziel 14
   Periodenziel 12
Zielsystem 15

Zielgruppe 123
Zielhierarchie 12
Zielsystem 156, 180, 215

Zufall 187, 204
Zufriedenheit 215

GPSR Compliance
The European Union's (EU) General Product Safety Regulation (GPSR) is a set of rules that requires consumer products to be safe and our obligations to ensure this.

If you have any concerns about our products, you can contact us on

ProductSafety@springernature.com

In case Publisher is established outside the EU, the EU authorized representative is:

Springer Nature Customer Service Center GmbH
Europaplatz 3
69115 Heidelberg, Germany

www.ingramcontent.com/pod-product-compliance
Lightning Source LLC
LaVergne TN
LVHW020344260326
834688LV00045B/1516